臺灣歷史與文化 研究輯刊

十五編

第 7 冊

日治時期味之素在臺灣之研究

楊 雅 婷 著

花木蘭文化事業有限公司

國家圖書館出版品預行編目資料

日治時期味之素在臺灣之研究／楊雅婷 著 ── 初版 ── 新北市：
花木蘭文化事業有限公司，2019〔民108〕
目 8+250 面；19×26 公分
（臺灣歷史與文化研究輯刊十五編；第7冊）
ISBN 978-986-485-609-1（精裝）
1. 飲食風俗 2. 日據時期
733.08　　　　　　　　　　　　　　　　　　108000362

ISBN-978-986-485-609-1

9 789864 856091

臺灣歷史與文化研究輯刊
十五編　第七冊　　　　　　　ISBN：978-986-485-609-1

日治時期味之素在臺灣之研究

作　　　者　楊雅婷
總 編 輯　杜潔祥
副總編輯　楊嘉樂
編　　　輯　許郁翎、王筑　美術編輯　陳逸婷
出　　　版　花木蘭文化事業有限公司
發 行 人　高小娟
聯絡地址　235 新北市中和區中安街七二號十三樓
　　　　　　電話：02-2923-1455／傳眞：02-2923-1452
網　　　址　http://www.huamulan.tw 信箱 hml810518@gmail.com
印　　　刷　普羅文化出版廣告事業
初　　　版　2019 年 3 月
全書字數　149808 字
定　　　價　十五編 25 冊（精裝）台幣 60,000 元

日治時期味之素在臺灣之研究

楊雅婷 著

作者簡介

楊雅婷，畢業於國立臺北大學公共行政暨政策學系，由於期望未來能投入公共事務體系，並結合自身興趣，因此進入國立臺北大學民俗藝術與文化資產研究所進修，後於 2018 年畢業，在民俗藝術之研習與探究的過程中，深覺日治時期之報章雜誌所刊登之廣告，隱含著許多圖像意涵、文化交融、時代變遷等諸多內容，可供各界了解其臺灣社會與文化變遷的原因，所以針對日治時期於報刊內之多項廣告，以及日本企業在臺灣日治時期的發展，有著多方的見解與研究。

提　　要

「鮮味」的歷史來源已久，並存在於許多食材當中，然而，「鮮味」最早並不屬於傳統定義的五味，而僅定義於品嚐美食的形容詞而已，爾後，因食品科技的進步，「鮮味」已從味道的形容詞，經由日本大廠──味之素公司研發，轉變為實體的鮮味調味品──味素，並在臺灣日治時期相當熱銷，於此，本研究目的在於：

一、味素尚未研發之時期，臺灣漢人對於食物的鮮味提供有何特色。

二、日本傳統鮮味觀點，對其研發味素的影響探討。

三、味素在臺灣日治時期所刊登的廣告，與當時臺灣、世界局勢的關係。

上述三點，本文以初步敘述「鮮味」的定義與形成，並解說臺灣漢人在清治時期，慣用的鮮味食品及鮮味烹調方式；之後，臺灣日治時期的飲食文化，因日本飲食的傳入，而有了更多元的食物與烹飪方法，而新式調味品──味素也傳入臺灣。而味素在臺灣的熱銷情形，不只是味之素公司的行銷模式奏效，實則與臺灣當時社會風氣、教育內容等息息相關，所以，本文透過味素廣告的分析，除了解當時的行銷模式之外，更重要的是，味素廣告與臺灣當代局勢之配合，才逐漸形成了味素熱賣的盛況。

味素的研究，不但是科學實驗上的探究，對於人文歷史的探討更是有其重要性，無論是飲食文化影響的探討，亦或是味素行銷對其民俗意涵上之影響等，都可呈現出味素及鮮味對人類的重要程度。

謝　辭

　　此本論文的誕生，得之於許多人的幫助，首先感謝俞美霞老師的指導，並在研究所的生活當中，教導我做研究的方法與態度，同時，也給予我許多研究的觀點，讓我能以更宏觀的角度去處理研究的所有事項；再者，感謝林保堯與張勝彥兩位老師對本文的指教，讓雅婷更能了解撰寫的方法，以及相關的研究方向，再次對此三位老師致上感謝之意。而在雅婷的研究所時光當中，與多位師長學習到不同的研習方法，讓我在知識的視野上更加豐富，感謝師長們的用心栽培！

　　而在研究所一起努力的同學們，也是我相當感激的人，佩怡無論是在課業上、南京的交換生活上，都幫助了我相當多，也讓我學習了不少知識；與我分享學習及人生經驗的如雪、晟瑋、奕彣；以及學弟章偉的鼓勵與幫助，也使我的生活更順心，有你們的支持與陪伴，讓我在研究所的路上不孤單，非常感謝你們！此外，也感謝學姊玉容給予許多資料搜尋的方法，讓此論文的研究過程更加順利！

　　再者，雅婷於去年受到「桃園蘆竹扶輪社」的推薦，獲得由「中華扶輪教育基金會」所頒發的獎學金，很榮幸在研究所這段時間，得到扶輪社許多長輩、學長姐的鼓勵，以及獎學金的幫助，使我得以更加開闊的心思，來規畫本文研究的相關內容，在此誠摯的感謝扶輪社的各位前輩。

　　對於此論文得以出版成書，要感謝花木蘭文化事業有限公司的協助，才能將此論文的內容作一發表及傳承，並提供機會使各界能多方了解與探討，關於臺灣日治時期的飲食變革與商業行為等，雅婷在此對花木蘭文化事業有限公司，致上最深的謝意與敬意。

　　在研究所的生活中，還要感謝的是我的家人，無論在我疲憊，或是喜悅的時刻，你們都一直陪伴在我身旁，給予我最堅強的後盾，全力支持我人生中許多重要的決定，現在我將這畢業的喜悅和成果與你們分享，未來我會更加努力，非常感謝家人的付出。

　　最後，期許自己多方關注各項傳統藝術的發展，以及各地文化資產未來的走向，因為這些多元的文化，使得這個世界有了豐富的色彩，而這些豐富的元素要持續，需要你我的支持與愛護，就讀研究所的初衷，不只是擇我所愛，更是希望未來，這些傳統的智慧與文化，能夠因自身所學的知識，來進行傳承和分享。

雅婷　謹識

民國一○七年七月

目

次

表　次

第一章　緒　論

第一節　研究動機與目的

在筆者人生的過程中，有許多美好的記憶是與親人相聚，並有著飲食、話家常的畫面，尤其品嚐著美味的食物，更是覺得自己相當幸福。然而，美味的食物源於細心的篩選與烹調，這引起了我想深究食物烹調的內涵，於是筆者多方關注了長輩的烹調方式，以及日常的飲食習慣，發現家中長輩對於調味品的使用上，有時會依賴味素、調味粉末類的商品，即使現在的醫學等相關的保健知識，不斷的傳播對於味素的疑慮等質疑訊息，家中長輩還是會使用調味粉末類的商品，來為其食物增添風味。

再者，家中長輩日常的飲食相當簡樸，最常食用醬菜類的食物搭配稀飯等，即使現在的生活已不再需要為經濟而煩惱，應該可以多添加更豐富的食材，但家中長輩的日常習慣，還是會食用這樣簡單的餐食。仔細思考這樣的烹飪習慣與飲食文化，其實是與長輩的生活歷程有密切的相關，因為家中長輩曾歷經臺灣的日治時期，在臺灣日治時期的經濟上來說，普遍人民的生活是過得比較艱苦，所以連帶影響了飲食習慣與烹調方式；另一方面，筆者在研究所時期，對於飲食文化上的了解，發現臺灣日治時期的飲食習慣與烹飪方式，與臺灣清領時期有著截然不同的面貌，這不只是日本的飲食文化傳入所導致，更深度的來說，日本對於食品科學、營養學的研究與注重，使得曾受日本統治的臺灣，在飲食習慣與烹飪方式有了重大的改變。

　　同時，日本因爲西化的歷史背景，使得日本對於西方科學的探究相當重視，而當時爲使國力更加強盛，人民的飲食更是首要研究的部分，如何運用科學研究來造福人民的健康，使得人民生育率提高、兵力因飲食改善而增強等，來做深度的飲食習慣變革。所以，這也造就了因食品科學而研發的調味產品——味素，而日本歷史最爲悠久的味素大廠，就屬日本的品牌「味之素」，而了解「味之素」這間公司的歷史，正是於臺灣日治時期誕生，其公司所生產的味素在臺灣日治時期銷售極佳，味素是一種新穎的調味品，使用味素可使食物更加的美味，但味素在臺灣日治時期是一項昂貴的調味品，在臺灣日治時期普遍經濟情況不盡理想之際，爲何還能使味素的販售越來越好？而當時人民普遍食用醬菜來做搭配，不就是爲了節省在飲食方面的支出嗎？如此一來，臺灣日治時期的飲食文化有著許多的矛盾，想要經濟與美味兼具，這其中有著怎樣的飲食文化背景，使得當時人民在調味品的選擇上，有了重大的改變，以至於現代歷經過日治時期的長輩們，對於味素的使用上，還存有著特殊情感，是筆者亟欲探究的部分。

　　由於這樣的特殊飲食文化背景，筆者須從多方角度來推敲這飲食文化的轉變過程，包括從臺灣清代到日治時期的飲食習慣、烹飪方式的轉變，及日本政府對於臺灣當時的飲食保健和家庭教育等。其次，臺灣人民對於這飲食文化上的變革又是如何因應，而中國與日本傳統的飲食文化，落在臺灣日治時期上，其異同的飲食文化層面，讓這變革更添特色。而日本在臺灣日治時期的行銷模式，其特點並不只侷限於將商品售出，其廣告內涵是相當豐富多元的，筆者擬探討日本味素大廠——味之素，對於廣告文案內容的設計，再搭配臺灣漢人的飲食需求，使得味之素的廣告內容迅速打動臺灣人民的心。

　　歸納上述的初步探究與疑問，於此就本文研究目的如下：

　　一、味素的主要目的是爲飲食提供鮮味來源，而味素尙未研發之時期，臺灣漢人對食物的鮮味觀點及提供鮮味的方法，是本文對鮮味文化研究的重點之一。

　　二、「鮮味」這項特殊味覺在許多國家的飲食歷史中存在已久，然而，日本卻能將「鮮味」發揚光大，並研發出實體鮮味的調味品，這是否和日本飲食文化或其他飲食文化有其關係，也是本文研究的要素之一。

　　三、日本味素大廠——味之素，在臺灣日治時期的廣告宣傳上，其題材豐富多元，且有中文、日文兩種主要語言來表達其理念，以民俗文化、多方

語言的角度而言，其所傳達的意義，已不單只是商品行銷，能夠讓臺灣人民喜愛味素這項商品，在廣告內容上可能富含許多文化意象，換言之，其特殊意涵是本研究闡述味素熱銷的原因之一。

此三點牽涉的層面相當多元，筆者期望能將味素這項產品的歷史背景，以及在臺灣的發展，做相關詳細的解說，以便了解味素在臺灣日治時期，在臺灣漢人心中是有著怎樣重要的地位。

第二節　研究範圍與名詞界說

本文研究的時間範圍著重於臺灣日治時期（西元 1895～1945 年），然則臺灣的移民背景，從最主要的移民時期——清治時期，到清代政策的頒布，讓中國閩南、廣東一帶的人民渡海來臺，使得臺灣的飲食文化受到中國影響極深；而從清代的飲食文化看來，我們或許可以了解在味素還未研發的時期，人們最初是如何從食材或烹飪方式而得到鮮味來源，基於此因素，本文會往前回溯臺灣清末時期，將當時傳統提鮮的方式做逐一文獻的探討與論述。而到臺灣日治時期，除了受到日本飲食文化的傳入，臺灣的傳統飲食習慣有了變化之外，隨著味素這項新式調味品的出現，臺灣的烹飪觀點與飲食需求又產生了怎樣的衝擊，而味素的研發，又將「鮮味」的歷程晉升至更為新穎的樣貌，也因此使得「鮮味」的新產物——味素，由鮮為人知到銷售極佳的情況，在當時人們的觀念，認為這是飲食科學的進步，是烹飪技法的新創舉，以至於味素對臺灣漢人的影響深遠，這樣的歷史脈絡來探討鮮味與味素對臺灣飲食習俗的深遠影響。

其次，本文研究的空間範圍，在臺灣清代的飲食習慣部分，會以臺、澎、金、馬地區做相關的研究；而到了臺灣日治時期，因日本政權未擴及到金門及馬祖兩地，而澎湖及小琉球也因飲食文化變革的資料較少，所以在金門、馬祖、澎湖、小琉球這幾地，無法有效了解關於日本飲食文化對當地人民的影響，同時也無法全面解析臺灣漢人對於鮮味烹調的改變與各種觀念，因此這四個地區不在本研究的範圍之內，在日治時期的空間範圍內，只限定在臺灣本島的飲食文化內容。

再者，本文研究的族群部分，是以清代主要移民來臺的閩客族群及其後裔，因閩客族群占臺灣人口數較多，除此之外，筆者對日本廣告在臺灣日治

時期，行銷策略的成功要點中發現，日本當局可能對臺灣及中國當地的習俗有做詳細的田野調查，所以從日本當時在《臺灣日日新報》中所刊登的廣告文宣上，或多或少富含著中國傳統文化的意涵，依據這些文獻，本研究需對移民來臺的閩客族群飲食文化做相關探討，緊接著臺灣日治時期，由日本當局政府運用各種方式所傳播的日本文化，來做飲食文化變遷的論述。而在臺灣的原住民族群，因飲食習慣較爲特殊，在日治時期或許也有受到日本飲食文化的影響，但因原住民族群的各族文化差異較大，以其飲食習慣及日本文化所帶來的影響，在考究上而言分歧度會較大，所以在臺灣的原住民族群不列入本文的研究範圍，本文著重的核心族群，是以清代大宗移民來臺的閩客族群爲研討對象。

另一方面，關於本文所探討的調味品——味素，在其詞語的解釋上於此處做細部說明，本論文的標題中有「味之素」這項名詞，「味之素」實則爲日文「味の素」的中文翻譯，此爲理學博士池田菊苗與企業家鈴木三郎助，在日本西元 1909 年所創立的品牌，此品牌所販賣的核心商品就是味素，味素是一種可爲荣餚提出鮮味的調味粉末，而味素這種調味粉末的來源，是經由繁複的化學提煉而製成，但本文研究的味素製作過程，在時間上是鎖定臺灣日治時期，在當時的味素製造過程內容，與現今我們所了解的味素製造方式有相當程度的不同。

而關於味素的名稱而言，實際上在臺灣日治時期，以當時的各種報章雜誌敘述上，漢文大多以「味素」來稱呼提供鮮味的調味品；此外，「味精」事實上是中國大陸於味之素公司之後，自行創立的一間鮮味調味品公司，爲了與味素作名詞區分，而改用「味精」這項名詞並傳入臺灣的新用語，對於本研究專注於臺灣的味素發展部分，所以「味精」這項名詞在後續的文章中會較少出現，以免在文字中造成混淆，再者，若是日文版的文字敘述，則會直接使用「味の素」來稱呼鮮味調味品。

本研究的標題名稱取「味之素」這項名詞，是因爲味素最初是由「味之素」這間日本大廠所研發及行銷的，而這項調味品在臺灣日治時期經由各種管道的宣傳，造成了空前的高銷售率，同時也顛覆了臺灣傳統的飲食習慣、烹飪方式等，所以從「味之素」在臺灣日治時期的發展，我們可詳細了解味素這項新穎的調味品，在臺灣日治時期的人民心中，佔有何種重要的地位。所以後文將會多次提及到「味之素」、「味素」、「味の素」這三項名詞，「味之

素」是日本味素大廠的漢文品牌名稱，之後研究的內容會以「味之素公司」
或「味之素集團」來作其稱謂，而「味素」則是代表一種提供鮮味的白色粉
末或結晶狀顆粒，「味の素」則是代表味素及味素品牌名稱的日文。

第三節　研究方法

　　在本研究當中，筆者將做歷史脈絡的梳理，以期將臺灣清代的鮮味飲食
內容、臺灣日治時期的鮮味飲食文化等相關資料，做初步的彙整，再將「鮮
味」在傳統與現代的演變異同部分，做相關的闡述，使得「鮮味」對飲食文
化的影響與變革更加的明瞭。本文將以下列四大之研究項目，來做整體的資
料安排，內容規劃如下：

一、文獻分析法

　　本文所提之論文、書籍的研究成果，從臺灣日治時期方面來看，大部分
鎖定在臺灣日治時期之報章雜誌及社會動向。對於日治時期誕生的調味品—
—味素的研究，則是在研究歷史的書籍中較多，但對味素的廣告介紹上，民
俗方面的分析與探討其實較為少量。因此，本文在資料蒐集上，以文字敘述
的部分，主要有官方與非官方兩種文獻，官方文獻包含地方志書、臺灣日治
時期的調查及報告、博覽會相關記錄與照片等相關文獻；非官方文獻則有臺
灣及日本的民俗學者所著作的相關書籍、經歷日治時期的人物傳記、日記、
遊記、近代懷舊相關書籍、飲食文化方面的書籍與照片集、報章雜誌、味之
素公司之史料等。

　　然而，關於臺灣在清代到日治時期的飲食變化，其研究內容範圍相當廣
闊，在有限的時間與能力上，本研究的資料蒐集以中央研究院各人文相關之
圖書館，以及中央研究院所舉辦之國際學術研討會，而多方的日治時期文獻
彙整上，本文則以國家圖書館、國立臺灣圖書館、數位化電子資料庫、網頁
等相關資訊做輔助補充；在飲食文化方面之資料統整上，本研究除借助上述
各個圖書館之館藏文獻之外，財團法人中華飲食文化基金會所附設之圖書
館，也存有許多飲食研究之文獻典籍供筆者參考，以期將閩客、日本之傳統
鮮味飲食脈絡，以至於臺灣日治時期受到日本文化影響，而逐漸改變的飲食
風格、烹調手法等，盡全力做文獻上的比對與分析，讓提供鮮味的傳統方式
到味素的出現，經由本文而得以明瞭其中之變化。

二、田野調查法

　　針對味素最原始的品牌——味之素，在搜尋味之素的文獻當中，可能會產生許多關於各時期飲食文化的問題，以及行銷策略相關方面的內容需要解答，統整這些問答之後，來研究過去臺灣日治時期的飲食文化變革及銷售脈絡。因此，筆者與味之素臺灣分公司進行資料詢問，以味之素臺灣分公司所擁有的歷史資料，來進行整體研究分析，藉此機會來補充筆者資料上的不足，同時，筆者對相關資料的推論，也可因味之素臺灣分公司所提供的資訊，進而得到充分且正確的答案。而爲了與現今市場的味素產品，做相關情況的對照，筆者也在賣場做了味素產品蒐集的比較，藉此得知過去在味素產品運用方面，與現今市面上的相關鮮味產品有何異同。

三、歷史溯源法

　　味素這項調味品最大的用處在於「提鮮」，但是在味素還未研發之前，人們是如何使用食材調理鮮味？或者，早期人們是如何運用烹飪技法來調整菜餚的鮮度，由於「鮮味」這項味覺存在於人類的飲食當中相當久遠，只是在臺灣、中國大陸並未將「鮮味」列爲一項重要的味道，而是將「鮮味」當成一種對於食物味覺品嚐的形容詞，鮮味就如同美味的字詞般，代表著食物的味道極好，在中國大陸、臺灣的文獻搜尋當中，無論動物、植物等相關的食材上，都有關於「鮮」的形容，只是沒有一種正式的表述或味覺名詞，來說明「鮮味」這種味覺的感受，這正是「鮮味」在臺灣與中國大陸的飲食史上，具有的獨特背景，透過文獻記載傳統的提鮮方式，來闡述鮮味的重要性。

　　其次，關於「鮮味」這項味覺的名詞，是由日本科學家池田菊苗透過科學實驗，來爲此種味道命名爲「鮮味」，於此同時，味素也是由日本科學家池田菊苗所發明的產物，但在日本還未誕生味素這項調味品之前，日本對於提升食物鮮味的理念又是如何？在食物烹調方式上，又是如何營造鮮美滋味？這就要探究日本的飲食與烹飪文化，來了解日本對鮮味的重視，並藉由味素這項新式調味品，影響全球飲食與烹飪的觀點。

第四節　研究成果回顧

　　參看許多先進所著述的研究當中，從「鮮味」的角度去探討飲食文化的

書籍並不多見；其次，在味素的研究方面，則是以物理、化學的分析研究較多，在飲食文化與風俗習慣上的研究較少；另一方面，在筆者搜尋的文獻上，以臺灣日治時期所出版的《臺灣日日新報》之廣告相關研究，資料種類繁多且方向各異，在此，本文作詳細的歸類分析，並將上述各項之研究成果與本文相關的部分作出專書、研究生論文、期刊等三大歸納：

（一）專書

　　臺灣傳統的飲食內涵是本文首要探討的部分，而臺灣的飲食文化因清代的移民歷史之下，中國大陸關於閩客的飲食文化，需要做初步的源頭探討，以徐海榮所著《中國飲食史》、姚偉鈞等著《中國飲食典籍史》這兩本書籍，對中國飲食文化的沿革上，均有分層並詳盡的解說，可提供本文相關飲食文化的概念；而閩客族群移民至臺灣之後，其飲食文化及烹飪文化上，可能因氣候、物產等原因，進而延伸出特有的臺灣風味菜色，楊昭景等人所著《【醇釀的滋味】臺灣菜的百年變遷與風貌》，此書對臺灣清代到日治時期的飲食變化做許多詳盡的解說，對筆者在臺菜風貌變革上有相當程度的幫助；曹銘宗《蚵仔煎的身世：台灣食物名小考》是從臺灣許多志書及文史古籍中，解釋臺灣傳統食物的文義和內涵，對於分辨臺灣許多悠久的食物具有極佳參考價值。

　　另一項重點，則是傳統鮮味透過食品科學的發達，進而研發了鮮味的調味品——味素，這些都是透過物質的分析，來解釋人體口中味覺的情況，甚至於從這些解析出的物質中，萃取出人體所需的養分，來幫助人類獲得更多的營養，有鑑於此，在這飲食科學的演變上，筆者參看哈洛德・馬基所著《食物與廚藝——蔬、果、香料、穀物》，書中對於味覺的內涵有詳細的解釋，並對各種食材的特性做系統上的解釋，可幫助本文在飲食的味蕾要義上，做演變的了解與解析；Ole G. Mouritsen, Klavs Styrbæk 著、羅亞琪譯《鮮味的祕密：大腦與舌尖聯合探索神祕第五味》，是本特別針對鮮味這項味覺，來做各項有關歷史、科學、飲食文化等研究的書籍，對於本文研究鮮味的觀點，以及味素的發展歷程有極大的助益，只是此本書籍對於飲食習俗的論述較少，所以本研究將加強對鮮味飲食習俗的探討，以補足鮮味飲食在人文發展上的重要性。

　　再者，日本歷經明治維新的過程，使得其各個文化參雜著西方科學的新思維，包括日本飲食文化也受到食品科學的影響，仔細觀察日本在明治維新後的

飲食文化，其發展是透過許多科學分析、田野調查出的研究數據，來進行飲食上的調配或改善，許多案例則是因某些目的而選擇改變原本的飲食習慣，在解析臺灣日治時期的飲食文化部分，不但須追溯臺灣人民在日治之前的傳統飲食習慣，還須重視日本在明治維新前後的飲食習慣變化，才能將本研究的內容發揮完善，Cwiertka, Katarzyna J.著、陳玉箴譯《飲食、權力與國族認同：當代日本料理的形成》，是著重在日本明治維新前後，對其飲食文化及習慣改變的研究書籍，日本全盤西化的方式，需要某些要素讓日本當局政府得以接受，才有可能施行科學化的方法來改變人民的飲食習慣；對於日本的傳統飲食習俗，徐靜波《日本飲食文化──歷史與現實》裡則探討許多深層的要點，包括日本宗教、環境、政治體制等，可對日本明治維新前後的飲食樣貌變革做詳細的觀察；宮崎正勝著《你不可不知的日本飲食史》則是講述日本傳統飲食的歷史變革，其內容可幫助讀者迅速理解日本傳統飲食的演變。

然則，本文探討味素在臺灣日治時期的發展歷程上，對於味素在當時廣告宣傳的情形也是本文研究的重心之一，蔣竹山《島嶼浮世繪：日治臺灣的大眾生活》內部探討許多日治時期各種類廣告文宣的樣貌，進而闡述這些宣傳方式對臺灣人民的影響，其中一小節也有探討味之素公司所生產的味素，在當時熱賣的盛況及仿冒的新聞；陳柔縉《廣告表示：_____。：老牌子.時髦貨.推銷術，從日本時代廣告看見臺灣的摩登生活》，則是專注於《臺灣日日新報》中所刊登的廣告圖像，並對廣告文宣內容作細部的推論，對於本文在臺灣日治時期的廣告內容上，具有時代意義的了解、世界局勢的分析、日治時期廣告研究的論點；再者，對於日本在臺灣日治時期廣告宣傳的方式，除了如《臺灣日日新報》等報章雜誌的宣傳方法，還有另一種模式的宣傳手法，也就是在臺灣舉辦盛大的博覽會，呂紹理《展示臺灣：權力、空間與殖民統治的形象表述》就是在探討日本在改革之時，意識到西方世界各項事物的先進，並且藉由博覽會來做宣傳與國力的競爭，所以日本也不遺餘力的參與國內外林林總總的博覽會，並透過多次博覽會參展而得到獎項的肯定，這也可以說明日本在行銷產品的企圖心，尤其了解參展博覽會的宣傳效果及獎項的展示，可使消費者信心倍增，進而增加購買意願，於此對本文在日本廣告宣傳的方式及時代背景上，有更廣博的觀念與體認。

上述專書從臺灣、中國、日本的飲食文化，來探討關於鮮味飲食的發展；緊接著，為探討日本味素大廠──味之素的廣告宣傳模式，而蒐集關於研究

日本在報章雜誌、博覽會的宣傳形式相關書籍；但是，對於日治時期的臺灣人面對這些包括飲食、傳播文化等相關改變，我們還須了解當代人民的人文意識，以及東方傳統的各項思維，因此，本文參考王學泰《中國人的飲食世界》，來解決關於飲食文化的思想及風俗疑問，同時，也參看李亦園《文化的圖像（上）》，來解答關於人類學上的飲食習慣方面，和科學角度的接軌上有何種異同之處，以期補足人文背景其他方面的觀點。

（二）論文

筆者參看許多先進所著之碩博士論文，依其論文研究方向而歸納出幾種探討的內容，本文將參考之論文類型分析如下：

● 在臺之清代至日治時期飲食相關演變研究

1. 曾品滄《從田畦到餐桌——清代臺灣漢人的農業生產與食物消費》〔註1〕

此篇論文的其中一章節，是探究清代臺灣漢人的飲食及其消費與發展，其中以臺灣漢人家庭貧富的角度，以及當時中國與臺灣兩地的食物運輸，並參酌許多志書在飲食記載上的說法，來論述其飲食的差異性，可幫助本文在清代飲食的內容，做更詳盡的觀察。

2. 江辛美《日治時期臺灣醬油產業研究》〔註2〕

此研究針對醬油的歷史與種類做了詳盡的論述，在醬油的起源做初步的介紹之外，醬油在日本歷經各時代作法的演變後，使其風味上的獨樹一格，也影響了臺灣的調味樣貌，本文在鮮味的研究上，可參究此篇論文的論點，詳加探討鮮味與醬料方面的關係，並追溯出其味蕾與調味方式改變的原因。

3. 侯巧蕙《台灣日治時期漢人飲食文化之變遷：以在地書寫為探討核心》〔註3〕

此論文是以臺灣漢人從清代到日治時期的飲食變遷為主，從相關傳統的飲食習俗，和飲食文化交融的情景，藉由日治時期的日本民俗學者之著作、日治時期當代的小說及各類型的文章，來闡述臺灣漢人對於飲食文化變遷的

〔註1〕　曾品滄，《從田畦到餐桌——清代臺灣漢人的農業生產與食物消費》（國立臺灣大學歷史學系博士論文，2006）。

〔註2〕　江辛美，《日治時期臺灣醬油產業研究》（國立彰化師範大學歷史學系碩士論文，2008）。

〔註3〕　侯巧蕙，《台灣日治時期漢人飲食文化之變遷：以在地書寫為探討核心》（國立臺灣師範大學台灣文化及語言文學系碩士論文，2012）。

感想與作為，內容對於人文背景的探討，可協助筆者在當代人文背景的觀察與剖析。

4. 黃靖嵐《國家、文明、飲食：自國家形構觀點考察明治日本之肉食變遷》

〔註4〕

　　由於肉類在中國、臺灣是一種鮮美的重要食材，食用肉類的歷史相當悠久且多元，但是從日本的飲食文化角度來說，肉類食用的歷史發展其實相當特殊，食用肉類對日本明治時代前的日本人來說並不是理所當然，食用肉食習慣的轉變則從明治維新開始，而這項改變也提供了味素研發最初的本意——提供營養，發明味素的原因之一，就在於希望藉由味素的添加，而改善人民的營養攝取，但味素還未研發之前，明治維新給予人民攝取營養的思維在於食用肉類；所以在日本人食用肉類的習慣，以及明治維新的營養學概念，到能提供營養的調味品——味素這三者之間的關係，筆者認為具有相互影響之作用，而從先進黃靖嵐所撰寫的這篇論文，可提供相關日本食用肉類的歷史說明，並幫助筆者更加了解日本對於飲食觀點上的變化。

● 味素在臺灣社會的發展

1. 林如茵《境外爭議、專家知識與日常生活科技：台灣味精的飲食政治》

〔註5〕

　　此文的研究空間範圍是在臺灣，但研究的時間範圍則是鎖定臺灣六零至九零年代，關於味精所歷經的一些爭議與社會變化，整體的論述是臺灣人民對於味精觀念的變化，且先帶出「中國餐館症候群」這項爭議點，以及呈現相關對味精的科學研究報告。整體著重於臺灣本土的味精產業，相關日本的味素歷史較少提及，所以這個部分是筆者想深入研究的地方，味素對臺灣的飲食文化影響會如此重大，日治時期的廣告宣傳是一項重要的研究部分。

● 《臺灣日日新報》中的廣告圖像與文化背景分析

1. 陳靜瑜《「新家庭」的想像與形塑：《台灣日日新報家庭欄》的分析與討論》

〔註6〕

〔註 4〕 黃靖嵐，《國家、文明、飲食：自國家形構觀點考察明治日本之肉食變遷》（東海大學社會學研究所博士論文，2016）。
〔註 5〕 林如茵，《境外爭議、專家知識與日常生活科技：台灣味精的飲食政治》（國立臺灣大學社會學研究所碩士論文，2005）。
〔註 6〕 陳靜瑜，《「新家庭」的想像與形塑：《台灣日日新報家庭欄》的分析與討論》（國立政治大學台灣史研究所碩士論文，2009）。

　　本文研究飲食文化的部分，牽涉到家庭及婦女的生活與文化形態，所以對於相關家庭的研究，特別是臺灣日治時期的家庭型態，在本文當中也將是重要的一塊。而陳靜瑜所撰寫的這篇論文，對於家庭觀念的探討可供筆者了解，由於此文對於家庭型態的分析，著重於日治時期的歷史背景，以及《臺灣日日新報》所設置的家庭欄，從中可以了解當時的社會風氣，以及家庭文化的樣貌，更重要的是當局政府如何透過《臺灣日日新報》，來宣傳相關的家庭理念，而本文也將會研究味素在日治時期所刊登的廣告中，傳達出何種家庭的意象，在本文的分析中，也將一一呈現，以便了解當代的風貌。

2. 呂美玲《報紙廣告與台灣社會變遷（1898～1944）：以「台灣日日新報」為例》〔註7〕

　　新家庭的理念與當時的社會變遷及報章雜誌的宣導，均有密切的關係，所以此篇論文中可了解《臺灣日日新報》對日治時期的臺灣有何文化思想之影響，對於新的思維、習慣，與當時刊登的廣告有何相關性，這些呈現都足以證明當時各界對新潮的事物有何看法與作為，政府又如何藉由報刊來推行政策相關的議題，實為本文一項重要的參考依據。

3. 蔡承逸《日治時期（1895～1935）臺灣日日新報之廣告圖像研究》〔註8〕

　　對於廣告圖像分析上，解說了許多關於圖像與符號的意義，內文也呈現了相當多當時刊登的廣告圖像，但原則上比較著重於圖像設計與意象分析，對於整個社會的變動，以及民俗風情的探究較少，但對於廣告圖像的基本設計風格，以及廣告內容傳達的意象內涵，可作為本文參考之依據。

4. 陳燕蓉《日治時期廣告中的女性圖像分析──以《台灣日日新報》為分析場域》〔註9〕

　　此篇論文著重為女性圖像的風格變化，與社會變遷的關係，而研究出來的成果而言，則是篩選了部分的廣告圖像，但對於廣告牌子的分析較為廣闊，也對其所選出之廣告內文與圖像做較為深入的探究，對筆者在味素廣告上的思想判讀，有相關的重要參考。

〔註7〕　呂美玲，《報紙廣告與台灣社會變遷（1898～1944）：以「台灣日日新報」為例》（中國文化大學新聞研究所碩士論文，2007）。
〔註8〕　蔡承逸，《日治時期（1895～1935）臺灣日日新報之廣告圖像研究》（國立高雄師範大學視覺設計學系碩士論文，2012）。
〔註9〕　陳燕蓉，《日治時期廣告中的女性圖像分析──以《台灣日日新報》為分析場域》（國立政治大學廣告研究所碩士論文，2010）。

5. 林文冠《觀看與展示──《臺灣日日新報》廣告欄中的女性圖像》〔註10〕

與陳燕蓉所著的《日治時期廣告中的女性圖像分析──以《台灣日日新報》為分析場域》，兩者內文的不同之處在於，女性圖像的風格分類方式與論述要點，林文冠先進在論文的章節編排上，是以漢服風格、和服風格、摩登風格為區分，對於女性服飾造就的廣告圖像文化，有相關的深入論述，從女性的服裝所帶出的文化傳播，也是筆者在味素廣告分析上的一大參考要素。

6. 吳坤季《帝國符碼與殖民策略──《臺灣日日新報》圖像內容分析》〔註11〕

內文有深入分析臺灣日治當時的社會背景，以及日本當局所形塑的政治形態，這些種種情況也一一影響著廣告的內容，而此篇論文的觀點，是認為在臺灣日治時期大部分的廣告，都含有著殖民意味、軍國主義、工業革命等，強國在廣告中所要傳達的強烈企圖相當明顯，此外，與列國競爭較勁的意味也相當濃厚，因此，此種論點論述在臺灣日治時期的廣告上，立論也有其道理可言，但筆者認為，日本對於臺灣、中國的田野調查上相當用心，所以從民俗的角度上來說，除了殖民的意義，我們能否從臺灣日治時期的廣告上，探詢出有關民俗的意義，如此而言，本文對於《臺灣日日新報》的廣告意涵將更加的多元與全面。

7. 鄭育安，《商標法與臺灣社會──從清治至日治時期的變遷》〔註12〕

內文著重於各個商品的發展歷程，與商標的發明和仿冒等不法的情形，去闡述因時代變遷，則當局政府對於商標法規的重視程度，以及執行公權力的異同，再加上各個公司行號對於商標的保護與因應對策，可幫助本文了解關於日治時期，日本政府當局對於商品的仿冒有何種措施。

（三）期刊

在本文的研究範圍上，牽涉到臺灣的飲食文化，及日本的飲食文化變革及對臺之影響；另一方面，臺灣在日治時期的廣告文宣特色，所傳達出的文化意象，也是本文所要探討的核心重點，因此筆者參考的期刊有：

〔註10〕　林文冠，《觀看與展示──《臺灣日日新報》廣告欄中的女性圖像》（國立成功大學台灣文學系碩士論文，2010）。

〔註11〕　吳坤季，《帝國符碼與殖民策略──《臺灣日日新報》圖像內容分析》（國立臺北教育大學台灣文化研究所碩士論文，2009）。

〔註12〕　鄭育安，《商標法與臺灣社會──從清治至日治時期的變遷》（國立成功大學歷史學系碩士論文，2016）。

1. 李貴榮〈臺灣菜的演進與發展〉〔註13〕

　　以臺灣歷代的移民背景，敘述臺灣飲食內容的變化，從而區分各菜系到臺灣之後，又有了新的內涵與做法，對於本文在臺灣的飲食變革研究上，可協助釐清許多菜系的原貌，以及菜系內容改變的原因。

2. 陳玉箴〈食物消費中的國家、階級與文化展演：日治與戰後初期的「臺灣菜」〉〔註14〕

　　此篇文獻將臺菜的定義與沿革做詳細的論述，其中呈現幾則臺灣日治時期的菜單內容，可給予本研究在臺灣日治時期的料理內容，做更清晰的解讀，便於了解當時菜色的安排與製作內容；另一方面，作者陳玉箴對於飲食文化的論點，也是筆者需要重視的一環，相關文化背景的描述，都可影響當時飲食內容的特色。

3. 官生華〈味覺和味精〉〔註15〕

　　此篇文獻探討的是關於東西方在傳統味覺分辨的內容，而後，因科學家池田菊苗在品嚐湯品之時，有了新的飲食調味啟發，進而誕生了味精這項產物，並對味精在臺灣的發展作簡略的說明，此外，味精對人體的影響與相關研究，在此篇文獻也有詳細說明。

4. 王宜茜、張芸榕、許嘉珍、郭宜瑄〈日治時期臺灣平面廣告設計之研究〉〔註16〕

　　此篇期刊著重於臺灣日治時期報章雜誌上的廣告變化，在臺灣日治時期歷經明治、大正、昭和三個時代，再者，各個時代的政局變化，可能連帶影響了廣告的內容，對於此篇所探討的廣告變化，可使筆者有更多元的觀點。

〔註13〕　李貴榮，〈臺灣菜的演進與發展〉《中國飲食文化基金會會訊》（第六卷第1期，台北市：財團法人中華飲食文化基金會，2000）。

〔註14〕　陳玉箴，〈食物消費中的國家、階級與文化展演：日治與戰後初期的「臺灣菜」〉《臺灣史研究》（第十五卷第3期，台北市：中央研究院臺灣史研究所，2008）。

〔註15〕　官生華，〈味覺和味精〉《臺灣醫界》（第五十三卷第5期，台北市：中華民國醫師公會全國聯合會，2010）。

〔註16〕　王宜茜、張芸榕、許嘉珍、郭宜瑄，〈日治時期臺灣平面廣告設計之研究〉《圖文傳播藝術學報》（新北市：國立臺灣藝術大學，2013）。

第二章　日治時期臺人鮮味飲食與烹飪之情況

　　本章節為研究臺灣飲食文化上關於味覺的發源與變化，以道出「鮮味」對於臺灣飲食之重要性，透過發酵、醃漬、熟成等各種天然的鮮味呈現，了解到人類對於鮮味的需求，此外，鮮味在各地歷經許多時刻，其製作上的異同，對鮮味的呈現又有何影響，我們可先從臺灣、中國大陸、日本的鮮味飲食內容，來進一步探究此三地鮮味食品的特色，以及後續飲食文化相互影響的過程。

第一節　鮮味的定義與特色

　　在飲食的烹飪文化上，味道是一道菜的靈魂，也是人類為之著迷的要素，然而，人類也是不斷的透過各種食材的品嚐、刺激味蕾，才漸漸的探究出各種味型，在此章節將要探討味道的樣貌與變化，以及食材上的選用與味覺的關聯。

一、鮮味的定義

　　「鮮味」這項對味道形容的詞彙，其實在中國的飲食文化扮演了相當重要的角色，然而，古代人們並無明確的將鮮味這項詞彙作為味道中的一個定義名詞，但鮮味一直持續的在人們的飲食當中，並且發揮其味覺的特殊性。在此，筆者將從味道的原始，以及天然食材所傳達出的味覺特色，來說明鮮味的相關意涵。

（一）葷、素食材之鮮味的探討

在天地萬物的滋養之下，孕育出了許多美味的食材，也使我們人類有機會享用到不同的好滋味，然而，並不是每種食材都富含有鮮味，因此，本文在此初步分類富含有鮮味的食材，而此處食材分類的要點，並不完全以科學所研究出來的論述，而是以中國、日本等古代文獻對鮮味食材之品嚐及形容的闡述，來做古代人類對鮮味食材的區分。

表 2－1：鮮味食材分類表

食材性質分類	食材項目
水產類	昆布、紫菜、魚類、甲殼類
肉類	家畜（豬、牛、羊等）、家禽（雞、鴨、鵝等）
植物類	筍、蕈菇類
動物分泌之產物	牛乳、羊乳
發酵物與醃漬物	醬油、魚干、豆腐乳、醬菜

從上方的鮮味食材分類來說，本文是從中國與日本等，相關飲食文化典籍上的梳理，純粹以古代人們對其食材品嚐的感受，而歸類相關鮮味食材。此表的意義在於表內提出的食材，與現代科學對食材探測出鮮味成分的結果，有部分呈現相同的情形，意涵在於鮮味的食材在古代人們品嚐之下，就已將鮮味的味道運用詞句表達出來，只是鮮味在古代未能成為一種味道，但已有鮮味的概念解說。另一方面，食材經過發酵、醃漬等二次加工，也會造就出不同特色的鮮味，例如：醬油、魚干、豆腐乳等。不過此鮮味是經過時間醞釀而成，與食材本身帶有的鮮味不同，但肉乾、發酵物及醃漬物也可稱為鮮味食品的一部份。

再者，鮮味的「鮮」字，從字面的造法解釋上，有魚及羊兩者合併而成，再從鮮味的論點來說，古人可能認為魚類及牲畜類在經過烹煮後，在品嚐的過程來說，具有令人滿足的感受，也就可能是鮮味的發想。

而在中國典籍對鮮的解說，也有其相關的論點，在《說文解字·魚部》〔註1〕中對「鮮」字的解釋為：

〔註1〕 （清）段玉裁撰，《說文解字段注》（臺北市：中華書局，2016），第十一篇下，頁18。

　　鮮，鮮魚也。出貉國。從魚，羴省聲。

我們再從「鮮」字的兩個部分——魚、羊，這兩者字體的分析來做了解，在《說文解字・魚部》〔註2〕上對「魚」字的解釋爲：

　　魚，水蟲也。象形。魚尾與燕尾相似。凡魚之屬皆從魚。

而對「羊」字的解釋則是在《說文解字・羊部》〔註3〕：

　　羊，祥也。從丫，象四足尾之形。孔子曰：「牛羊之字以形舉也。」
　　凡羊之屬皆從羊。

以上是「魚」以及「羊」單個字體的解釋，而在「魚」的三疊字以及「羊」的三疊字，其意義上有何變化，我們就從《說文解字・魚部》〔註4〕開始了解，在「鱻」的字義解釋上爲：

　　鱻，新魚精也。從三魚。不變魚也。

再從《說文解字・羴部》〔註5〕了解三疊字「羴」的字義：

　　羴，羊臭也。從三羊。凡羴之屬皆從羴。

所以從鮮的字義，以及魚和羊的個別字義，再到三疊字鱻、羴的字義，我們可以發現，具有鮮味的食材，在古人最初的定義來說大致上爲海鮮類及牲畜類，但在菜餚的搭配上，並不一定是魚類及牲畜類搭配而稱作鮮；而且在海鮮類及牲畜類這樣的食材，若處理的不好，會產生腥羶等不好的味道，至於爲何會產生腥羶的味道？筆者認爲除了食材本身的原始風味之外，更重要的是如海產類及牲畜類這樣的食材，大部分都具有油脂，只是依據部位的不同，使得油脂分布的情況不同，油脂是一項特殊的物質，處理得不理想，食材會產生腥臭味；但若是處理得相當完善，油脂可爲此道菜餚加分不少，因爲油脂是人類品嚐食材的時候，最容易使人滿足的物質。

　　但「鮮」其實不只局限於海鮮類與牲畜類，最初人們大部分都認爲鮮味的來源是從海鮮類或牲畜類，但是事實上從其他食材中也可品嚐到鮮味的感受，例如：蔬菜類，我們從古籍當中可了解到，古人對於蔬菜類的形容，也

〔註2〕　（清）段玉裁撰，《說文解字段注》（臺北市：中華書局，2016），第十一篇下，頁12。

〔註3〕　（清）段玉裁撰，《說文解字段注》（臺北市：中華書局，2016），第四篇上，頁23。

〔註4〕　（清）段玉裁撰，《說文解字段注》（臺北市：中華書局，2016），第十一篇下，頁21。

〔註5〕　（清）段玉裁撰，《說文解字段注》（臺北市：中華書局，2016），第四篇上，頁26。

是有鮮味的描述，其滋味不輸給葷食。在一些相關文獻之中，就描述了許多蔬菜具有的鮮美滋味，首先對筍子的形容在宋代林洪所著的《山家清供・傍林鮮》〔註6〕裡寫道：

> 夏初林筍盛時，掃葉就竹邊煨熟，其味甚鮮，名曰傍林鮮。文與可守臨川，正與家人煨筍午飯，忽得東坡書，詩云：「想見清貧饞太守，渭川千畝在胷中。」不覺噴飯滿案，想作此供也。大凡筍貴甘鮮，不當與肉為友。今俗庖多雜以肉，不纔有小人，便壞君子。「若對此君成大嚼，世間哪有揚州鶴」，東坡之意微矣。

在林洪的心中，筍的鮮美不僅讓人喜愛，還將筍的鮮美與世俗的烹飪方法，昇華成了官場政治的深層意涵，這裡同時也可了解，在林洪的觀念上，筍單獨吃是最理想的，與肉一起烹飪乃是世俗的烹飪手法，可見筍的鮮味評價相當的高。而對於筍的鮮味敘述，在清代李漁的著作《閒情偶寄・飲饌部・蔬食第一》〔註7〕之中，對筍之鮮美形容得相當細膩：

> 論蔬食之美者，曰清，曰潔，曰芳馥，曰鬆脆而已矣。不知其至美所在，能居肉食之上者，只在一字之鮮。《記》曰：「甘受和，白受采。」鮮即甘之所從出也。……

> 至於筍之一物，則斷斷宜在山林，城市所產者，任爾芳鮮，終是筍之剩義。此蔬食中第一品也，肥羊嫩豕，何足比肩？但將筍肉齊烹，合盛一簋，人止食筍而遺肉，則肉為魚而筍為熊掌可知矣。購於市者且然，況山中之旋掘者乎？……

> 菜中之筍與藥中之甘草，同是必需之物，有此則諸味皆鮮，但不當用其渣滓，而用其精液。庖人之善治具者，凡有焯筍之湯，悉留不去，每作一饌，必以和之，食者但知他物之鮮，而不知有所以鮮之者在也。……

李漁對於筍的鮮美相當讚賞，而對於筍的種植區域也有所重視，不過，筍的鮮味可以與羊和豬的鮮味相互比較，甚至於可說筍的鮮味超越牲畜類，可見得筍所散發的滋味相當令人著迷。除此之外，運用筍來烹煮湯頭，是一項相當高明的烹飪手法，品嚐其料理之時，覺得此道菜餚非常鮮美，卻不知其鮮

〔註6〕　（宋）林洪，《山家清供》（臺北市：臺灣商務，1965），頁7。
〔註7〕　（清）李漁，《閒情偶寄》（上海：上海古籍出版社，2000），頁263。

美的真正源頭從何而來，這也就是採用筍這項食材熬湯的優勢，若以牲畜類熬製湯頭，雖然其味道鮮美，但湯頭有時會較為混濁，湯頭會出現油分；但運用筍熬湯之後，不但鮮美滋味同樣呈現出來，湯頭的樣貌會較為清澈，並且不會有油脂的出現，這就是用筍熬湯的高明之處。

　　而清代袁枚在《隨園食單·小菜單·素火腿》〔註8〕裡也有描述筍的文句：

　　　處州筍脯號「素火腿」，即處片也。久之太硬，不如買毛筍自烘之為
　　　妙。

將筍比喻為素火腿，從此處文句可知筍的鮮味不亞於火腿所帶出的鮮美感受，火腿是一種經過鹽醃漬，再進行風乾的肉類食材；而筍脯則是將筍煮熟之後，再經過晾曬而後調味的食品，兩者做法不太一樣，但所呈現出來的鮮味卻是讓人相當喜愛的。這些都是經過時間的醞釀，而造就的特殊鮮味。除了筍的鮮味，其他的蔬菜類也有其特殊的鮮味，同樣在《隨園食單·小菜單·醃冬菜、黃芽菜》〔註9〕就講述了冬菜與芽菜的鮮美：

　　　醃冬菜、黃芽菜，淡則味鮮，咸則味惡。然欲久放，則非鹽不可。
　　　嘗醃一大壇，三伏時開之，上半截雖臭、爛，而下半截香美異常，
　　　色白如玉，甚矣！相士之不可但觀皮毛也。

醃漬物所散發出的味道，初期是較為濃厚，但仔細品嚐才知其鮮味的特色，醃菜是經過鹽的醃漬，再經過時間的醞釀，使其散發出鮮美的滋味。冬菜是中國傳統的漬物之一，而黃芽菜則是相當普遍的一項食材，無論炒菜或煮湯都能散發出鮮美的味道。此外，袁枚對於大頭菜的鮮味也有提及，在《隨園食單·小菜單·大頭菜》〔註10〕中說道：

　　　大頭菜出南京承恩寺，愈陳愈佳。入葷菜中，最能發鮮。

在字義上來說，此處的大頭菜可能也屬於醃菜類的一種，因為醃菜的過程需要時間，因此句意上的愈陳愈佳有可能是醃漬的關係，而將大頭菜加入葷菜，則是起到了菜餚的鮮味加乘效果，這是許多菜色的烹飪技術，也是令人滿足的味覺。對於蔬菜的鮮味，在文獻上已提及相當的多，其實在蕈類的部分，也是人類相當喜愛且具有鮮味的食材，蕈類包含菇類、木耳、靈芝等在潮溼及山林地區生長的食材或藥材，在文獻當中，我們可了解到蕈類擁有鮮味的

〔註8〕　（清）袁枚，《隨園食單》（臺北市：海鷗文化，2007），頁131。
〔註9〕　（清）袁枚，《隨園食單》（臺北市：海鷗文化，2007），頁133。
〔註10〕　（清）袁枚，《隨園食單》（臺北市：海鷗文化，2007），頁137。

論述上，也是有其味道的特色，就如清代李漁所撰寫的《閒情偶寄‧飲饌部‧蔬食第一》〔註11〕裡寫道：

> 舉至鮮至美之物，於筍之外，其惟蕈乎？蕈之爲物也，無根無蒂，忽然而生，蓋山川草木之氣，結而成形者也，然有形而無體。凡物有體者必有渣滓，既無渣滓，是無體也。無體之物，猶未離乎氣也。食此物者，猶吸山川草木之氣，未有無益於人者也。……此物素食固佳，伴以少許葷食尤佳，蓋蕈之清香有限，而汁之鮮味無窮。

對於蕈類的描述，強調的是蕈類的特殊性，因其生長的環境，以及對其相近的類群瞭解下，李漁認爲蕈類是一項對人體食用有益的食物，除此之外，蕈類在鮮味的表現上也毫不遜色於筍、蕈的食材，而且從嗅覺開始就可聞出蕈類特有的味道，經過烹飪之後，品嚐出的鮮味更是相當豐富。除了前文提及的筍類、蕈類含有鮮美滋味，但豆類的探討上，許多文獻也都有所評價其風味，本文要引述的是乳腐製品，在清代袁枚的《隨園食單‧小菜單‧乳腐》〔註12〕裡講述乳腐的鮮味：

> 乳腐，以蘇州溫將軍廟前者爲佳，黑色而味鮮。有乾、濕二種，有蝦子腐亦鮮，微嫌腥耳。廣西白乳腐最佳。王庫官家制亦妙。

乳腐是一種經過發酵而成的豆類製品，但與豆腐味道相當不同，因爲經過漫長的醃漬與醞釀，在乳腐的氣味上，或許不是很理想，但在品嚐過後，我們所體會到的是一種鹹香、甘鮮的味道，此外，味道也較爲濃厚，所以古人對於醃漬物的鮮味也有討論，所以鮮味的呈現，依據時間製作的多寡，可影響整體食物的風味，在飲食文化的演進上來說，更是一項珍貴的味道。然而，對於海鮮類所散發的鮮美之味，大家都相當熟悉，但海藻類所散發出的鮮味並不亞於海鮮，只是海藻類在中國的文獻上，討論與鮮味的關係並不多見，在此本文引用清代李漁《閒情偶寄‧飲饌部‧蔬食第一》〔註13〕裡對於海藻類中的髮菜之見解有何特殊之處？原文如下：

> 菜有色相最奇，而爲《本草》、《食物志》諸書之所不載者，則西秦所產之頭髮菜是也。予爲秦客，傳食於塞上諸侯。一日脂車將發，見炕上有物，儼然亂髮一卷，謬謂婢子櫛髮所遺，將欲委之而去。

〔註11〕 （清）李漁，《閒情偶寄》（上海：上海古籍出版社，2000），頁264。
〔註12〕 （清）袁枚，《隨園食單》（臺北市：海鷗文化，2007），頁138。
〔註13〕 （清）李漁，《閒情偶寄》（上海：上海古籍出版社，2000），頁266。

婢子曰：「不然，群公所餉之物也。」詢之土人，知爲頭髮菜。浸以
滾水，拌以薑醋，其可口倍於藕絲、鹿角等菜。攜歸餉客，無不奇
之，謂珍錯中所未見。此物產於河西，爲值甚賤，凡適秦者皆爭購
異物，因其賤也而忽之，故此物不至通都，見者絕少。由是觀之，
四方賤物之中，其可貴者不知凡幾，焉得人人物色之？髮菜之得至
江南，亦千載一時之至幸也。

在此文當中，對於頭髮菜的敘述，推估應屬海藻類的一種，雖然文中並無明
確的說明頭髮菜的味道如何，但海藻類在中國的飲食文化上也是佔有一席之
地，只是有些藻類在中國屬於藥用，有些可食用，在中國的文獻記載上，昆
布及紫菜的記載上最爲多樣化。而在食用的部分，以中國的文獻上來說，較
少將海藻類與鮮味的關係做連結的說明，雖然無法有效證明在中國古代，人
們對於海藻類的品嚐有無感受到鮮美滋味，但是海藻類屬於水產類，許多中
國文獻都將部分海藻類歸爲蔬菜類，但海藻類的特殊性就在於其生長於海
裡，與陸地上生長的蔬菜類不同，無論其營養價值及味道都相當的特別。

在此，筆者引用哈洛德・馬基所著《食物與廚藝——蔬、果、香料、穀
物》中對海藻類的區分表格，來輔助說明海藻的種類與用途：

表 2-2：食用海藻分類表〔註14〕

	學　名	用　途
綠　藻		
石蓴	Ulva lactuca	生食沙拉、湯
總狀蕨藻	Caulerpa racemosa	帶胡椒味，生食或塗裹糖衣食用（印尼）
青海苔	Enteromorpha、Monostroma	磨粉製成調味料（日本）
紅　藻		
海苔、紫菜	Porphyra	煮燕麥粥（愛爾蘭）、用來捲壽司或油炸成海苔脆片（日本）
龍鬚菜	Gracilaria	分支莖，生食、醃漬，作爲模製甜食的膠凝劑，如：洋菜、日本寒天

〔註14〕　哈洛德・馬基（Harold McGee）著，蔡承志譯，《食物與廚藝——蔬、果、香
料、穀物》（臺北縣：遠足文化，2009），頁 137。

	學　名	用　途
紅　藻		
愛爾蘭苔、鹿角菜	Chondrus crispus	甜點濃稠劑（鹿角菜膠、紅藻膠）
掌狀紅皮藻、海歐芹	Palmaria palmata	馬鈴薯、牛乳、湯和麵包的配菜（愛爾蘭）
褐　藻		
海帶（即昆布）	Laminaria	湯底（日本稱「出汁」）、沙拉、海苔（日本）
若布（即裙帶菜）	Undaria	味噌湯、沙拉（日本）
羊棲菜（即鹿尾菜）	Hizikia fusiformis	蔬菜、湯、泡茶（日本、中國）

　　在本文的研究當中，昆布與紫菜在中國及日本的用途極廣，然則鮮味的探討而言，中國與日本的觀點有不同之處，由海藻的屬性及生長區域而言，紫菜所屬紅藻類的分布區域為熱帶及亞熱帶水域，而昆布所屬褐藻類則是生長在溫帶海域〔註 15〕，從生長海域分布的不同，以致於影響了各種海藻類在中國、日本等他國的運用方式，但昆布與紫菜在營養成分上來說，是各界公認對人體相當有益的，以昆布而言，具有葉綠素、類胡蘿蔔素、胺基酸、碘、磺、鈣質、膳食纖維、硒、鐵質、甘露醇等；而紫菜的營養，具有碘、鐵質、鈣質、磷質、蛋白質、維生素 A、維生素 C、膽鹼、牛磺酸，如此營養的食物，又具有相當多樣化的功能，可見得昆布與紫菜的特殊與珍貴，更重要的是海藻類對鮮味的提升與啓發。大家都能理解鮮味的提升倚靠牲畜類或海鮮類，這是自古以來常見的方法，但運用昆布、紫菜來幫助菜餚更加鮮美，這在中國與日本的飲食文化中，有相通的論述，也有不同的論點，其針對食材的特性及運用方式，以及中國、日本的飲食文化變遷之影響，多方論點相互的交流將是本文重視的部分。

　　從以上的文獻來說，含有鮮味的食材相當的多，並且橫跨了葷、素兩大食材，也在新鮮的食材及時間醞釀後的食材上，體認出不同的鮮味特色，從眾多食材的呈現可看出，鮮味不僅僅是動物性的食材才有，也不僅僅是含有油脂才會具有鮮味，或許最初在解說鮮味之時，古人們認為以動物性且具有

〔註15〕　哈洛德・馬基（Harold McGee）著，蔡承志譯，《食物與廚藝——蔬、果、香料、穀物》（臺北縣：遠足文化，2009），頁 137。

油脂類的，在品嚐的當下而言，是最能立即感受到的一種鮮味，但經過時間的洗禮，以及歷代的食物樣式增加之後，人們更能了解到食材的鮮味是相當多變的，在蔬菜類、蕈類、豆類、海藻類等，都可品嚐出鮮美的滋味，同時，一些食材經過醃漬、發酵過後，其鮮味的產生又有另外不同的味覺體驗，筆者認為這或許就是鮮味豐富多彩的地方，也是鮮味最為珍貴之處。

（二）「鮮」字在古代文獻上的其他意義

從字體的結合角度，亦或是食材的特性來說明「鮮」還並不夠完善，在此本文要對「鮮」字做另一項解釋，我們常說食物要新鮮，新鮮實際上的意思是希望食物在最好、最初的時刻，就能讓我們及時享用到，所以我們人類在品嚐食物的時候，對於「鮮」字的意義上，不僅是期望食物是最理想的狀態，更期望食物能帶出最美好的滋味。再者，我們可從文獻的字義上，來說明人類對於「鮮」有何觀點，或有更深層的意涵。

在《詩經・大雅・蕩之什・蕩》[註16]裡有論述一段文字：

> 蕩蕩上帝，下民之辟。疾威上帝，其命多辟。天生烝民，其命匪諶。
> 靡不有初，鮮克有終。

整段文句意旨周文王斥責商紂王暴虐無道。而在「靡不有初，鮮克有終。」這段文句上，我們可以知道其意義在於，人們做任何事情都有開頭，但很少能堅持到最終。在這裡的「鮮」是指少的意思，這是文句裡時常運用的詞彙，而且鮮字的發音為ㄒㄧㄢˇ。緊接著在老子的著作《道德經・六十章》[註17]裡講述相關治國的道理以及意義的延伸：

> 治大國若烹小鮮。以道蒞天下，其鬼不神；非其鬼不神，其神不傷
> 人；非其神不傷人，聖人亦不傷人。夫兩不相傷，故德交歸焉。

此文在說明治理國家不可隨意擾民，如同煎魚之時，需煎到熟度夠了才能翻面再煎，否則反覆翻面的結果，相當容易造成魚肉破碎而不成形。但也不能全然不去翻動，否則魚就會燒焦。而以王道來治理天下，做到功成事遂之後，天下就可無事，無事就不需要去迷信鬼神，所以鬼神就傷害不了人。天下一旦得治，非但鬼神傷不了人，百姓也不覺得聖人傷人。因為鬼神和聖人都不

〔註16〕　黃忠愼編著，《詩經全注》（台北市：五南，2008），頁539。
〔註17〕　（清）湖北崇文書院編，湯約生校，《百子全書》（臺北市：古今文化出版社，1961），卷下，頁19。

傷人，所以德就交加的歸於全國了。在此的「鮮」字意思爲鮮魚的意思，也是鮮最爲常見的意思，在此有兩種說明，一則是指海鮮的意思，另一則是指新鮮的意思，而這裡的鮮字發音爲ㄒㄧㄢ。以烹飪鮮魚的方式來比喻治國的道理，是一種深入淺出的說法，而在此也體現了鮮字最常使用的意思。

在另一個例子上爲清代的著名小說《紅樓夢》，其當中〈送宮花賈璉戲熙鳳　宴寧府寶玉會秦鐘〉〔註18〕裡面也有一種鮮字的說法：

> 至掌燈時，鳳姐卸了粧，來見王夫人，回說：「今兒甄家送了來的東西，我已收了。偺們送他的，趁著他家有年下送鮮的船，交給他帶了去了。」王夫人點點頭兒。

年下送鮮中的「鮮」字，其意義可解釋爲鮮美的意思，因爲富貴人家往來的物品，尤其是食物而言，相當追求其可口味美，所以任何鮮美的好東西，都容易在富貴人家之間流通。所以在中國的文獻來說，鮮字的意思就有許多類型，以及不同的讀音，歸納鮮的字義就包含：少、海鮮、新鮮、鮮美這幾種意思，所以在中文的意思表達上，鮮字的意涵有其獨特的說詞。而相關鮮字的延伸詞之中，我們也可以了解到鮮字的可貴意義，也就是在稀有的意思，我們可了解到少、海鮮、新鮮、鮮美都是我們生活中最爲珍貴的事物，即使我們現代人生活較爲便利，但稀有的事物對於我們而言還是相當寶貴的，海鮮在我們的飲食當中也是屬於較爲昂貴的食物，新鮮是食物保存上最不簡單的事項，鮮美更是食物當中難能可貴的滋味，這些在在說明「鮮」具有特殊及稀有之意。

二、鮮味的本質與形成

上一小節初步彙整出具有鮮味的食材，以及「鮮」字在文辭上的意義。然而一道佳餚的誕生，除了食材的準備之外，對於烹飪的技巧也是相當的重要，本文在此節要探討的是烹飪的方法，與食物製作的過程對鮮味的產生有何影響。

首先，從食材的本質而言，我們必須準備新鮮的食材來製作佳餚，新鮮的食材是一道菜的靈魂，如果食材不夠新鮮，即使加入再多的調味料，也不太可能品嚐出眞正的鮮美滋味，正說明食材先天的不足或不新鮮，將導致菜

〔註18〕（清）曹雪芹撰，饒彬校注，《紅樓夢》上（臺北市：三民書局，2007），第七回，頁77。

餚的失色，在清代袁枚所著的《隨園食單·須知單·先天須知》〔註 19〕中，就提出食材品質的重要：

> 凡物各有先天，如人各有資稟。人性下愚，雖孔、孟教之，無益也；
> 物性不良，雖易牙烹之，亦無味也。

因此，新鮮與鮮美這兩者具有因果關係，若食材的品質不夠理想，即使聘請烹飪高手來製作，這道菜餚仍然不盡理想，以烹飪的要素來說，懂得慎選食材是一道佳餚誕生的基本條件。再者，食材的洗淨或取捨也相當重要，因各項食材的特性，若無適當的處理，對其鮮味的口感也將有所影響，在清代袁枚所著的《隨園食單·須知單·洗刷須知》〔註 20〕裡說道食物的前置作業，須了解其特性，才能將食材本身的優勢保存完好：

> 鴨有腎臊，削之則淨。魚膽破，而全盤皆苦……

鴨肉及魚類都是具有豐富鮮美滋味的食材，然則，鴨子的腎若不剔除，其臊味無法去除，同樣的情形，當魚類的膽囊破了，膽汁會影響魚肉的味道而造成苦味，所以即使食材本身富含相當美好的滋味，若無了解食材的特性，或者食材處理的不夠仔細，菜餚的鮮味將會受到影響，甚至於被腥、羶、臊的味道給蓋過，這其實是件相當可惜的事，原本品質良好的食材，卻因處理過程的疏漏，而失去其食材的美味優勢，這是烹飪技巧上的一大疏失，更是鮮味展現的一大禁忌。再者，除了需要將食材處理乾淨之外，我們還需運用去腥的調味料或香料，例如：蔥、薑、酒等，調味料及香料不但是去腥羶的幫手，對於食材含有特殊體味的部分，也能做其味道的修飾，甚至於將其富含的鮮味凸顯出來，所以本身食材先行處理完善，再添加相關調味料及香料，是除去不好味道的理想方式，更是將鮮味特色凸顯出來的好方法。

　　而前一小節提及「鮮」字是由「魚」字和「羊」字所組合而成的，但是，筆者在文獻的梳理上，似乎較少查詢出其菜色是由魚和羊組合而成的，或是將海產類與牲畜類混合而成之菜色，其原因在於食材的獨特性，在清代袁枚的《隨園食單·須知單·獨用須知》〔註21〕當中，指出食材搭配的要點：

> 味太濃重者，只宜獨用，不可搭配。如李贊皇、張江陵一流，須專
> 用之，方盡其才。食物中，鰻也，鱉也，蟹也，鮑魚也，牛羊也，
> 皆宜獨食，不可加搭配。何也？此數物者味甚厚，力量甚大，而流

〔註 19〕　（清）袁枚，《隨園食單》（臺北市：海鷗文化，2007），頁 2。
〔註 20〕　（清）袁枚，《隨園食單》（臺北市：海鷗文化，2007），頁 3。
〔註 21〕　（清）袁枚，《隨園食單》（臺北市：海鷗文化，2007），頁 5。

> 弊亦甚多，用五味調和，全力治之，方能取其長而去其弊。何暇捨
> 其本題，別生枝節哉？金陵人好以海參配甲魚，魚翅配蟹粉，我見
> 輒攢眉。覺甲魚、蟹粉之味，海參、魚翅分之而不足；海參、魚翅
> 之弊，甲魚、蟹粉染之而有餘。

此段文獻中提出食材搭配上，需注意食材本身的味道，不知其食材特性而胡
亂搭配，不見得可以構成我們所謂的「鮮味」，海產類與牲畜類都是具有鮮味
的食材，但海產類的鮮味與牲畜類的鮮味不同，然則，這兩類食材的獨特性
相當高，兩者搭配實則無法產生出個別味道的優勢，若是烹飪的哪個環節出
錯，則兩類食材的缺點有可能更加的明顯，而造成反效果，這並不是我們烹
飪技法上所樂見的。因此，了解食材的特性，宜單獨烹調者，就不該再放入
其他會影響味道的食材，菜色的搭配是依循食材的特色，而不是單純以鮮味
的考量而製作。

　　此外，火候的控制在烹飪技法上，也是影響菜餚味道的要素之一，即使
前幾項要點都已準備充足，但在火候的運用方式有誤，則菜餚的好滋味將消
失殆盡。以清代袁枚的《隨園食單·須知單·火候須知》〔註22〕中指出：

> 肉起遲則紅色變黑，魚起遲則活肉變死。屢開鍋蓋，則多沫而少香。
> 火熄再燒，則走油而味失。道人以丹成九轉爲仙，儒家以無過、不
> 及爲中。司廚者，能知火候而謹伺之，則幾於道矣。魚臨食時，色
> 白如玉，凝而不散者，活肉也；色白如粉，不相膠粘者，死肉也。
> 明明鮮魚，而使之不鮮，可恨已極。

在此，首先要探討的是火候要素，火候代表在烹煮的過程中，給予食材的熱
能有多少，鮮味的產生絕大部分是需要經由烹煮之後，才能完整的呈現。若
是生食的情況下，即使食材相當新鮮，對於食材鮮味的散發而言並不夠完全；
以牲畜類的食材而言，其體味的存在，若不經由烹飪的情況下，體味足以破
壞其食材的滋味；以植物類的食材而言，其植物原本生澀的氣味，若無經過
烹煮將其氣味除去，則品嚐的感受上還是略有缺憾，所以鮮味的誕生，是需
要經由烹飪才可能得到。

　　而從清代袁枚的《隨園食單·須知單·火候須知》中的文句：「火熄再燒，
則走油而味失。」可間接了解鮮味與油脂的密切關係，在海鮮類及牲畜類的
食材上，讓人喜愛且富含有鮮美滋味的部分，當屬油脂的區塊，若火候控制

〔註22〕　（清）袁枚，《隨園食單》（臺北市：海鷗文化，2007），頁 7。

不當，油脂被高溫逼出，對於食材的口感將有所影響，而在品嚐的感受上也會失分很多，清代袁枚還在《隨園食單・戒單・戒走油》〔註23〕此小節再度強調食材中油脂保存的重要性：

> 凡魚、肉、雞、鴨，雖極肥之物，總要使其油在肉中，不落湯中，其味方存而不散。若肉中之油，半落湯中，則湯中之味，反在肉外矣。推原其病有三：一誤於火太猛，滾急水乾，重番加水；一誤於火勢急停，既斷復續；一病在於太要相度，屢起鍋蓋，則油必走。

在此我們可以清楚的了解，即使油脂再多的食材，若是烹飪的方式有誤，油脂還是有可能大量的流失，今天我們品嚐食材與湯頭，其實是有其區別的，但無論品嚐何種菜色，油脂的含量是此道菜色美味的關鍵，若換作素菜而言，使用植物油少量清炒，對於美味的感受也會有所提升或改善。雖然油脂在現代營養學來說，攝取不宜過分，但一道菜餚的美味程度，油脂的含量有時可取決於這道菜餚味美的高低。

　　而品嚐鮮味的要點除上述幾項之外，對於時間的掌握也是相當的重要，所謂的時間掌握在於：食材選用的時間、食材起鍋的時間以及食材品嚐的時間，以清代袁枚的《隨園食單・戒單・戒停頓》〔註24〕中就闡述此道理：

> 物味取鮮，全在起鍋時極鋒而試；略為停頓，便如徽過衣裳，雖錦繡綺羅，亦晦悶而舊氣可憎矣。嘗見性急主人，每擺菜必一齊搬出。於是廚人將一席之菜，都放蒸籠中，候主人催取，通行齊上。此中尚得有佳味哉？在善烹飪者，一盤一碗，費盡心思；在吃者，鹵莽暴戾，團圍吞下，真所謂得哀家梨，仍復蒸食者矣。余到粵東，食楊蘭坡明府鱔羹而美，訪其故，曰：「不過現殺現烹、現熟現吃，不停頓而已。」他物皆可類推。

在此文當中論述的是食材應乘其新鮮，並盡快處理其相關事宜，然則烹飪過後，也須掌握好其熟成度並起鍋，最重要的是在食材呈現美味最剛好的時刻去品嚐，這些要素必須都兼顧，才能品嚐到品質最好的鮮味。所以正統來說，飲食的習慣應該是「人等菜，而不是菜等人」，每種菜餚都有其適合的溫度，以及烹飪方法，今日即使菜餚新鮮上桌，但品嚐的時間錯過，致使菜餚失去適當的溫度，這對於鮮味的保存也將有所影響。

〔註23〕　（清）袁枚，《隨園食單》（臺北市：海鷗文化，2007），頁23。
〔註24〕　（清）袁枚，《隨園食單》（臺北市：海鷗文化，2007），頁18。

在此總歸上述要點，我們可體會品嚐鮮味是件多麼不容易的事，第一先需慎選新鮮的食材，沒有新鮮就不太可能有鮮味的產生，食材的本質是決定一道佳餚美不美味的因素之一。第二需懂得食材的特性，要預先將會影響食材風味的部分去除，才不會導致一些腥、羶、臊等不好的氣味蓋過了食材鮮美的滋味。第三則是須體認出各種食材所蘊含的鮮味各異，食材的混合烹煮不見得能使鮮味更加濃郁，有時反而會有複雜的味道出現，而造成此道菜餚味道繁複而不夠凸顯其獨有的鮮味，就是烹飪過程中最為可惜的部分了。

第四在於火候的掌控得宜，對菜餚的呈現才能達到其效果，因此參看食譜相關書籍，我們可觀察到內容會詳細說明此道菜餚，在此烹飪的時刻需大火、中火還是小火，新鮮的食材需要我們用心烹調，原本是鮮魚卻烹飪成如同死魚般的味道，也是相當的可惜。同時，烹調食材的方法也會影響食材內的油脂含量，油脂是大多數菜餚的精髓，適度的油脂才能使食材品嚐的口感好、氣味好，進而幫助其菜餚的賣相好。第五則是以起鍋及品嚐的時間掌握上需恰到好處，這兩者對於飲食的良好習慣上是缺一不可，若是起鍋的時間不對，則食材展現不出其鮮美滋味；若品嚐的時間不對，則菜餚富含的鮮美滋味就消失殆盡了。所以，鮮味的形成實則不易，從新鮮食材的揀選，並乘其狀態最佳之時，趕緊去除不好的物質，下鍋烹飪時還需講求其搭配、火候，之後起鍋的時間也需注意，才不至於使鮮味散失，最終則是掌握好品嚐的時刻，如此才能完整品嚐到鮮味的滑潤感受，且不複雜又清鮮，這就是難能可貴的鮮味之要義。

第二節　日治時期臺灣漢人鮮味之飲食變化

在臺灣清治時期到日治時期，無論鮮味食品，或者是鮮味的烹飪方法，都歷經了許多的改變與創新，此章節將先從臺灣漢人傳統的鮮味觀點，及鮮味食品的內容介紹，再到臺灣日治時期，相關日本鮮味飲食與烹飪法的傳入，使得臺灣的鮮味文化有著相當多元的內涵。

一、臺灣漢人味覺觀點之省思

第一節從中國許多文獻，來探討所謂「鮮」的意義與形成，然而，「鮮」這項味覺的特別之處在於中國從未將其當作一種味道的說法，在中國的飲食

文化歷史上，雖然時常提到何種食物有鮮美之感受，但是在五味——酸、甜、苦、辛、鹹的說法上，並無鮮味的字詞出現，因此鮮味對於中國的飲食歷程上來說，定位相當的獨特又重要。鮮味對中國飲食歷史相當重要的原因在於，無論任何朝代、階級、貧富等，對鮮味美食的追求一直源源不斷，這樣的飲食歷程一直深深影響著後代，這是除了對五味的味覺體認之外，另一種對飲食更加深層的觀點。

　　而臺灣歷經許多政權的更迭，不可否認的是，清代對臺灣的歷史影響也是相當的廣泛，尤其在民俗、飲食的文化上，和著中國古代淵遠流長的智慧結晶，尤其在飲食的文化上，不乏有許多中國古典的引用，以及中國各省對於飲食製作的習慣；然而到了臺灣之後，雖然民俗與飲食有著根深柢固的傳統，但隨著氣候變遷、因地制宜的情況下，民俗與飲食的變化也是有著緩慢的改變。從臺灣漢人的飲食來說，也是以五味爲味道的中心思想，在《臺灣紀事》敘述「昔箕子之演疇也，以五味配五行。五味則鹹、苦、酸、辛、甘是已。」〔註 25〕，可了解在清代的臺灣對五味的定義，與中國傳統的五味定義相符，但鮮味始終不是清代臺灣漢人所理解的味覺，而是品嚐美食的一種讚美之形容詞而已，從《臺海使槎錄》描述「文蛤，味極鮮美。往年絕少，惟癸卯春夏魚市不絕。」〔註 26〕可得知對於鮮美的味覺，在清代的文獻中就已有相關的描述，但並不是五味的定義。

　　然則事實上，清代漢人的飲食始終離不開鮮味的要素，只是鮮味在貧富差距極大的年代，有著不同的形式出現。臺灣清代的鮮味飲食模式，首先要區分葷食與素食這兩者，葷食所帶出的鮮味是最爲人所熟知的，但須特殊的保存與製作，才能孕育出特殊的美味；而素食則是要經過特殊處理之後，才得以領略其鮮美的風味，在下一節將詳細論述臺灣清代漢人製作葷、素食的鮮美風味。再者，清代臺灣漢人常用之鮮味食物大多經由烹煮、醃漬、熟成的食品，所以在清代的鮮味飲食要點有下列條件：

　　（一）食物具有保存方便的性質。

　　（二）此食物能促進食欲、使人能多攝取營養。

　　（三）經濟實惠、食材取得便利。

〔註 25〕　（清），《臺灣紀事》（《臺灣文獻叢刊》第 036 種，台北：臺灣銀行經濟研究室，1957），卷一，頁 10。

〔註 26〕　（清），《臺海使槎錄》（《臺灣文獻叢刊》第 004 種，台北：臺灣銀行經濟研究室，1957），卷三，頁 68。

　　第一點食物需有保存方便的性質，原因在於古代冷藏與冰凍技術不理想的情況下，許多食物的保存不易，尤其在臺灣潮濕炎熱的氣候下，食物的保存更是一大考驗；另一方面，當時耕作與收成不穩定，需要提前儲存一些食材以備不時之需，也因此清代有關的鮮味飲食上，在醃漬物、熟成物可說是相當發達，這也是中國古代流傳下來的智慧，讓食物可以保存更久，而經由食物長時間的醞釀，其產生的化學變化就會使得食物具有更加迷人的風味。

　　第二點在於食物能促進食欲的觀點，是因為清代富裕人家購買山珍海味較容易，而從豐富食材中，可以體驗食材的各種美味，亦或是在烹調技法上的專研，而營造更多的鮮美滋味。但相反的，貧苦人家可以購買的食材有限，只有在祭祀與過年，可以享用一些較為昂貴的食材，而平時購買食材的味道並不豐富，調味料的種類也並不多樣，在清代飲食文獻記錄上，使用最多的為油、鹽、糖、醬。以清代漢人使用油品為例，在《東瀛識略》「臺灣物產，以米、油、糖為大宗，苧麻、靛青次之。……油有花生、芝麻之殊。」〔註27〕，另一則對油品的記述在《臺灣志略》「貨：糖為最，油次之，糖出於蔗；油出於落花生，其渣粕且厚值·商船賈販，以是二者為重利。」〔註28〕，以及《臺灣縣志》「土豆：亦名落花生豆·開花落地，結實成房，堪充品，臺產甚多，芝麻貴時，醡油以代；止充燃火之用，不堪食也。」〔註29〕，從許多清代的文獻記載上，可得知油品的使用情形，而油品最大的功用在於給食物提香，此外，油脂給人的口感有滑順濃郁的滋味，而清代人民使用的眾多油品中，以花生所搾出的油品最廣為使用。

　　而鹽這項調味品，也是清代人民廣泛使用的一項調味料，《雲林縣采訪冊》中敘述「魚肉、蔬菜，視家有無，村莊飯粥多調合地瓜，且多食鹽、醬、瓜、等物，最為儉約，若遇村中演劇酬神，則不論生熟賓客爭留到家，備酒相敬，陳設豐隆，意極款洽。」〔註30〕，而在《臺灣府志》「鹽（有煮法、有晒法；

〔註27〕　（清），《東瀛識略》（《臺灣文獻叢刊》第 002 種，台北：臺灣銀行經濟研究室，1957），卷五，頁 62。

〔註28〕　（清），《臺灣志略》（《臺灣文獻叢刊》第 018 種，台北：臺灣銀行經濟研究室，1957），卷一，頁 36。

〔註29〕　（清），《臺灣縣志》（《臺灣文獻叢刊》第 103 種，台北：臺灣銀行經濟研究室，1957），輿地志一，頁 9。

〔註30〕　（清），《雲林縣采訪冊》（《臺灣文獻叢刊》第 037 種，台北：臺灣銀行經濟研究室，1957），斗六堡，頁 28。

臺止用晒法）」〔註 31〕，所以無論是調味料或是醃漬物，鹽這項調味料對清代人民飲食的重要性是很高的。再者，糖也是清代人民重要的調味品之一，《臺灣通史》「臺灣產糖，故食糖亦多也。」〔註 32〕，另一則為《臺灣通志》〔註 33〕對糖的敘述：

> 糖，煮蔗而成，有黃、白二種．又冰糖用白糖再煮，如堅冰，比內地較白，而甜遜之（「諸羅縣志」），有黑、白二種，初砍蔗漿半多泥土煎者，一次濾其渣穢，再煮入於上清，三煮入於下清，始成黑糖，入待其凝結，用泥封之，半月一換，三易而後白．未盡白者曰糖尾，併吓再封，封久則白，封少則黑，其不封者則紅糖也（「彰化縣志」）。蜜糖，臺所出無多，藥圃皆資於內地（「鳳山縣志」。謹案：臺產糖為大宗「稗海紀遊」、「赤嵌筆談」已詳紀之，迄今垂二百年，運售日本外洋，暢旺猶昔，大抵南路之糖與北路之茶，歲產所值，略可頡頏，皆鉅款也）。

糖在清代人民的飲食生活當中，較常使用在醃漬類食品，或是一些點心類食品。上述油、鹽、糖這三者都是清代人民慣用的調味品，而醬與調味品的關係較為複雜，本文將在下一小節對醬這項調味品詳加論述，單從清代的文獻記載上，可以了解清代人民在調味料運用上較為單純，而清代人民飲食中所謂的鮮味，並不是單純的調味料所營造的，而是依食物本身的風味，再加上調味料醃漬或發酵相互配合而成的，換句話說，清代人民的調味料雖單純，但透過烹煮、發酵、熟成之後，味道的呈現就會更加的豐富，無論是富貴人家亦或是貧窮人家，都能品嚐食物多元的風貌。

　　第三點則是經濟實惠，食材取得便利的情形，則是因為清代普遍人民較為節儉，富裕人家也並不多見，所以在飲食上並不希望花費太多經費，而是單純的講求吃飽即可。而菜色花樣多變，烹飪手法較為繁複的情形，是以外面的酒樓，或是少許富貴人家才有的一種情況，其飲食的普遍性較低，因此筆者在此談論的是以較多人民日常生活的飲食來做範疇，而清代多數農家子

〔註 31〕 （清），《臺灣府志》（《臺灣文獻叢刊》第 065 種，台北：臺灣銀行經濟研究室，1957），卷七，頁 200。
〔註 32〕 （清），《臺灣通史》（《臺灣文獻叢刊》第 128 種，台北：臺灣銀行經濟研究室，1957），卷二十三，頁 606。
〔註 33〕 （清），《臺灣通志》（《臺灣文獻叢刊》第 130 種，台北：臺灣銀行經濟研究室，1957），物產，頁 217。

弟或生活較爲清苦的人民，對於飲食雖然要求不高，但也是竭盡所能地希望飯菜的味道能有所變化，所以在飯菜的製作上力求簡單，食材配料、調味料等都較爲精簡，但在醃漬物以及熟成物的食用則是相當普遍，而詳細了解醃漬物與熟成物的內容，雖然製作花費的時間較長，但所使用的食材都是當地盛產的材料，或是價格較低的食材去製作而成的。

而從味蕾來表現其食物的特色在於，多數的醃漬物、熟成物味道較爲重口味，因爲在醃漬的過程中，需放入較多的鹽，鹽有助於食物有效保存，延長存放時間，尤其一些需要經過數個月或數年才能熟成的調味品如：醬油等相關調味料，若鹽分不足反而會導致成品腐敗〔註 34〕。另一方面，清代至日治時期的臺灣人民，飲食口味上也較鹹，因此在醃漬物的消費上較高〔註35〕，醃漬物對於促進食慾、下飯有很大的幫助，以貧苦人家來說，醃漬物的風味相當豐富，醃漬物所含有的鮮香滋味，無需太多菜色搭配，只要醃漬物與米飯就可解決一餐；而富裕人家的飲食習慣，尤其是清代嘉慶年間之後，在臺灣的仕紳階級不斷的崛起，連帶影響了部分飲食的樣貌，再加上進出口貿易的發達，使得飲食的食材等級上也提升不少，但醃漬物對於富裕人家仍然是重要的食材之一，富裕人家對於醃漬物的運用在於增加菜色的風味，在烹飪上是用來提鮮、提香的。

所以，綜觀清代的古籍來說，鮮味並不在味道區分的範疇當中，而是對於一道食物品嚐之後的味覺感受，《雲林縣采訪冊》「西施舌：形如蚌，略小，味極鮮美。」〔註 36〕，《重修福建臺灣府志》「沙蠶（一名龍腸，生海泊泥塗中，形似蠶，中有沙，故名，味甚鮮美；晒乾焙食最佳）」〔註37〕，幾乎都是以鮮美來形容食物帶來的味覺感受，但清代的飲食習慣與鮮味的飲食一直是密不可分的，只是鮮味飲食在清代的模式並不是以單純的調味料來解釋，鮮味飲食在清代臺灣人民的觀點上，是調味料也是一種吃食，不但增添食物的風味，更增添菜色的多元。

〔註 34〕　山鐸・卡茲著，《發酵聖經》（新北市：大家出版，2014），頁 56。

〔註 35〕　林玉茹，〈進口導向：十九世紀臺灣海產的生產與消費〉《第二屆臺灣產業發展與社會變遷：近代臺灣的農業生產與食物消費」會議資料》（臺北市：中央研究院臺灣史研究所，2017），頁 13。

〔註 36〕　（清），《雲林縣采訪冊》（《臺灣文獻叢刊》第 037 種，台北：臺灣銀行經濟研究室，1959），海豐堡，頁 84。

〔註 37〕　（清），《重修福建臺灣府志》（《臺灣文獻叢刊》第 074 種，台北：臺灣銀行經濟研究室，1957），卷六，頁 121。

二、清代臺灣漢人傳統鮮味食品之分類

　　依據學者莫西森等人在其著作的說法，在烹飪的所有技法中，以烹煮、熟成與發酵的方式最能呈現出菜餚的鮮味〔註 38〕。根據此論述，觀察臺灣的傳統飲食內容，醃漬物、發酵物、乾貨這三種食品的運用可謂是相當多元，尤其是醃漬物，是在味素這項調味料還未研發之時，飲食中鮮味來源的一部份，醃漬物有別於發酵物對飲食內涵的角色，發酵物是人們所熟知的調味品，例如：豆豉、豆腐乳、醬油等，是單純調味品中的鹽、糖之外，富含有特殊風味的一種發酵物，也是可為食物提鮮的一項調味品；然而，醃漬物並不全然是發酵物，有些醃漬物並不一定經過發酵，因此本文在此做特別的區分，而醃漬物的特別在於既可食用，也可當作一種調味品，是中國與臺灣在飲食及烹飪上，創造豐富味型的一種飲食文化特色。

　　臺灣清代文獻的記錄上，醃漬物的種類已經相當豐富，而且從清代以來，中國大陸各省的人民來臺之後，開創了更多的醃漬物，醃漬物以中國及臺灣的食用方式來說，除了直接食用之外，還會將醃漬物作為一種調味品，烹調的時候可用來做熱炒、烹煮、熬湯等烹飪方式來廣泛的運用醃漬物，換句話說，以中國與臺灣對醃漬物的使用習慣來說，醃漬物不只是食品，更是一種調味品。〔註 39〕於此，本文將詳述臺灣清代傳統飲食中，除簡單的調味料之外，還有醃漬物、發酵物、乾貨這三大項食物，如何為臺灣清代傳統飲食注入豐富的味道。

　　清代臺灣的醃漬物，大部分以蔬菜、水果為主要食材，附加的成分以鹽為最大的調料，內容物的成分並不複雜，鹽的最大功用在於增加蔬果的保存期限，另一方面，蔬果的發酵程度也取決於鹽的比例，實際上，醃漬物的製作過程中，部分可能會有發酵運作的時期，所以醃漬物與發酵物的關係無法全然的斷絕，有時醃漬物也是發酵物的一種。除此之外，醃漬物的製作手法相當多種，分類的品項如下：

　　（一）鹽的醃漬：使用鹽來醃漬蔬菜。

　　（二）醬料醃漬：使用醬油或豆醬類等調味品醃漬蔬菜。

〔註 38〕　Ole G. Mouritsen, Klavs Styrbæk 著、羅亞琪譯，《鮮味的祕密：大腦與舌尖聯合探索神祕第五味》（臺北市：麥浩斯出版，2015），頁 225。

〔註 39〕　小泉武夫著，何姵儀譯，《令人大開眼界の世界漬物史：美味・珍味・怪味の舌尖歷險記》（新北市新店區：遠足文化，2013），頁 110。

（三）醋類醃漬：甜醋類等品項醃漬蔬菜。

（四）乳酸發酵完成的酸漬：先將蔬菜用鹽醃過或不加鹽，經乳酸發酵醃漬而成。

（五）半乾的醃漬：將蔬菜風乾後，再與其他調味料、辛香料一同醃漬或帶有發酵過程的醃漬方式。〔註40〕

以本文在此所論述的醃漬物，以鹽醃的手法所製作的醃漬物，在清代臺灣的傳統飲食中較為普遍，而發酵物則是以醬油、豆腐乳、豆豉等調味料及食品為主要論述的項目，乾物絕大部分以海鮮為主要製作的食材，通常價格也較為昂貴，是富裕人家較為常用之提鮮食品。

依據臺灣清代的史料記載，對於祭祀相關事宜的記述非常詳細，而祭祀的食物是其中一項重要的記載，以《重修福建臺灣府志》中對「治祭物」所敘述的內容，可了解整個祭祀物品的規制，並依循《周禮》的作法來引述整個食物的選材及製作過程。《重修福建臺灣府志》內容提及「韭菹（「周禮」：『七菹』。謂醃菜為之菹。今製：截去本末，取中三寸，淡用）」〔註41〕，所以醃漬物並不只是一種吃食，在一些重要祭祀的場合上，也是一道重要的祭品。而在《恒春縣志》「醃菜：菘、芥俱有。乾菜：菘、芥俱有。惟南澳來者，不亞紹興之倒築菜，淞、滬、波之雪裏蕻。」〔註42〕，其中的「菘」就是今日我們熟知的大白菜，在東方的飲食歷史上，大白菜的使用率極高也極廣，用來製作醃漬蔬菜的情形也相當普遍；而「芥」則是俗稱的芥菜，芥菜也是在中國、臺灣常用的一種蔬菜，而製作手法則以鹽醃的方式較為常見。特別的是，「倒築菜」是一道醃漬菜，但這項名詞包含著傳統的醃漬作法，「築」在《說文解字》中的解釋為：「擣也。从木筑聲。」由此解釋可推敲，古代部分醃漬物的作法可能經過人工捶打，而後再行其他相關的製作事宜；另一名詞「雪裏蕻」就是我們現今常見的一種醃菜——雪裡紅，雪裡紅較常使用的蔬菜就屬芥菜，芥菜在醃漬物的種類來說，其做法相當多，是一種廣為被製作成醃漬物的蔬菜。所以大白菜、芥菜在臺灣清代人們的飲食上，是製作醃

〔註40〕　小泉武夫著，何姵儀譯，《令人大開眼界の世界漬物史：美味・珍味・怪味の舌尖歷險記》（新北市新店區：遠足文化，2013），頁111～112。

〔註41〕　（清），《重修福建臺灣府志》（《臺灣文獻叢刊》第074種，台北：臺灣銀行經濟研究室，1957），卷九，頁266。

〔註42〕　（清），《恒春縣志》（《臺灣文獻叢刊》第075種，台北：臺灣銀行經濟研究室，1960），卷九，頁190。

漬蔬菜的好材料，經過鹽的醃漬之後，風味更甚且更好保存，除了直接食用之外，可作爲熬湯的好材料，或是熱炒的好佐料。

而除了大白菜、芥菜時常運用在醃漬物的製作上，蘿蔔也是一種醃漬物常用的食材，而蘿蔔所製成的醃漬物，其中一項就是我們所熟知的——菜脯。我們臺灣對於醃漬物菜脯的食用，一直到現今都還有非常濃厚的情感，但若以菜脯這項名詞查詢臺灣清代文獻史料，事實上無此名詞在文獻記載上，只能從蘿蔔的名詞解釋，去深入了解當時人民如何運用蘿蔔來當作日常飲食的材料。首先，《恒春縣志》中論述：「蘆菔：一作萊菔，一作蘿蔔，一名紫花菘，一名溫菘。本草綱目云：「生沙壤者，脆而甘；生瘠地，堅而辣。根葉皆可生、可熟、可菹、可醬、可豉、可醋、可糖、可臘、可飯，乃蔬中之最有利益者」。王禎農書曰：「蘿蔔一種四名，春曰破地錐，夏曰夏生，秋曰蘿蔔；冬曰土酥」。恆邑冬生者多；其性閉氣，與內地異，病者忌食。」〔註43〕此段引用醫藥典籍對蘿蔔的說法，並且認爲蘿蔔是一項用途廣泛的蔬菜，無論使用何種烹飪方法，都是理想的一項食品。另一則文獻《臺灣縣志》「蘿蔔：一名蘿菔。根葉皆可食。俗言：「種芋三十畝，省米三十斛；種蘿蔔三十畝，益米三十斛」。言其消食也。」〔註44〕因此蘿蔔不但用途廣泛，對於人體消化具有良好的幫助。

但是，蘿蔔的品種不只一項，所以在《澎湖紀略》「萊菔：即蘿蔔。本音來。郭璞云：蘆菔音羅北，色白，性能消食，尤制麵毒。故北人食麵必啖蘿蔔。又有紫色，名水蘿蔔。有一種黃色者，名胡蘿蔔；閩、粵人和檳榔食之。澎湖只有白色，並無紫、黃二種。」〔註45〕此段文便說明蘿蔔的品種，依照清代臺灣較爲常用的蘿蔔品種，應是屬於白蘿蔔的品種，因爲在臺灣清代文獻記載中，對於蘿蔔的別名有：蘆菔、萊菔、蘿菔、菜頭，尤其以菜頭的稱呼爲最，而菜頭則爲閩南語蘿蔔的說法，而蘿蔔醃漬的品種以白蘿蔔最常見，醃漬的成品爲蘿蔔乾又俗稱「菜脯」，爲臺灣清代相當盛行的一種醃漬物，時至今日，菜脯仍然是我們餐桌上所熟悉的醃漬物，菜脯這項醃漬物的美味與

〔註43〕（清），《恒春縣志》（《臺灣文獻叢刊》第 075 種，台北：臺灣銀行經濟研究室，1960），卷九，頁 142。

〔註44〕（清），《臺灣縣志》（《臺灣文獻叢刊》第 103 種，台北：臺灣銀行經濟研究室，1957），輿地志一，頁 10。

〔註45〕（清），《澎湖紀略》（《臺灣文獻叢刊》第 109 種，台北：臺灣銀行經濟研究室，1957），卷九，頁 163。

便利性，是經歷過許多時代的考驗而成的，尤其在貧困年代的飲食文化上；但在臺灣現代社會，是將菜脯視為一道具有臺灣特色的食品，所以菜脯（蘿蔔乾）的特殊性值得我們深入了解。

再者，除了蔬菜的醃漬記載，瓜類也有相關的製作記載，因為瓜類水分含量較多，若採用醃漬手法可讓瓜類保存更久，在《苗栗縣志》「苦瓜：皮青白、腹紅。可醃食，熟食亦佳。」〔註46〕，以苦瓜的味道而言，本身有些許苦味，但經過醃漬之後，可以修飾其味型，讓醃漬後的苦瓜品嚐起來，具有回甘的效果，配合其他食物來烹飪，可帶出更甘美的感受，這是苦瓜經過醃漬之後的特殊樣貌，更是醃漬物中不可多得的一項美食。

在眾多臺灣清代文獻所記載的蔬菜種類中，蒜頭也有運用醃漬手法，來調整其味道並成為風味獨特的食品，《恒春縣志》「蒜：有大蒜、小蒜之別。……又曰：『蒜葉、蒜頭皆可作蔬；蒜頭醃藏，或用醋浸亦美，可愈泄痢』。」〔註47〕從此處文獻可了解，此項醃漬物的製作手法是屬於醋類醃漬的方式，經由醃漬過程後，食材本身的風味將更加的獨特，或可說以醃漬的方式來修飾食材本身的味道。

事實上，前文舉出許多種蔬菜的醃漬情形，可以想見當時蔬菜除了以新鮮方式使用之外，蔬菜還時常透過醃漬手法，來使其保存時間延長，更重要的是，人們透過傳承的醃漬手藝，使蔬菜的味道更富有層次。但除了蔬菜，樹子類的食材透過醃漬，也是有其絕佳的風味，以破布子為例，清代的臺灣漢人飲食當中，就已有破布子醃漬的記載，《臺灣通史》「破布子：葉如桐而小，秋初結實，若楝子，以鹽漬食，味甘。」〔註48〕，《臺灣通志》「破故子，樹葉似梧桐而小，結子如苦楝（「諸羅縣志」），結子如苦苓，煮成以鹽醬浸之，甚甘美（「噶瑪蘭廳志」），取以熬熟，成凍醃醬，能消積食；與北山楂同功（「淡水廳志」）。」〔註49〕，《雅言》「破布子者，樹子也；葉如榆而大，子細若鈕，色黃多漿。與黃樣同熟，互相調劑，誠造物者之巧也。鄉人采其子入鍋，下

〔註46〕（清），《苗栗縣志》（《臺灣文獻叢刊》第159種，台北：臺灣銀行經濟研究室，1957），卷五，頁74。

〔註47〕（清），《恒春縣志》（《臺灣文獻叢刊》第075種，臺北：臺灣銀行經濟研究室，1960），卷九，頁144。

〔註48〕（清），《臺灣通史》（《臺灣文獻叢刊》第128種，臺北：臺灣銀行經濟研究室，1962），卷二十八，頁692。

〔註49〕（清），《臺灣通志》（《臺灣文獻叢刊》第130種，臺北：臺灣銀行經濟研究室，1957），物產，頁149。

鹽煮之，粘合如膠；可佐飯。又與豆腐合烹，濃淡得中，味尤甘美。」〔註50〕；在《重修臺灣縣志》中有更加詳細描述的樣貌及作法，內文敘述「仙枝子（或名破斧子，樹高一、二丈，暮春開花，微香，色淡黃，如桂蕊而稍大，結實纍纍，始青，至夏熟則變黃，採時用清水清濯，去蒂，置鑊鍋中，加水火如作米飯然，至爛熟，用木棍攪不住手，徐徐下鹽，攪至鹽足，則漿乳歛成一大塊，火候便到，收入磁甕，即用其汁滿漬，愈久愈佳，能開脾補腎，或整塊置醬砵內更妙）。」〔註51〕從上文的敘述可得知，破布子的別名有破故子、仙枝子、破斧子，而破布子經過鹽的醃漬，會產生出甘甜的風味，其中文句提及「開脾補腎」，除了養生功效之外，對於引起食慾的效果就可得知，破布子加入菜餚烹調後，會讓菜餚更佳的美味。

在臺灣清代的眾多醃漬物當中，水果類來製作醃漬物也相當常見，在此，本文以鹽漬方式的水果類醃漬物做相關探討，糖漬的醃漬物在此處不多加贅述，在此筆者特別要強調的是，水果因醃漬的過程中加入鹽，使得整個食品產生化學作用，進而產生了更多元的味道，將芒果當作醃漬物而成為特殊食品——蓬萊醬，就是一項相當特殊的例子。在《雅言》中記載「『臺海采風圖』謂：『番檨，皮綠肉黃、氣辛味甘，入肝補脾；切片醃久更美，名曰蓬萊醬』。「蓬萊醬」三字甚雅。臺南人以醃檨煮魚，風味極佳，湯可醒酒。蓋臺南烹調之法，多就地取材；故「赤崁筆談」謂『臺人以婆羅蜜煨肉、黃梨煮肺，亦海外奇製』。」，另一則對蓬萊醬的敘述，在《臺灣志略》「檨，番蒜也，高樹廣陰，實如鵝卵，皮青，肉黃，剖食甘美；始生時和鹽虀搗為菹，曰「蓬萊醬」，檨，古無其字，始見於鄭樵通志；其種傳自荷蘭。」對於芒果加入鹽而製成蓬萊醬，既是醃漬物也是發酵物，但蓬萊醬在南部較為流行，臺南人會使用蓬萊醬來加入魚的料理當中，或許這是臺南人去腥的一種方式，同時也能使得魚料理更加的開胃。

上述是臺灣清代文獻中，對漢人常用的醃漬物相關記載，然而，除了單純的調味料——鹽、糖，以及上述舉例的許多醃漬物，臺灣清代的飲食調味當中，發酵物也是一種相當重要的調味兼具食用的品項，而在此筆者要探討的發酵物為：豆豉、豆腐乳、醬油，這些發酵物大多為豆類製品，而且其共

〔註50〕（清），《雅言》（《臺灣文獻叢刊》第 166 種，臺北：臺灣銀行經濟研究室，1963），頁 83～84。

〔註51〕（清），《重修臺灣縣志》（《臺灣文獻叢刊》第 113 種，臺北：臺灣銀行經濟研究室，1957），卷十二，頁 419～420。

通點是在調理食物的過程中，會使食物產生甘美之味的效果，這與單純的鹽、糖調味結果不同，整體感受並不是單一味型，而是富含甘甜、鮮美的味覺，因此，這些發酵物的調味成果，是在味素還沒研發之前，最重要的調味利器。

在飲食歷史上，豆類發酵物所延伸出的產品相當多，這不但使得飲食的樣貌更加豐富，味型的創造也加分不少，豆豉與醬油這兩者是其中具有特殊風味的發酵物，而這兩者的關係相當高，《恒春縣志》有云：「醬油：俗名豆油。」〔註52〕，此外，對於醬油與豆豉的關係，《臺灣通史》做了簡略的說明：「黑豆：四、五月種，八、九月收，以造醬油甚甘，並爲鹽豉。」〔註53〕所以，黑豆是製作醬油與豆豉的原料，醬油是製作醬所產生的其中一項產物，是屬於醬表層的液體，經過發酵使其味道更佳的甘醇味美，而豆豉則是醬油製作過程中所產生的豆粕，因豆豉的製作流程中，需透過反覆的曝曬與蒸煮，如此使其產生化學變化，並增添其特有的香味。

而醬油與豆豉兩者的味道芳香醇美，在《雅言》〔註54〕當中對醬油的描述可得知其特色，文中講述：

> 「泔轉」爲烹魚之辭，臺南婦女皆知之。「集韻」：「『泔』音『甘』」；臺呼「庵」。「荀子」「大略篇」：「曾子食魚有餘，曰泔之」。楊勍註：「泔者，烹和之名」。臺南泔魚之法，先以豬油入鼎，次以蔥珠焦；乃下魚，以醬油而煮之，味甚美。余曾以此辭詢之臺中、北人士，無有知者。不圖二千年前之語，且爲魯人烹和之名，尚存於臺南一隅，寧不可貴！

「泔」字的意思，在《臺灣語典》「泔 飯湯也。「集韻」：荷坎切。「説文」：泔，米汁也。」〔註55〕，所以用「泔」可能意指的是烹煮魚的湯汁，就如同飯湯的濃稠，以及些微的甘甜，來形容泔魚這道菜的味道與型態，也有一種說法是認爲這種烹煮類型，有如紅燒的手法，然而，細數中國與臺灣許多經

〔註52〕 （清），《恒春縣志》（《臺灣文獻叢刊》第 075 種，臺北：臺灣銀行經濟研究室，1960），卷九，頁 189。

〔註53〕 （清），《臺灣通史》（《臺灣文獻叢刊》第 128 種，臺北：臺灣銀行經濟研究室，1962），卷二十七，頁 659。

〔註54〕 （清），《雅言》（《臺灣文獻叢刊》第 166 種，臺北：臺灣銀行經濟研究室，1963），頁 83。

〔註55〕 （日），《臺灣語典》（《臺灣文獻叢刊》第 161 種，臺北：臺灣銀行經濟研究室，1957），卷九，頁 22。

典菜色，時常可見醬油、豆豉加入海鮮烹煮的情形，除了海鮮本身的鮮美之外，加入醬油、豆豉等相關調味料之後，味蕾的層次更加提升，除了鹹的味型之外，還增加了甘美的味道。

　　而另一項豆類發酵品——豆腐乳，雖然在清代臺灣的文獻記載不多，但豆腐乳的種類繁多，以臺灣文獻內記載的豆腐乳，是屬於紅腐乳的品項，《恒春縣志》「紅腐乳：豆腐黴爲乳腐，以醬醃之；色紅，曰醬豆腐．香味色，不及海內潮州來者佳。」〔註 56〕，紅腐乳的成分爲大豆、酒類、紅麴等來製作其成品，在中國北方稱紅腐乳爲醬豆腐，中國南方稱紅腐乳爲南乳，然而，紅麴在臺灣的文獻記載較多是以染色爲主要功用，紅麴來做爲調理食品的撰寫較少見，而紅麴是酒麴的一種，同樣也屬於發酵物，因此，紅腐乳以紅麴與豆腐兩者結合，首要考量的是這樣的結合製作，對此發酵品是具有提升美味的效果，其次，中國與臺灣在民俗上，對於紅麴所帶出的紅色色澤運用在喜事上、神明祭祀上相當常見，基於美味與討喜的顏色，使得紅腐乳在臺灣成爲時常運用在菜色的品項之一。

　　最後，要論述在菜餚當中提鮮的另一項食品——乾貨，乾貨有別於醃漬物與發酵物的地方在於，乾貨的角色就是菜餚當中的一項食材，不同於醃漬物與發酵物的烹飪方法，醃漬物與發酵物可在菜餚當中擔任調味的要角，而乾貨則是提鮮的一種食材，透過風乾的手法讓食材本身味道更加濃郁；重要的是，乾貨在臺灣清代的文獻記載上，以海鮮居多，其餘肉類乾貨文獻敘述較少。但在臺灣清代的生活背景上，乾貨出現較多的地方，實屬富裕人家的餐桌上，或是清代酒樓所出的菜色，因爲乾貨在臺灣清代時期屬於較昂貴的食材，昂貴的主因是本身食材不易保存，因此需要繁複的製作過程，才能將海鮮、肉類保存完善，並且維持住此食材本身的鮮美滋味，所以，乾貨雖然是菜餚裡最佳的提鮮材料之一，但在人民飲食的普及度還不夠高，只有富貴人家、清代仕紳階級才較有可能接觸到乾貨這類食材。

　　總結上述，包括蔬果醃漬物、豆類發酵物以及乾貨，都富有甘醇味美的特色，但除了乾貨因價格昂貴而不普及之外，醃漬物與發酵物是臺灣清代人民飲食中常用的提鮮食品，在當時調味品的品項不多，透過醃漬物與發酵物讓菜餚的味型更加有特色，雖然醃漬物與發酵物單吃的時候味道較重，但搭

〔註 56〕　（清），《恒春縣志》（《臺灣文獻叢刊》第 075 種，臺北：臺灣銀行經濟研究室，1960），卷九，頁 189。

配飯菜當中，可以促進食慾，同時也讓飯菜更加的美味，這就是在味素還未發明之前，臺灣文獻當中所記載，最為傳統與天然的調味品或可稱之為提鮮品。

三、日治時期臺日鮮味飲食文化之交融

臺灣日治時期的飲食文化，因日本統治之後顯得更加多元繽紛，然而，臺灣傳統的食品仍然廣為人民食用，在《民俗臺灣》（第二輯）的一篇文章，由黃氏鳳姿所撰寫的〈佃農的家〉〔註57〕，內文也有提及佃農人家對於醃漬物的運用：

> 佃農的女主人用碗裝著鹹粿請我們吃。粿裡有細碎的菜或豬油粕（肥肉炸過油後的粕渣）。又端出菜脯（蘿蔔干）來，平常在家裡菜脯一定要再加一些其他佐料烹調才吃，現在衹有菜脯而已，可能肚子已經餓了，吃起來覺得滿好吃的。

實際上，菜脯除了常出現在一般人民的飲食之外，對於正月所使用的民俗飲食或點心，菜脯也是常見的一項配料，《民俗臺灣》（第四輯）由王瑞成所整理的〈點心以及新春的食品〉就提及臺灣在正月時期，會製作一些象徵美好寓意的食品，其中一項食品「菜包」的內餡，就有菜脯的加入：

表2－3：清代臺灣人民俗年節的吃食〔註58〕

種類	使用目的			主原料	副原料	製法	說明
菜包	俗意	供物	日期	糯、秫	糖少些餡是花生、鹽菜頭干（蘿蔔干）等	皮是糯米秫和一些糖，充分地揉過以後把餡包起來，成饅頭形狀再蒸。	很像日本的柏粿，大都是蒸著吃，煎的較少。
	包財（財包之意）	地神以下之祭饌。	元旦拜祖先二日、頭牙、請客用的食品。				

〔註57〕 林川夫編，《民俗臺灣》（第二輯）（臺北市：武陵出版有限公司，1998），頁223。

〔註58〕 林川夫編，《民俗臺灣》（第四輯）（臺北市：武陵出版有限公司，1998），頁64。

其實菜包就如同於我們現今所俗稱的——菜包粿，菜脯除一般日常飲食、年節飲食之外，當災難來臨之時，菜脯也是一項救災的應急食品，菜脯的重要性在《灌園先生日記》中於西元 1935 年 4 月 25 日〔註59〕所記述的事項可以了解：

> 救世軍台北大隊長竹下爲治、台中小隊長引地敏、台南小隊長平島祐三、高雄小隊長野野村信雄、基隆小隊長上原誠一來訪問，述其以三千人分米粉、千五百斤芭蕉、五十箱餅乾以救恤震災之難民。余甚感激其熱誠，贈之三十円以作此回之費用。

> 霧峰郵便局長山下來説明，因震災之故內台間往來電報非常複雜，先生之往來電報因是稍遲遲，希勿見責云云。

> 一新會對於震災難民慰問物品，午後與金瑞、成龍、磐石計算，將現金買米四千五百斤、小鯿百口、魚脯百斤、菜脯十斤、舊衣服二百三十領。

從此文當中可看出醃漬物對於急難救災的飲食上，是極爲便利及重要的食品，無論是魚脯、菜脯在保存上與供給上也是一項較爲方便的食物。而在本文第二章第二小節，論述清代的醃漬物品項上，有一道名爲「蓬萊醬」的醃漬物，這項食品在日治時期也有類似的食物出現，在《吳新榮日記》中於西元 1940 年 5 月 4 日〔註60〕談論：

> 住在鄉間與農民的來往，使人覺得心中有所依靠。在這糧食欠缺的時期無米可食的話，他們就會送些蕃薯來；無魚無肉的話，青菜水果任你取用。最近都吃蕃薯籤，以醃過的芒果配飯，覺得是天下絕品，一下子就吃了四、五碗，偶而也會吃壞肚子。比起連蕃薯都吃不到的地方，可算是奢侈了。今天有些下痢，沒勇氣去參加戰死者的公祭。無此勇氣之因，是最近我自己心理上的變化，不想見人，不想與人交談的心境。政治上、經濟上的連續挫敗，難道沒有必要重新審視自己周遭的環境嗎？

〔註59〕 林獻堂著，許雪姬等註解，《灌園先生日記》（臺北市：中央研究院近代史研究所出版，2000），頁 132～133。

〔註60〕 吳新榮著，張良澤總編撰，《吳新榮日記全集》（臺南市：國立台灣文學館，2007），頁 219～220。

在臺灣日治時期，若經濟環境不許可，飲食上的變化是最爲明顯的，在當時普遍的吃食爲番薯籤及醃漬物，在上文當中提到「以醃過的芒果配飯」，這其實與蓬萊醬有異曲同工之妙，都是將芒果醃漬而製成醃漬食品，這是台南傳統相當盛行的一種醃漬物，而吳新榮先生爲台南縣將軍鄉人。所以，運用芒果來做爲醃漬食材，可能是台南相當普遍的一種醃漬物做法。

　　雖然臺灣傳統的醃漬物依然持續的流傳與食用，但日本傳統的醃漬物在臺灣日治時期，也漸漸的影響了臺灣人的飲食習慣，在《黃旺成先生日記》一書中，於西元 1919 年 6 月 3 日〔註61〕提及日常生活的內容與吃食：

> 六時、十時、午前中下腹共五、六次，蓋昨夜暴飲暴食故也。在便
> 所中聞父親與二弟談，予於家庭中第一明理兼愛友，予心頗自慰行
> 爲不甚差錯。朝、午兩飯因下腹皆不食，下午在店口書兩日來日誌。
> 本日因父親、二弟臥病不出，予乃幫顧店，夜往北郭園教夜學，因
> 下腹身體甚弱，教時亦坐，七時半起至八時半便息，將睡時方食粥，
> 配奈良漬。

奈良漬是從日本傳入臺灣的一種醃漬物，以奈良縣爲發源地而發明的一種酒粕漬，酒粕漬採用的蔬菜種類甚多，有西瓜、小黃瓜、茄子、蘿蔔、竹筍、蓮藕等。以瓜類來說，須趁瓜類的果皮較軟之時採摘下來，再用鹽初步的醃漬，而後不停的更換調和好的酒粕去醃漬瓜類，使用酒粕醃漬瓜類的過程，屬於整體醃漬時間的中段部分，最後再浸漬於本漬酒粕裡約五十天即可完成。而本漬酒粕的比例是每二十公斤的瓜類十公斤的酒粕、兩公斤的味醂粕、0.5 公斤的燒酒、0.1 公斤的食鹽、0.2 公斤的味醂、0.5 公斤的果糖、一公斤的砂糖〔註62〕。

　　而黃旺成先生在日記中描述因暴飲暴食而導致腸胃不適，睡前食粥搭配奈良漬，除了因腸胃不適需清淡飲食之外，奈良漬具有提味的作用，尤其奈良漬本身品嚐起來味道有甘甜的感受，就像我們所了解的清粥小菜一般；此外，腸胃不適也可能會導致胃口不好，飲食上若搭配奈良漬，可幫助提升食慾，這就是醃漬物的特殊之處；而醃漬物對於日本人來說，等同於一種天然

〔註61〕　許雪姬編著，《黃旺成先生日記》（臺北市：中央研究院臺灣歷史研究所出版，2008），頁 132～133。

〔註62〕　小泉武夫著，何娟儀譯，《令人大開眼界の世界漬物史：美味・珍味・怪味の舌尖歷險記》（新北市新店區：遠足文化，2013），頁 76。

的整腸藥，因爲醃漬物在發酵過程當中，會使得對食鹽抵抗力強的乳酸菌強力繁殖，若人們食用醃漬物之後，其醃漬物富含的乳酸菌就能幫助健胃整腸〔註63〕，或許日治時期的臺灣人，也接受過醃漬物對腸胃有益的訊息，因此日常生活中攝取醃漬物的情形也相當常見，除了醃漬物價格較爲便宜之外，還帶有健胃整腸之功效；所以，在此文當中可看出日本醃漬物的引進，對臺灣人的飲食生活有其影響。

日本醃漬物對臺灣人的影響，還可在吳新榮先生的日記中了解，此篇是於西元 1938 年 1 月 19 日〔註64〕所撰寫的，整篇文章可看出吳新榮先生對於日本文化與其飲食，有其特別喜愛的程度：

> 我經常在結束當天工作之後，脫下西服和皮鞋，換上私服，穿上木屐；就寢時穿上日式睡衣，一天中有一半的時間是穿和服的生活。喜好吃醃蘿蔔、味噌湯、生魚片、壽喜燒，又以家中設有榻榻米的座席爲榮。並且以日語交談，以日文書寫，結果是以日本方式來思考、處理事物，因爲這樣較爲方便。其方便性與必要性是同化不可或缺的條件。我們是迫於方便和必要性而被同化了的臺灣人。無論是誰都不能否認我們是日本人，也許大和民族形成之前的日本人幾乎與此相同吧！

文中提及醃蘿蔔、味噌湯、生魚片、壽喜燒，這些全都是屬於日本風味的飲食，尤其此文所說的醃蘿蔔是日本風味醃漬物——澤庵的中文說法，在臺灣傳統的醃漬物當中，關於醃漬蘿蔔的食品——菜脯，也是一道廣爲人知的食品，但日本的澤庵（醃漬蘿蔔）的製作方式與臺灣製作蘿蔔醃漬物的方式不盡相同，日本的澤庵（醃漬蘿蔔）最傳統的方式是先將蘿蔔曬乾，乾燥之後再以米糠及鹽進行醃漬；但澤庵（醃漬蘿蔔）的另一種製作方式較爲快速，第二種方式是蘿蔔不須經過日曬，直接使用鹽醃漬使其脫水，再以米糠及鹽進行製作。

而這兩種製作澤庵（醃漬蘿蔔）的方式不同，所以品嚐起來的味道也不一樣，用曬乾方式的澤庵（醃漬蘿蔔）味道較濃重，而使用鹽醃漬使其脫水

〔註63〕　小泉武夫著，何姵儀譯，《令人大開眼界の世界漬物史：美味・珍味・怪味の舌尖歷險記》（新北市新店區：遠足文化，2013），頁 105。

〔註64〕　吳新榮著，張良澤總編撰，《吳新榮日記全集》（臺南市：國立台灣文學館，2007），頁 192。

的澤庵（醃漬蘿蔔）味道比較清淡；再者，醃漬蘿蔔的過程中需加入米糠，這也使得澤庵（醃漬蘿蔔）呈現出天然的黃褐色，但如今醃漬蘿蔔因需求量大，我們時常在小吃攤看到的黃色醃漬蘿蔔，並不是由上述兩種方式去製作，而是用色素及香料快速製作而成。在現在的臺灣飲食文化上，黃色的醃漬蘿蔔依然時常出現在小吃攤或其他相關配菜的部分，這或許是受到日本傳統醃漬物的影響。

許多經歷過臺灣日治時期的人士，撰寫的字句中都有著對於日本文化的體認，在《民俗臺灣》（第四輯）當中，對於臺灣人民的日常飲食也有相關的介紹，其中特別的是，當時臺灣人民的吃食當中，已經融入了許多日本風味的飲食，形成了臺灣與日本傳統食品交相運用的結果，《民俗臺灣》（第四輯）中由王瑞成論述的一文〈煮食、炊粿、捕粽、醃豆油〉，對於臺灣人民早餐的副食物型態有詳細介紹：

表 2−4：臺灣日治時期早餐的副食物型態〔註65〕

早餐的副食物	
動物性	植物性
肉脯（豬肉鬆）、肉酥、魚脯（魚鬆）、肉干（肉片曬干的）、鹹魚、豬肝、皮蛋、滷蛋、鹹蛋、滷肉或滷肝胗（用豆油煮的肉及內臟）	醃漬物：自家製品居多。福神漬、奈良漬（以瓜類醃漬酒粕為主）、味醂漬（有甘味、調味用）、澤庵（醃漬蘿蔔）等用水煮熟的蔬菜。 豆腐、豆腐干、油炸豆腐。 落花生（烤的）。 油炸粿，麵粉的炸條。

王瑞成在此表後附註說明，若有來客或是特別富裕的家庭，才可能在早餐當中吃到肉類，否則大部分都是以醃漬物等植物性類型為主要副食品。〔註66〕所以將臺灣日治時期早餐的副食物型態表對照臺灣清代飲食的部分來說，臺灣清代俗稱的乾貨，大部分都是價格昂貴的食材，而到了日治時期之後，臺灣人民早餐的副食物之中，表內提及的肉脯（豬肉鬆）、肉酥、魚脯（魚鬆）、

〔註65〕　林川夫編，《民俗臺灣》（第二輯）（臺北市：武陵出版有限公司，1998），頁22。

〔註66〕　林川夫編，《民俗臺灣》（第二輯）（臺北市：武陵出版有限公司，1998），頁23。

肉干（肉片曬干的）、鹹魚，這些都算是乾貨的部分，同樣也是較為昂貴的副食物，若非特殊情況，一般家庭並不會經常食用；此外，皮蛋、鹹蛋則是屬於蛋類的發酵物，蛋類透過發酵的化學作用之後，其味型較為濃郁，是一項相當下飯的食品。

而早餐副食物植物性的部分，關於醃漬物所提及的食品名稱，大多為日本傳入的傳統醃漬物；以福神漬而言，同樣也是一種以蘿蔔為主要運用食材的醃漬物，因為在醃漬的成分當中使用了七種食材，材料內容包括蘿蔔、茄子、蕪菁、紅鳳豆、土當歸、紫蘇及香菇，但食材會因各家的配方而有所更改，藉由「七福神〔註 67〕」之名義來為此醃漬物取名為福神漬。福神漬的做法是先將這七種食材用鹽醃漬一段時間，再用水洗去鹽分，將水分瀝乾之後，再將所有的食材混合，浸泡在調味液裡，調味液的成分包含等量的醬油與味醂，將兩者混合後再加入適量的糖與其他調味料熬製而成。而味醂漬則是運用味醂調理的醃漬物，奈良漬與澤庵在前文已解說，此段不再贅述。

總歸上述的文獻而言，我們可以觀察出在臺灣日治時期，臺灣傳統醃漬物、乾貨還持續的食用，但日本傳統醃漬物的傳入，使得臺灣人對於鮮味食品的選擇上更多樣化，由於醃漬物在中國大陸、臺灣、日本等地都有其相關歷史，而日本的醃漬物與臺灣傳統的醃漬物，採用的食材具有共通性，只是在製作的過程中，成分有些不同之處，臺灣傳統的醃漬物較常使用鹽來做醃漬的調味品，但日本的醃漬物除了鹽這項調味品之外，還會額外添加糖、米糠、味醂等調味品，這樣的製作方式有別於臺灣傳統的醃漬做法，或許這就是日本傳統醃漬物的迷人之處，使得日本傳統醃漬物深入臺灣人民的飲食文化上相當長遠的時間，同樣是蔬菜的醃漬物，但其味型而言是有其差異性的，臺灣的醃漬物味道較為單一，但日本醃漬物的調製方式，品嚐起來具有更豐富的鮮美感受，無論搭配飲食或單吃，對於味覺的感受是有個別不同之處。

〔註 67〕 七福神是在日本傳統信仰中象徵吉祥的七尊神明，一般以惠比壽、布袋和尚、大黑天、辯才天、毘沙門天、福祿壽、壽老人為七福神，而布袋和尚、壽老人、福祿壽三神是源於中國道教；大黑天、辯才天、毘沙門天三神則來自於印度的佛教神，惠比壽一神才為日本本土的國產神。葉漢鰲，《日本民俗信仰藝能與中國文化》（臺北市：大新出版，2005），頁 131。

第三節　日治時期臺灣漢人鮮味烹飪之方式

　　日治時期的臺灣人民在食材烹飪上，除了擁有自身傳統的烹飪方法，同時也在接受日本所傳來的烹飪方式，直到西元 1909 年之後，日本的科學家研發了新式調味品——味素，這烹飪觀念的變更與調味品的創新，讓當時的飲食文化有了不同的視野，也讓費時費工的情況有了改善，在此，本文要論述臺灣傳統的烹飪手法與料理的要素，與日本的烹飪方式有何不同；直到味素的誕生，臺灣的料理方法又有何進展，臺灣人民對味素的觀念是如何從陌生、接受到喜愛，這是臺灣日治時期特殊的飲食文化，也是當代飲食文化的巨大變革。

一、臺灣漢人傳統慣用的熬湯技法

　　臺灣的傳統烹飪方式，有部分是受到中國大陸飲食文化的影響，移民歷史是臺灣特有的文化特質，早在十七世紀鄭氏治臺時期，就已有漢人移民來臺，而漢人移民來臺最主要的時期是在清治時期〔註 68〕，因此，關於臺灣漢人的飲食習俗，從清治時期的相關文獻研究，以及清治時期的移民文化，可更加了解區域性與飲食內涵的異同。臺灣清治時期的移民政策下，分批移民來臺的漢人，以中國大陸的福建人民、廣東人民為主，依據當時的行政區域分析，以漳州府、泉州府所屬的閩南漢人，以及閩西、廣東所屬的客家人為主，所以在清治時期移民來臺的漢人族群上，初步可分為漳、泉、客三大族群〔註 69〕。

　　因臺灣的移民歷史發展特殊，所以在臺灣傳統的飲食當中，熬湯的方式也可能會有中國大陸傳統的熬製技法，然而，探究中國大陸的飲食歷史，熬製湯頭是中國飲食相當重要的元素之一，從湯頭的製作角度，來探討「鮮」字的說法，可為鮮味飲食變革做深入的探索。首先，以中國飲食的文獻查詢上，熬製湯品最早的記載出現於北魏的著作《齊民要術》，內文講述製作湯頭準備的相關細節〔註 70〕：

〔註 68〕　戴寶村著，《台灣的海洋歷史文化》（台北市：玉山社，2011），頁 64。
〔註 69〕　戴寶村著，《台灣的海洋歷史文化》（台北市：玉山社，2011），頁 72。
〔註 70〕　（北魏），賈思勰著，石聲漢校釋，《齊民要術今釋》（北京市：中華書局，2009），
　　　　　頁 825。

　　各自別搗牛羊骨令碎，熟煮取汁，掠去浮沫，停之使清。

製作清湯以最早的觀點而言，需使用動物的骨頭來熬製，而且動物的骨頭是
呈現碎裂的狀態，這表示古代人們認為，獸骨的營養與美味可提升湯頭的鮮
美；而另一則說明「鮮」字內涵的文獻，是在《中國飲食文化學術研討會論
文集》一書當中，由日本學者中山時子所撰寫之其中一文〈中國的鮮味〉，內
容提及「鮮」字的解釋，並引用清代王筠所著的《說文釋例》：「魚加羊為鮮，
兼備南北之嗜好者也。」，同時，學者中山時子也指出，此項對「鮮」字解釋
的文獻記載，使南京大學教授吳白匋所寫〈談鮮〉一文，有了新的觀點與論
述〔註71〕。從中國古籍的論述來說，運用牛羊骨作為湯品熬製的食材，以及
魚加羊為鮮的解釋，可推論中國古代對於湯品熬製的觀點，是須以家畜、家
禽或海鮮等葷類食材，熬製湯頭才可得到所謂的鮮美滋味，然而，在中國的
飲食文化變革當中，蔬菜類也可作為調製湯頭的食材之一，但是，以素食為
出發點，並且套用在製作湯品的觀念上，在中國的飲食典籍裡篇幅似乎比葷
食還來的少見，尤其是著重在鮮味的特色，蔬菜類食材較不如肉類、海鮮類
多樣化。

　　論述蔬菜類食材在中國烹飪歷史觀點上，除了筍、菇類等食材，為何較
少與「鮮」做相關的聯想，最有可能的原因在於油脂的要求，中國古代對於
湯品的理念，除了大部分需要使用葷類食材來熬製之外，湯中需含有油脂，
才可達到湯鮮味美的程度；而前文所提《齊民要術》對於湯品製作的敘述，
需打碎牛羊骨的目的在於使骨髓等營養能溶於湯水裡，油脂與獸骨裡所含之
成分的結合，會使得湯品味道更為濃郁，如此鮮美的滋味是蔬菜類無法替代
的味道。而以中國古代對於烹飪湯品方式來說，一道鮮美的湯品是需要長時
間的細火慢熬，從中國古代對於中藥的熬製、營養食品的製作等，都可發現
其慢工出細活的烹飪原理，中國傳統的烹飪理念認為，只有長時間的小火慢
燉，才能將食物的精髓發揮出來，有些美味佳餚不可單以調味料來呈現其味
型，還須以高湯等慢火熬製的食品搭配，才得以表現此道菜色的不凡。

　　另外，湯品對於中國的飲食習慣來說相當重要，清代李漁在《閒情偶記》
一書中，強調湯品〔註72〕的重要性：

〔註71〕　徐小虎等編輯，《中國飲食文化學術研討會論文集》（臺北市：中國飲食基金
　　　　　會，1993），頁 41。
〔註72〕　（清），李漁，《閒情偶寄》（上海：上海古籍出版社，2000），頁 271。

> 湯即羹之別名也。羹之爲名，雅而近古；不曰羹而曰湯者，慮人
> 古雅其名，而即鄭重其實，似專爲宴客而設者。然不知羹之爲物，
> 與飯相俱者也。有飯即應有羹，無羹則飯不能下，設羹以下飯，
> 乃圖省儉之法，非尚奢靡之法也。……且養生之法，食貴能消；
> 飯得羹而即消，其理易見。故善養生者，吃飯不可不羹；善作家
> 者，吃飯亦不可無羹。宴客而爲省饌計者，不可無羹；即宴客而
> 欲其果腹始去，一饌不留者，亦不可無羹。何也？羹能下飯，亦
> 能下饌故也。

細數中國許多朝代的菜色上，湯品這項目從來不曾消失在中國的飲食文化，這並非只是因爲人類需要水分的原因，湯品的飲用可使人們維持身體的溫暖，更重要的是獲得更好的營養，最後才是提升菜色的美味。

而反觀臺灣清治時代的文獻，對於湯品熬製的記載較爲少見，以《臺灣通史》「狗母魚：長尺餘，多刺，與醬瓜煮之，湯極甘美。」[註73] 可了解海鮮與發酵物的配合，可營造出甘甜鮮美的好滋味，狗母魚又名龍頭魚，是高經濟價值的魚種，醬瓜爲清代所盛行的一項發酵物，海鮮本身的鮮味，與發酵物特有的甘味，再加上發酵物有調理及去腥的功效，使得湯品品嚐起來滋味更勝一籌。

而臺灣歷經朝代轉變之後，在臺灣日治時期的飲食文化記錄中，從臺式傳統的菜色原則上，我們還是可以看出湯頭的熬製對菜餚的重要性，以《黃旺成先生日記》於西元 1914 年 2 月 22 日 [註74] 的敘述，可看出臺灣傳統的飲食，湯頭的重要性：

> 二月二十二日　　己卯　　星期日　　天氣　陰　　寒暖　暖
>
> 繼圖早上牽著三哥嬸婆的小羊，有趣。因爲是禮拜天，閉居家中無所事事。喉嚨還在痛。今早過溝仔的同年母送庚，拿雞和麵線過來。請她吃點心，白酒和麵線。下午祖父從店裡帶阿叔的送庚物赤肉五角左右、麵線二斤、餅二十一個以及紅漢光蝦三尺等回來。晚餐吃肉羹，夜裡吃肉豆籤。

[註73]　（清），《臺灣通史》（《臺灣文獻叢刊》第 128 種，臺北：臺灣銀行經濟研究室，1962），卷二十八，頁 719。

[註74]　許雪姬編著，《黃旺成先生日記》（臺北市：中央研究院臺灣歷史研究所出版，2008），頁 53～54。

肉羹、肉豆籤兩者都是傳統的臺灣小吃，其中，豆籤是臺灣傳統的麵食之一，特殊的部分在於麵體為大豆製成，再切成條狀即為成品〔註75〕。而肉羹、肉豆籤這兩種小吃都含有濃郁的湯頭，肉羹與肉豆籤還有共同的要素，就是兩者都屬於葷食湯品，而湯頭的好壞對這兩種臺灣傳統小吃影響極大；除此之外，羹湯的烹煮其實相當費工，這羹湯的滋味每間店家都有自己的配方，雖然這兩種小吃費時費工，卻是臺灣人喜歡的美食之一。同樣在《黃旺成先生日記》當中，記敘西元1919年8月22日〔註76〕的新竹南寮海水浴場遊記：

> 南蓼海水浴　破費9.0△　六時　十二時
>
> 午前老李來電，約大張南蓼行，適老曾電話到，共約之，畫在元豐一同中食西洋料理，大部分大張負擔。老李、大張賭棋，結局老李未練ガマシイ午後，蔡式穀君來訪，買餅開麥酒，一仝要予出酒菜，笑拒之。五時頃一行七人乘輕便至南蓼海水浴，樂甚。晚海濱料理，西刀舌、烏魚米粉，歸時亦輕便，賴星光以行，樹林頭下車，老曾家點心、休憩、什談，歸時十時外。

此文中提及烏魚米粉這道臺灣傳統吃食，不只是臺灣的經典菜色，更是臺灣特有的海鮮菜餚，烏魚米粉的特色在於烏魚先行煎香，再加水一同熬煮，運用烏魚熬出的魚湯，是烏魚米粉最重要的特點，其他相關配料與調味料，則是讓整道菜餚更加出色；而若說烏魚米粉是臺灣特有的海鮮經典菜餚，則臺南擔仔麵就屬臺灣特有的麵食，但擔仔麵的麵量不算多，所以又被稱作為「點心」，在《民俗臺灣》（第二輯）有篇名為〈點心與擔仔麵〉〔註77〕，除了解說點心的意義之外，對臺南的擔仔麵也有詳細的敘述：

> 台灣俗語中的點心，與其說是茶餅類，不如說指簡單的食物為多。台北在公園或江山樓門前吃叫賣的廉價食叫做「食點心」，其中台南名產擔仔麵點心可能是台灣最普遍的。擔仔麵以台灣素麵或米粉為主要原料，豬肉皮、蝦、蒜茸（大蒜切碎）、冬荷菜等為佐料，調理得非常恰當，尤其湯汁的味道經過一番苦心調製的，具有特別的風味。

〔註75〕　片岡巖著，陳金田譯，《臺灣風俗誌》（臺北市：大立出版社，1981），頁104。

〔註76〕　許雪姬編著，《黃旺成先生日記》（臺北市：中央研究院臺灣歷史研究所出版，2008），頁191～192。

〔註77〕　林川夫編，《民俗臺灣》（第二輯）（臺北市：武陵出版有限公司，1998），頁177。

在臺灣日治時期的觀點，臺南的擔仔麵其實是一種經濟實惠的小吃，但仔細
了解，臺灣的傳統小吃即使價格便宜，製作的各項細節仍然不馬虎，文中特
別強調湯汁的風味是苦心製作的，可見得這擔仔麵的湯頭也是相當重要的，
但上述文章並無將湯頭的內容敘述清楚，在連橫所著的《雅言》當中，對臺
南點心擔仔麵的敘述就可了解其湯頭的奧秘〔註78〕：

> 臺南點心之多，屈指難數；市上有所謂「擔麵」者，全臺人士靡之
> 知之。麵與平常同，食時以熱湯芼之，下置鮮蔬，和以肉俎、蝦汁，
> 糁以烏醋、胡椒，熱氣上騰，香聞鼻觀。初更後，始挑擔出賣；宿
> 於街頭，各有定處，呼之不去，恐失信於顧客也。

以整篇文章來看，擔仔麵的湯頭特色在於「蝦汁」，以擔仔麵的製作模式而言，
是有歷史演變可循的，依連橫所撰寫《雅言》的時代而言，臺灣清代晚期的
擔仔麵，其實沒有蝦擺放在麵的上方，純粹是以蝦熬煮出來的湯頭，使擔仔
麵更加鮮美可口，而肉俎則是肉燥的意思；再以《民俗臺灣》所敘述的擔仔
麵樣貌，時代已經是到了臺灣的日治時期，這才真正有蝦子擺放在麵的上方，
而從蝦子取下的蝦殼，才正是熬煮湯頭的重要食材。無論如何，臺南的擔仔
麵是集山珍海味為一身的小吃，山珍為豬肉，海味則是蝦子，這項經濟實惠
的點心，在湯頭的製作上是如此的用心，即可說明湯底的熬製，對食品味道
的影響力有多大。

　　所以無論從中國或臺灣傳統的熬湯方式來看，與日本相當的不同，日本
的熬湯特點會在後文詳細說明，而關於研究臺灣傳統熬湯的記載，在日治時
期的民俗學者片岡巖，以其所著的《臺灣風俗誌》中，就描述了臺灣廚師對
湯品的烹調法，臺灣的料理與中國的料理有許多相似之處，其烹調之方法敘
述如下〔註79〕：

> 台灣菜有它特殊的風味，日本家庭婦女想要學，可是始終無法學到
> 手。什麼原因呢？……因為台灣菜最重要的材料就是「老湯」，想要
> 擁有這種老湯很困難。……說到台灣廚師，就必須介紹他們是如何
> 製造老湯？他們首先到菜市場，買一些普通人不太重視的肉骨頭、

〔註78〕（清），《雅言》（《臺灣文獻叢刊》第 166 種，臺北：臺灣銀行經濟研究室，1963），
　　　　頁 85。

〔註79〕　片岡巖著，陳金田譯，《臺灣風俗誌》（臺北市：大立出版社，1981），頁 208
　　　　～209。

　　豬頭、豬腳、或雞鴨骨頭等，回家以後放在大鍋裡不停的用小火煮，
　　一直把骨頭煮到骨髓都出來，就再買一些骨頭放進湯裡繼續煮，如
　　此每天不斷的買不斷的煮，於是鍋裡的肉湯就逐漸的變得很濃，這
　　種肉湯有一種特別的香味，用這種肉湯烹調的菜特別好吃。

所以在日本民俗學者片岡巖的觀察，中國與臺灣的湯品料理，大部分都是以
骨頭或肉類熬製而成，並長時間烹煮使其油脂豐富而濃郁，而且以餐廳的工
具與環境較為方便。反之，日本的料理較不會如此製作。

　　以上述中國古籍與臺灣文獻在熬湯的記載來說，要使湯頭甘甜鮮美，最
重要的特點是大部分都以葷類的食材，如：獸骨、肉類、海鮮等，去熬製成
特有風味的湯頭；其次，則是熬製湯頭的過程，都需耗費相當冗長的時間才
可完成，以中國與臺灣傳統的烹飪觀念，認為食材長時間熬煮，才能將食材
的營養與各種美味完整的溶出，所謂食物烹煮通透的理念，需細火慢燉才能
成就美味湯頭，這些都是中國與臺灣傳統的熬湯概念，也是對於在食物中獲
得鮮美的各種方式，不單純依靠調味料，而是認為食材是菜餚的根本，並慎
重選擇熬製湯頭的食材，提升湯品的美味程度。再者，我們都認為湯在眾多
飲食當中，是一種飲品的代表，但事實上，在東方的飲食世界而言，湯不只
是一種飲品，湯在東方世界的料理當中，是為菜餚增加美味的一項重要配角，
此外，湯內富含的營養，對於人體吸收而言，不僅效益最佳且最適宜人體飲
用，對於湯的觀點，從東方的許多飲食當中，可以觀察出更多與眾不同的特
點。

二、臺灣漢人提鮮之調理方式

　　在《民俗臺灣》（第二輯）的內文當中，對於臺灣人民的傳統調味有相關
的敘述，以川原瑞源所撰寫的〈油烹與熬油〉提及魚類的烹飪方式，以乾煎、
紅燒、煮湯為主要，其中所使用的調味料以油、鹽、醬油為基底；而蛋類的
烹飪方式，大部分以油煎為主，其中一道蛋類料理——煎菜脯，就如同我們
今日所熟知的菜脯蛋，文中敘述煎菜脯是蘿蔔干或蘿蔔絲，切碎之後與打蛋
混合一起煎。〔註80〕事實上，在臺灣日治時期，食用油價格不斐，但是食用
油對於菜餚美味的提升有相當大的幫助，因此，在烹飪的方法上以油煎為重，

〔註80〕　林川夫編，《民俗臺灣》（第二輯）（臺北市：武陵出版有限公司，1998），頁
　　　　216。

既省油又能品嚐到油脂所帶出的香味，上文所提及之魚類、蛋類的烹飪手法，大多屬於油煎的方式，再搭配辛香料或醃漬物，這些食材的組合，可說是臺灣的古早味。

　　以醃漬物在臺灣飲食的調理當中，煎菜脯是一道臺灣經典的菜色，裡面的菜脯是一項臺灣常見的醃漬物，無論是單吃、烹飪，都能使菜餚鮮味顯現得更為特殊。臺灣運用醃漬物來調理菜餚的品項相當多，因為無論提及中國料理、臺灣料理，使用醃漬物加入料理當中，的確是臺灣與中國的傳統料理習慣，關於醃漬物入菜的記載，在《黃旺成先生日記》一書當中，於西元 1914 年 9 月 1 日的日記〔註81〕當中，也清楚的記載著一道以醃漬物入菜的佳餚：

> 九月一日　　庚寅　　星期二　　天氣　半晴陰　　寒暖　暑
>
> 授課三小時。因為頭痛得很厲害，喉嚨也很痛，所以第四節的唱歌就停課，回店裡。從鄭國川處拿了藥水，本想要坐人力車回去，卻沒坐到。結果到下午五點左右都待在店裡，一邊咳嗽一邊幫忙。午餐吃鴨仔湯，晚餐吃冬菜肉。

此文提及冬菜肉這項菜餚之外，另一處由片岡巖所撰寫的《臺灣風俗誌》也談到冬菜鴨〔註82〕這道臺灣菜：

> 冬菜鴨
>
> 所謂冬菜，就是用山東菜揉進鹽，蒸熟晾乾之後，再放進紹興酒繼續蒸。把全鴨一隻和冬菜三、四兩放在一起煮很久，煮爛之後就可以加上鹽和醬油上桌。

回溯冬菜的來歷，有兩種不同的名詞解釋，從《蚵仔煎的身世：臺灣食物名小考》此書對冬菜的解釋而言，學者曹銘宗有項特別的解讀，就是對「冬菜」的名詞起源，可能是「東菜」的誤用，原因則是製作冬菜的白菜，傳統以山東白菜為多，並提出在臺灣日治時期所出版的《台日大辭典》，內文查無「冬菜」一詞，卻有「東菜」一詞的解說〔註83〕。而在臺灣清代文獻的記載上，筆者查詢有關「東菜」一詞，發現於《淡水廳志》「白菜（一名菘，即周彥倫所謂秋

〔註81〕　許雪姬編著，《黃旺成先生日記》（臺北市：中央研究院臺灣歷史研究所出版，2008），頁 255。

〔註82〕　片岡巖著，陳金田譯，《臺灣風俗誌》（臺北市：大立出版社，1981），頁 213。

〔註83〕　曹銘宗著，《蚵仔煎的身世：臺灣食物名小考》（臺北市：貓頭鷹出版，2016），頁 185～186。

末晚菘也·有六白山東菜菜白二種）」，其中確實有「東菜」的字詞，但此處的解釋分為時節與地區的說明，「秋末晚菘」於時節來說，是近於冬季所產的白菜；「有六白山東菜菜白二種」則是以地區來劃分，出產於山東的白菜。

　　所以「冬菜」與「東菜」這兩者的名稱來歷，筆者認為無論是中國早期的文獻記載，亦或是臺灣清治與日治時期的文獻撰寫上，這兩種名稱並不是誤用的情況，而是中國與日本的命名習慣不同所導致，以「冬菜」這項名詞而言，依據許多中國的文獻參考，大多是以冬季製作並儲藏的意涵居多，「冬菜」這項詞彙在中國的文獻也較常出現。而「東菜」在中國的文獻上也有出現，但在日本對中國醃漬物的文獻研究上更常出現，只有在少數以中國、臺灣民俗為重的書籍，日本學者才會撰寫成「冬菜」，例如片岡巖所撰寫的《臺灣風俗誌》裡面所介紹的臺灣菜——冬菜鴨。

　　從中國的飲食命名習慣上，對於萬物節氣的考量相當重視，以「冬菜」這類字詞來說，是一種面對環境、氣候所衍伸的飲食習慣，冬季的寒冷會影響作物的生長，而人類在冬季也需要食用蔬菜的情況下，冬菜這項食品就應運而生，冬菜最初的運用蔬菜為大白菜，大白菜大致在初冬的時節採收，而且產量相當高，這對冬季缺乏蔬菜的地區，無疑是最佳的食材，重要的是大白菜相當好保存，所以無論將大白菜作任何的烹調，或製成醃漬物都是相當理想的一項食材，而冬菜就是其中一項由大白菜所製成的傳統醃漬物，因為冬菜保存容易，且因發酵而帶出鮮美滋味，因此在臺灣日治時期的文獻上，冬菜的描述是其中一項代表臺灣味的食品，同時也代表臺灣傳統提鮮所運用的調味食品。

　　而臺灣另一項傳統的烹飪技法為「炒」，也是一項普遍的料理手法，炒法是一項省油又省時的料理法，臺灣傳統炒法的提鮮技巧，在於添加具有鮮味的配料增加香氣，依照川原瑞源在《民俗臺灣》（第二輯）的文章〈油烹與熬油〉所述，炒菜的過程中，除了添加辛香料之外，最重要的提鮮手法是將配料如：碎肉、香菇切絲、干貝、魚干、蝦皮、蝦仁等，依菜色所需加入拌炒〔註84〕。誠如筆者在前文所述，臺灣傳統烹飪的提鮮方法，大多會以葷性食物來製作，在〈油烹與熬油〉此篇章內容所提的食材當中，只有切絲香菇屬於素食，其他的配料都屬於葷食，在食品科技還不發達的年代，提鮮的烹飪概念

〔註84〕　林川夫編，《民俗臺灣》（第二輯）（臺北市：武陵出版有限公司，1998），頁218。

大多會從葷食的加入為起點，要使菜餚富含鮮美滋味，運用肉類、海鮮絕對可以提升其鮮味的感受，尤其沿海的人民在海鮮取得容易之下，更容易發展出許多經典的海鮮菜色，只是在海鮮的選擇上，因部分海產價格較為昂貴，所以在大部分的家庭料理上，蝦皮、蝦米、魚干等較為普遍，尤其一些海鮮經過曝曬之後，味道更加的豐富，這就是乾貨的特性，對於炒菜的鮮美味道幫助極大。

　　乾貨的提鮮效用，帶出了臺灣特有的味覺，而另一種提鮮的醃漬物──豆豉，則為臺灣清治到日治時期的其中一種調味品，以《民俗臺灣》（第四輯）中一文由王瑞成所撰寫的〈煮食、炊粿、捕粽、醃豆油〉，談到食材植物性與動物性的烹飪法，並詳細解說關於臺灣人四季的食材烹飪內容，其中在動物性食材的烹飪方面，用「煮」這個字來說明其中一項烹飪法，文中對於「煮」的字義解釋為炊至材料本身出味，菜汁，清湯。「煮」這項烹飪方式，最常使用的品項就屬豆豉，尤其相當常見豆豉與豆腐一同料理：

表 2－5：日治時期臺灣人「煮」的料理方式〔註85〕

晝晚的副食物						
	方法	解說	春	夏	秋	冬
動物性食材	煮	炊至材料本身出味，菜汁，清湯。	胡瓜、筍、鹹菜、豆腐。	筍、冬瓜、豆腐、豆豉。	落花生、豆腐、蘿蔔、豆豉。	蘿蔔、白菜、鹹菜、花生、豆腐豆豉。

　　豆豉其實是醬油發酵過後所留下的豆粕，在《臺灣風俗誌》裡也談到豆豉對臺灣人烹飪調理的重要性〔註86〕：

> 酵胚的醬油粕稱豆哺，台灣人直接做副食或加入豬肉、豆腐、青菜等做佐料，其口味甚佳。

豆豉雖與醬油有著密切的關係，但兩者所呈現出的風味不盡相同，豆豉的歷史相當久遠，依據臺灣清代與日治時期文獻，豆豉一直都是屬於既下飯又好料理的發酵物，但其味道比醬油還重，所以豆豉在烹飪時不需加入太多，少許豆豉提香、提鮮即可，在臺灣經濟情況不理想的年代，豆豉可說是既省錢，

〔註85〕　林川夫編，《民俗臺灣》（第四輯）（臺北市：武陵出版有限公司，1998），頁25。
〔註86〕　片岡巖著，陳金田譯，《臺灣風俗誌》（臺北市：大立出版社，1981），頁102。

又可增添料理好味道的一項重要發酵物。但隨著時代的演進，與日本烹飪文化的傳入，醬油的使用率漸漸的比豆豉還來的廣，直到現在，醬油在烹飪料理的運用廣度上還是勝過豆豉。

提到臺灣人慣用的調味品，除了油、鹽、糖之外，就屬醬油這項調味品最受臺灣人喜愛，醬油在臺灣清代及日治時期的文獻中，有時稱之為豆油，醬油與鹽同樣有著「鹹」的味型，但是，醬油比鹽的味道更加豐富，因為製作醬油的過程當中，經過醃漬、曝曬、發酵等，尤其透過發酵過後的食品，在料理方面可增添菜餚的美味，所以許多發酵物與其他食材搭配，最能呈現出鮮味的特色，醬油就是其中一項提鮮的調味品。

三、日本料理之鮮味烹調方式的傳入

在許多臺灣日治時期的文獻記載上，對臺灣飲食內容與文化做了許多的撰寫與解說，但是從文中的敘述可發現，臺灣人的飲食文化因日本殖民的結果，許多傳統的烹飪方式漸漸消失，取而代之的是日本的烹飪手法，在日本統治的五十年當中，臺灣菜的傳統手藝與日本的飲食文化相互交錯，但到日治時期末的文獻看來，有許多的臺灣人已把日本的烹飪方式當成臺灣的傳統烹飪模式，這是一項特別的文化變革。

以臺灣與日本的熬湯技術上，日本的熬湯方式誠如各界所熟知，以昆布與柴魚來熬製湯頭，然而，在臺灣清代的文獻記錄上，就已有類似海中的藻類來加入料理當中，《恒春縣志》〔註87〕有云：

> 海藻：綠色，細如髮，產鵝鑾鼻一帶海邊石上，去其泥沙，燴以葷湯，入饌，味甚佳，本草云：「出東海，有大葉、馬尾二種，亦作海菜。」

但從文字內容理解上，可以瞭解臺灣與日本對於湯頭的熬製差異為何，臺灣清代對於海藻類的烹飪法，是將海藻類視為提鮮的配料，與魚干、蝦米等海中的細小食物有同樣的功用，因為文中「燴以葷湯」的說法，可以了解葷湯是已經熬製完成或調理完成的湯品，添加海藻類的食物，是為湯品錦上添花、增添鮮味，而與日本的熬湯技法完全不同。日本對於湯頭的熬製也是相當講究，但方法與臺灣傳統的熬湯作法完全不同，日本在熬湯之時，會將昆布加

〔註87〕 （清），《恒春縣志》（《臺灣文獻叢刊》第 075 種，臺北：臺灣銀行經濟研究室，1957），卷九，頁 148。

入湯水熬製，有時純粹昆布熬製，也有昆布與柴魚或其他食材共同熬製；再者，日本的熬湯時間不長，因為昆布屬於褐藻的一種，褐藻在湯水中熬煮久了會產生魚腥味，一般而言，日本的熬湯方法是將昆布放置冷水中加熱，直到湯水沸騰後，立即將昆布撈出〔註88〕。而昆布與其他海藻類還有一種特性，就是當昆布等相關海藻類經過醃漬、脫水或置放在熱水中，食材中的鮮味成分就可快速的釋出〔註89〕，這項特性可以使得熬煮的時間所短，但食材所帶出的鮮味並不會因時間縮短而減少。

但或許是因為日本的熬湯方式既簡單又快速的關係，在臺灣日治時期的烹飪文化上，日本的熬湯方式，已漸漸取代臺灣傳統的熬湯方式，在《民俗臺灣》（第四輯）由王瑞成所寫〈煮食、炊粿、捕粽、醃豆油〉當中，對於臺灣人民一年四季的菜色或吃食做了詳細的介紹，但在煮湯的項目上有了特殊的解說，詳細內容如下表：

表2-6：日治時期臺灣人「煮」的料理方式〔註90〕

晝晚的副食物						
	方法	解說	春	夏	秋	冬
植物性食材	煮	煮湯，需有柴魚昆布湯，如無至少要有湯麵，清湯。	冬荷、空心菜、胡瓜、蔥、麵線。	空心菜、蔥、胡瓜、絲瓜、荇菜、麵線。	空心菜、筊白筍、蔥、麵線。	蘿蔔、白菜、高麗菜、莢豌豆、紅黃菜、蔥。

此文章對於臺灣人民煮湯的方法，是解說為煮湯的食材需柴魚昆布，其實柴魚昆布在煮湯方面是具有日式風味的情形，比較不屬於臺灣傳統的煮湯概念，柴魚是由鰹魚乾燥製作的一種乾貨，雖然臺灣早有多種乾貨出現，但鰹魚的製作與使用較無相關的記載，這很有可能是臺灣傳統的乾貨當中，不太使用鰹魚這項產物來製作料理，所以由此推論昆布柴魚高湯的說法，已經是將臺灣人民的飲食或烹飪習慣，做了相當程度的教育宣傳與調整，同時臺

〔註88〕 哈洛德・馬基（Harold McGee）著，蔡承志譯，《食物與廚藝——蔬、果、香料、穀物》（臺北縣：遠足文化，2009），頁138。

〔註89〕 Ole G. Mouritsen, Klavs Styrbæk 著、羅亞琪譯，《鮮味的秘密：大腦與舌尖聯合探索神秘第五味》（臺北市：麥浩斯出版，2015），頁72。

〔註90〕 林川夫編，《民俗臺灣》（第四輯）（臺北市：武陵出版有限公司，1998），頁25。

灣人對於日本的烹飪方法接受度高，這才讓昆布柴魚高湯成爲了臺灣人民在日治時期的常備湯品，換句話說，日本熬湯的提鮮秘訣漸漸取代了臺灣傳統的熬湯技巧。

　　日本傳統的熬湯風味傳入臺灣之後，因食品科技的進步，日本所研發的味素也逐漸的風靡了臺灣的飲食與烹飪界，味素是讓提鮮的技法更上一層樓的產物，許多日治時期當代的撰文者，都相當看好味素這項調味品，如《民俗臺灣》（第二輯）撰文者川原瑞源在〈油烹與熬油〉中提及味素此產品，是比傳統臺灣的提鮮方法更加容易又經濟〔註91〕。而味素對臺灣人日常生活的影響，可由《吳新榮日記》在西元 1941 年 10 月 28 日所寫之篇章，體會味素的重要性：

> 中午有陳穿、邵慶雲、黃水龘和其他兩位客人來訪，家中既沒有肉，也沒有味素，端不出像樣的料理，眞是遺憾。重要的是，今天這麼多人群中，從將軍來的人一定也不少，然而這些人當中，除了兩三位老人來訪之外，沒其他人來，心中一陣孤寂感。

另一則由林獻堂於西元 1943 年 4 月 6 日所撰寫的日記：

> 晚會五弟，告以明日將往關子嶺浴溫泉治療足痛，他教余須帶米及雞、豚肉、手電灯，又與余味素一小瓶，因旅館之料理無可口之物也。是時培英亦在，示余「可人」第五唱四聯，就中佳者有二聯，甚喜其進步之速也。夜仍灯火管制。

這兩篇日記可說明在臺灣日治時期末，人民對於味素的熱愛與依賴，食品科技的進步，造就了人們烹飪的新方法，但同時也影響了人們味覺的感官，味素的重要性在臺灣日治時期，甚至已漸漸超越傳統的調味料如：鹽、糖等，對於傳統的醃漬物、發酵物在調理菜餚上，也不如味素來的好，這些發展情況在在說明了味素在臺灣的成功，也正說明日本的宣傳方式有其特殊與值得探討的部分，在下一章的論述當中，筆者會詳細呈現日本品牌——味之素在臺灣的發展，與其具創意的廣告內容，以了解味素在臺灣成功的詳細原因。

〔註91〕　林川夫編，《民俗臺灣》（第二輯）（臺北市：武陵出版有限公司，1998），頁218。

第三章　日本鮮味沿革與味素在臺灣之宣傳

　　在日本飲食文化的過程中，我們不難發現日本人對於飲食的講究，以及對天地萬物的景仰；除此之外，日本得天獨厚的地理環境，造就了日本豐富的物產；然則，日本的飲食文化內涵不只如此，透過歷史上各個時期與各界的交流，我們更可以看出其日本自身的飲食文化本質，這是一個地區的文化價值；而飲食科技的發展，在日本誕生了轟動飲食與烹飪界的調味品——味素，味素的發展沿革以及熱賣的情形，不只是飲食歷史特殊的一部份，味素的成功更隱含著烹飪習慣的變革，以及顛覆人們味覺的根本。

第一節　鮮味的傳統與科學之沿革

　　味素是日本科學家池田菊苗所研發，但這新式調味品研發的經過，不但是飲食與烹飪界的福音，我們更要關心的是，日本人的飲食對於「鮮味」有何特殊觀點，日本在「鮮味」的飲食基礎上有著怎樣的源頭，而形塑日本人對於「鮮味」調理的重視，這對於味素的創造有很大的助益，從傳統烹飪的鮮味到省時省力調製的鮮味，這不只是飲食及調味歷史的轉變，從味素的誕生更可看出日本對鮮味飲食的要求。

一、環境與文化對日本飲食味覺的影響

　　各個國家的飲食文化基礎，最初都是以當地的環境背景為考量，「一方水養一方人」是亙古不變的真理，從日本的地理環境就可初步明瞭其飲食內涵。

次者，日本的各項文化交流，以及政局的變動也影響了日本飲食的樣貌，接下來本文將從日本的環境與文化變遷的角度，探討這些因素對日本人在食物味覺上的影響：

（一）海洋環境對日本飲食的貢獻

日本海產的多樣性，也許要歸功於其氣候與環境的優渥，換句話說，日本的地形與氣候的優勢造就其豐富的食材，在日本海面上大洋潮流的效應，更進一步強化了生態的多樣性。日本的南部海岸因日本洋流或是太平洋暖流，使得海水更加的溫暖，這股洋流從菲律賓以東帶來了赤道的海水，朝北經過琉球群島，朝東則是沿著日本南部海岸而流動，流經關東平原，並且持續的流入太平洋。在北邊的洋流情況，則是千島洋流或稱為千島寒流帶來了北極的海水，順著千島群島南下，途經北海道，朝著本州北部的東海岸，使得氣溫明顯的降低，同時也間接縮短農作物的生長期。由於日本周邊這兩股洋流都有助於維持鄰近的海洋生物，也因此獻給日本豐富而多樣的魚類、海藻類、貝類以及其他相關的海產，同時也深深也成就了日本飲食文化區域性的不同〔註1〕。

擁有這些豐富的海洋資源之後，隨之而來的是漁業捕撈的技術發明，和海藻類的採集、養殖、加工等行業的興起；另一方面，日本在世界上是數一數二的大漁場，原因在於海鮮種類繁多，這對於日本人海鮮食材取得上，有著最佳與最豐富的海中鮮味，許多國家認為的罕見海鮮，在日本可能是常見的海中食材〔註2〕，筆者認為日本有著得天獨厚的海洋資產，這在日本的鮮味飲食上應有其特殊的影響，無論是食材搭配上，或者是湯頭的熬製上，海洋資源所帶來的味蕾啓發，無疑是日本在飲食上的絕妙經驗，而這樣的鮮味感受，他國並不容易學習或模仿，這依靠的是天然資源所孕育的多樣食材，在古代航運不發達的時期，更是有其地域上的差異性，以及獨特又傳統的味道。

（二）日本於肉類飲食文化的變革

說起日本的飲食特色，具有日本民族自身的特色，但其飲食的意涵上，

〔註1〕 康拉德‧托特曼著，王毅譯，《日本史（第二版）》（上海：上海人民出版社，2008），頁18。

〔註2〕 辻芳樹著，蘇暐婷譯，《和食力：日本料理躋身美食世界文化遺產的幕後祕密》（臺北市：麥浩斯出版，2015），頁82。

部分與佛教的傳入有關係，佛教源自於印度，約莫在漢朝傳入中國，經由中國自身文化的融合與演變之後再傳入日本，並在日本又有了新的發展，所以傳入日本的佛教並不是最初的教義，而是經過中國的剖析與論述之後，再透過中日的文化交流，才將佛教新的定義傳入日本。佛教傳入日本，對於日本的政局上影響相當巨大，無論是政令的制定與頒布、皇宮內貴族的飲食等，各個部分都有受到佛教教義的影響。

依據《日本書紀‧敏達天皇》〔註3〕的記載，佛教是經由朝鮮半島傳入日本，其內容記述如下：

> 冬十一月庚午朔。百濟國王付還使大別王等。獻經論若干卷並律師。
> 禪師。比丘尼。咒禁師。造佛工。造寺工六人。遂安置於難波大別
> 王寺。……
>
> 八年冬十月。新羅遣枳叱政奈末進調。並送佛像。

在聖德太子時期，開始大規模興建寺院，此後多位的統治者，大部分都信奉佛教。至西元630年開始，日本開始派遣向中國學習文化的遣唐使，一直持續至唐帝國衰敗為止，以當時的環境來說，這樣的派遣活動及交流過程，規模算是相當的大，足以影響日本往後的文化發展。西元673年，首位正式在日本具有「天皇」稱謂的統治者——天武天皇即位。在位時期下令編撰國史，而天武天皇的經歷相當特殊，他曾在即位前出家做過僧人，因為有此項經歷的關係，即位後在全國宣揚佛教，並感念於佛教的五戒之首戒不殺生，在西元676年下令全國禁止肉食，在《日本書紀‧天武天皇》〔註4〕中有其記載：

> 庚寅。詔諸國曰。自今以後。制諸漁獵者。莫造檻穽及施機槍等之
> 類。亦四月朔以後。九月卅日以前。莫置比滿沙伎理梁。且莫食牛
> 馬犬猿雞之宍。以外不在禁例。若有犯者罪之。

整段文章意思是狩獵捕魚者今後不得設置陷阱、不得使用任何槍或設置機關來捕獲獵物，從四月至九月之間，不可設置梁等水中的阻攔物。且禁止食用牛、馬、犬、猿、雞，其餘動物不在此禁止的規範內。此詔書的內容，嚇阻的能力並不理想，首先，禁止的動物並不全面，湖泊及海洋中捕獲的漁產似

〔註3〕黑板勝美，國史大系編修會編，《日本書紀》下（大阪市：朝日新聞社，1928），卷二十，頁141。

〔註4〕黑板勝美，國史大系編修會編，《日本書紀》下（大阪市：朝日新聞社，1928），卷第二十九，頁419。

乎不在禁止的範圍內，而山林裡的野生動物有許多也無法有效地禁止捕殺。再者，若有犯者罪之，其字句上並無明確的說明如何定罪及懲罰。

之後，在奈良時代的聖武天皇也是篤信佛教，並在西元 737 年頒布法令禁止捕殺禽獸，但其效果並不顯著，於是在西元 743 年正月再次下詔，制定從正月十四日開始的七十七天內禁止殺生與食肉行為，但此詔令有時效性所以成效不彰。所以於西元 745 年九月又再度頒布詔書，規定三年內禁止全國人民捕殺所有禽獸。而後同樣是奈良時代即位的孝謙天皇也是篤信佛教，同樣也宣揚禁止殺生的理念，並在任內期間也下詔禁止殺生與食肉行為。日本經過歷代天皇多次的下詔禁止殺生，雖然人民遵守程度可能並不理想，但在皇宮貴族中的飲食上已嚴格控制餐食，餐內已無四腳的動物，偶爾有少量的飛禽，京城內也不再有肉品的交易情況。

雖然經過歷代天皇頒布禁止殺生的政令下，但在當時人民食用肉品的習慣已養成，若完全禁止肉食，人民是無法立刻接受此政令的；更重要的，上文敘述禁止食用牛、馬、犬、猿、雞，其餘動物不在此禁止的規範內，這也就說明水產類的食物不再此範圍內，雖有說明不可設置梁等水中的阻攔物，但無明確說明不可食用水中生物，這或許也是當初天皇下令禁止殺生之後，人們轉向食用水產類的生物，以獲得足夠的蛋白質，同時能滿足口腹之慾的鮮味物質，也能在水產類上獲得，這樣延續的飲食習慣，可能造就日本人民對於水產類的注重，並且也對水產類的熟悉度、喜愛度特別的高。換句話說，鮮味在許多食材上都能獲得，但因日本禁止殺生卻又不完全禁止食用水產類生物，以致於日本人民獲得鮮味的來源，大部分寄託在新鮮的水產類、山中野味等食材。

從奈良時代到十九世紀後半期之前，肉類的相關飲食一直是被嚴格控制的，然而因佛教的部分影響，對於日本的飲食文化有了重大的轉變〔註5〕。而日本的飲食歷史演進上，有許多經典又傳統的料理，這些料理與佛教的意涵相互結合，造就了日本料理的獨樹一格，也讓人見識到日本料理的文化底蘊。首先要介紹的料理，是在鎌倉時代的中期，伴隨著禪宗而來的精進料理，精進料理的由來，必須先了解禪宗在日本的歷史發展。禪宗的「禪」字原本是從梵語所譯來，是靜思、思維修之意，後來在中國演變成靜坐參禪或從日常

〔註 5〕 徐靜波，《日本飲食文化——歷史與現實》（上海：上海人民出版社，2008），
　　　　 頁 66～68。

行為中頓悟佛理的禪宗，其思想體系的純熟約莫在七世紀上半葉的唐朝初年，之後經由各種方式輾轉傳入了日本，但禪宗一開始並無宣揚開來。直到日本中央集權的舊有國家體制衰弱，以及武士階級的崛起，使得日本的宗教歷史有所變革。將禪宗傳入日本的先驅者為榮西（西元 1141～1215 年），他曾前往南宋的中國兩次，在浙東一帶的天台寺等進行修習，之後將禪宗的臨濟宗一派傳回日本，隨著日本的時局演變，並依附著鎌倉幕府的勢力，在日本的東部地區宣揚禪宗，除此之外，榮西還特地撰寫一部名為《興禪護國論》的典籍，藉以表示宣揚禪宗的目的是為了護國〔註6〕。

於此同時，剛興起的鎌倉幕府，也想借助於新興的宗教思想來對抗京都奈良一帶的傳統勢力，因此也相當注重禪宗的興起。然而，禪宗除了臨濟宗一派，還有曹洞宗一派的傳入，道元（西元 1200～1253 年）就是將禪宗之曹洞宗一派傳入日本的重要人物，他曾前往中國的天童寺獲得曹洞宗大師如淨的印可，並於五年後返回日本，是日本曹洞宗的始祖。道元的曹洞宗比臨濟宗更具有平民性，而且道元也一直避免與高官權貴來往，而且在道元的學說當中，相當強調修行實踐，而不沉溺於理論的思辨，主張透過坐禪來領悟釋迦摩尼的佛法，曹洞宗的思想並不推崇高深的理論，而是注重感性的自覺，這恰好與日本人感性豐富的民族情懷相當契合。日本人的審美意識中「直指人心」、「不立文字」、「見性成佛」，就是源於道元傳來的禪宗；而日本人美學核心中的「佗」、「寂」，也與禪宗的理念有著相當深層的關聯〔註7〕。

因此從鎌倉時代的中期開始，禪宗逐漸在武士階層上傳開，所謂武士道，富含有相當深刻的禪宗底蘊。而伴隨禪宗而來的精進料理則是一種飲食的樣式，簡單來說就是沒有葷腥的素齋，它是源於不殺生的佛教思想。精進料理中的「精進」一詞，源自於梵語 veryana，在漢文翻譯的佛教經典中，都將 veryana 翻譯為精進。精進的意思有兩種，第一種是潛心於佛道的修行。第二種則是清靜身心，謹言慎行。這些都是教導佛門子弟相關修行的方式，然而後來又延伸成為更高層次的思想，為專注於佛道的修行，而避免酒肉等美味的食物，而尋求的是粗茶淡飯，遠離人生的種種誘惑，這樣的過程造就了無酒肉的餐飯，這與中國人的素齋意義相同。

〔註6〕　徐靜波，《日本飲食文化——歷史與現實》（上海：上海人民出版社，2008），頁 75。

〔註7〕　徐靜波，《日本飲食文化——歷史與現實》（上海：上海人民出版社，2008），頁 76。

　　嚴格來說，素食的歷史來源相當久，但其中的原因是人民的貧窮，以致於人民都以素食做爲飽食的方式。所以無酒肉的飯食並不是新的餐食，然而，將佛教的因素納入之後，其所賦予的餐食意義更加的不同，這已經不再是經濟的因素而成就的餐飯，而是佛教給予修行人的課題，拒絕食用酒肉的餐食，是希望修行人能遠離其物質上的誘惑，以及殺生所帶來的血腥，最終的目的是期許修行人能經得起考驗，遠離殺戮、保持身心的清靜自然，這是一種宗教所訂定的戒律，並不是一種現實的考量，而是具有修持的意義，所以從佛教的角度來說，精進料理並不是單純不食用肉類的飲食，此種料理所蘊含的是佛教、禪宗以及僧人的修持涵養。

　　而在中國大陸，精進料理稱爲素菜，而將素菜的花樣提升至更高的境界，是從中國的魏晉南北朝時期開始，因爲當時梁武帝推行佛寺素菜，因此也湧現了一批烹飪素菜的名廚，所以素菜的進步在當時就可清楚了解，依據《梁書》卷三十八記載，當時的僧廚對於素菜的掌握相當精通，具有「變一瓜爲數十種，食一菜爲數十味。不變瓜菜，亦無多種，以變故多……」。此外，對於當時魏晉南北朝素菜的烹飪特點，或許就是影響日本精進料理進展的原因之一，也就是以素托葷、工藝精妙。中國佛寺的素菜可使用的素料有瓜果類、蔬菜類、蕈菇類、豆類製品等。而在當時的烹飪技術，人們所熟知的山珍海味、雞鴨魚肉都可以運用素料來加以仿製，無論外觀或色澤都能製作得維妙維肖，透過這些食材所帶出的風味，以及藝術設計所帶來的感受，可爲人類滿足其味覺的感受〔註8〕。

　　素菜到了日本，名詞改爲精進料理之外，就連使用的食材也與中國有些不同，從海藻類的使用就可看出中國與日本的差異點。在日本的精進料理基本上會具有下列的菜色：

〔註 8〕　徐海榮，《中國飲食史》卷三（北京市：華夏出版社，1999），頁 196。

圖 3－1：精進料理圖示〔註9〕

　　精進料理包含涼拌菜、煮物、醃漬品、飯與湯品。而本文第二章提及在魏晉南北朝，以《齊民要術》卷九內容中有記載紫菜方面的菜餚製作，但海藻類在中國的運用上，種類與花樣可能與日本已不盡相同。中國文獻中的紫菜使用紀錄，也可能因為中日的飲食文化交流上，影響了日本精進料理的素料運用方式，只是與中國最大的不同就在於海藻類的運用程度，日本的海藻類種類繁多，日本人在海藻的飲食歷史上也相當久遠，因此當精進料理傳入之後，日本人更加的著重海藻類的使用，無論在涼拌菜上，或是煮物、醃漬品及湯品，我們都可看到海藻類的身影。所以，日本的精進料理與中國的素齋採用的食材還是有所差異，以海藻類來說是素齋風味來源之一，但中國運

用海藻類的比例並沒有日本來得高，日本的精進料理無論在涼拌菜、煮物、醃漬品、湯品等，時常都會使用海藻類相關食材，尤其湯品大多以昆布或菇類來熬製，這是日本與中國鮮味來源的差異性，在此也看得出日本料理對海藻類的需求量相當大，同時也是日本料理鮮味主要的來源之一。

但是，日本人民對於肉食的觀點，除了宗教的部分影響，進而衍伸了精進料理，並大量採用海藻類食材來提升鮮味之外，日本的明治維新政策，更打破了日本傳統對於肉食的觀點，也更超越了宗教所傳達的禁止殺生理念，而是以一種文明開化、富國強兵等實際考量，來全面性的改變日本人民的肉食習慣。首先，在日本明治維新施行之前，日本對於肉食的觀點，認為是一種褻瀆不潔的行為，然而，因受到西方勢力的影響，使得日本門戶大開，也逐漸的影響了日本人民對飲食文化的定義，起初，西方勢力的介入，使得居住在日本的西方人，其生活起居都讓日本人相當關注，僅以西方人的飲食文化為例，就與日本人的飲食觀念相當不同，眾多西方人之中，尤其是美國人與英國人，肉類的攝取是他們相當重視的條件之一，因此，居住在日本的西方人，由於日本本地肉類供給較為缺乏，所以當時供給西方人的肉類食材，大部分都仰賴進口。到了西元1860年中期之後，日本為了因應西方人在牛肉方面的消費，開始於但馬、丹後、丹波飼養牛隻，再從鄰近的港口神戶送往橫濱，這就是今日我們所熟知的神戶牛肉之由來〔註10〕。

而從西方人居住於日本之後，許多西方的風俗習慣傳入日本，並且，西方人與日本的商業交流越來越趨於興盛之下，日本人對於西方的事物也越來越好奇，更重要的是，西方人食肉的習慣，也逐漸地影響了日本人傳統觀念對於肉食的看法，同時，當代的日本人食用肉類的機會也漸漸增加，尤其食用牛肉的習慣，在日本具有革新思維的人們而言，儼然是一種新型態飲食文化的流行，我們於日本西元1860年的飲食潮流中，即可發現食用牛肉的風潮正逐漸蔓延，以當時日本眾多的餐廳當中，「野味餐廳」的興起使得食用牛肉成為一種新型的飲食趨勢，其中，以牛鍋這道牛肉料理，最讓當時的日本人為之喜愛，牛鍋為燉牛肉的一種，將牛肉加入味噌或醬油後一同燉煮。然則，牛鍋的興起還有另一項原因，就是「藥膳飲食」的觀點所引發，根據「藥膳飲食」的概念，食用肉類對於人體健康有益，因此食用肉類之習慣，與西方

〔註10〕 Cwiertka, Katarzyna J.著、陳玉箴譯，《飲食、權力與國族認同：當代日本料理的形成》（新北市：韋伯文化，2006），頁33～34。

飲食文化相互連結之後，成為了日本人對於西方文明嚮往的一股動力，再加上明治天皇食用牛肉的習慣，逐漸撼動了日本人民傳統的食肉觀念；同一時間，明治政府還相當努力推行相關牛隻畜養的計畫，以及制訂牛隻進口、屠殺、貿易等相關事宜，再加上廣為宣導食用牛肉的理念。

　　以當時明治政府的意識形態，及日本當時有名的思想家福澤諭吉，所提倡的西方觀點來說，對於西方人的體格觀察上，具有強健體魄與身高較高的原因，是因食用肉類的習慣所致，若能使日本人採用西方的飲食習慣，則日本人民即能像西方人一樣，擁有強健的身體與優良的身高，於此，當時的日本知識份子，還經常運用西方的科學文獻，來佐證食用肉類的習慣，對於人體的各項生長，以及營養的攝取，均是最優良的飲食方法。至於，為何明治政府較為重視牛肉，而豬肉卻沒被視為優先選用之肉品，依據先進黃靖嵐的說法，肉品的選擇相對著國家印象，牛肉相對的是西方國家的料理，豬肉則較為偏向中國料理，因此牛肉及豬肉在日本明治時期，從肉品種類的重視程度不同，以及牛、豬兩種牲畜的屠宰數量差異，或許可推論出當時日本政府對於國家未來走向的考量，以及當時日本民眾對於國際局勢的觀點。〔註11〕

　　由此可見，日本對於西方的營養學，以及西方人士的體格觀察、西式的飲食習慣，無論接觸與學習上都相當的早，雖然在初期獲得的知識上，可能推論上並不完全正確，但經過持續的學習與接觸之下，不只改變了日本人的部分飲食習慣，也影響了日本在食品科技方面的發展，在本文後續的研究部分，會呈現許多味之素公司的廣告篇章，其中，有些廣告文案內容，會強調「比牛肉汁還要營養」的相關文句，筆者認為，以研發味素的相關人士，或者味之素集團的廣告企劃者，對於日本經歷過的飲食文化變動，具有一定程度的了解，所以，味之素集團研發出新式調味品——味素之後，在廣告行銷的文案上，首先須以日本的歷史際遇為出發點，從傳統的飲食觀點而言，即使不太能接受肉食習慣的人們，味素是一項既能調味又能補充營養的調味品；從文明的飲食觀點而言，味素的營養價值可與牛肉汁相比，再加上味素是以先進的科學技術研製，對於追求文明及先進的部分日本人來說，味素是最佳的調味品，於此，無論傳統或先進的日本人士，味素都能兼顧每位消費

〔註11〕　黃靖嵐，《國家、文明、飲食：自國家形構觀點考察明治日本之肉食變遷》（東海大學社會學研究所博士論文，2016），頁160。

者的需求，從此處看來，味之素集團對於日本飲食文化變革，不僅有深入的研究，更是為了日本人民甚至未來長遠的行銷，做足了萬全的準備及規劃。

二、昆布對日本鮮味文化之影響

前文提及因日本當地海洋環境、宗教的傳播，以及明治維新所帶來的肉食習慣改變，進而影響日本飲食的文化，也是造就日本飲食風格與他國不同的原因之一，然而這項原因對日本的飲食影響是較為全面性。但接下來筆者要論述的這項原因，是比較屬於地方性的影響，使得日本各地擁有了不同的風味。我們都知曉日本因地理位置的優勢，再加上洋流交會之下，為日本帶來許多豐富的魚獲。而日本古代各個時期，由於來往的商船航線不同，而間接影響了日本各地獲取的物產種類。對於海域中所取得的漁獲或者是海藻類，在日本古代的商船航線歷史上，可看出與飲食差異上的關係，尤其以昆布的航線歷史上，對於關西與關東的飲食獲取差異上具有其相關性。

關西與關東是日本在地理區域分類的舊稱，關西的地理區域範圍包含日本本州的中西部，以三重縣、和歌山縣、奈良縣、兵庫縣、滋賀縣、大阪府、京都府，總稱為二府五縣的區域所構成，有時還會加入德島縣或福井縣，日本關西地區又稱近畿地區，是日本古代實施令制國所劃分的區域，令制國是日本古代律令制之下所設置的行政區劃，遠從奈良時代開始實施，直到明治時代初期廢止。而日本的關東地區則是日本本州中部，瀕臨太平洋的一個地理區域，此地理區域包含神奈川縣、東京都、千葉縣、埼玉縣、群馬縣、栃木縣、茨城縣，並以東京為首都，此地理區域也是日本人口最為稠密的地方。筆者將會在下文提及多次關東與關西的名詞，所以在此段文章先行做初步的解說。

遠在七～八世紀，日本開始有昆布的航道紀錄，這是起源於大和民族的建立和北海道的發展歷史。西元 659 年擔任征夷大將軍的阿倍比羅夫（生卒年不詳），為日本飛鳥時代的將軍，前往北海道函館，征服當地的蝦夷族人。在征服蝦夷族人之後，開始著手建立起大和民族，也開始拓展北海道的航線，航線則是從今日我們所熟知的北海道的函館市（古代名為松前）至日本北陸的秋田縣，這就是七～八世紀在北海道與北陸往返的海上最早航線紀錄〔註 12〕。

〔註 12〕 趙宜雄，《現代臺灣昆布產業之研究（1990 年～2010 年）》（國立中興大學歷史學系碩士論文，2016），頁 12。

　　直到十四世紀，約莫日本鎌倉時代中期之後，昆布的航線不但延伸得更遠，漁業方面也有所進展，因為捕撈的技術進步，使得漁獲及海藻的種類更加的豐富。但是，鎌倉時代中期，因真言律宗的創立者叡尊（西元1201～1290年）開始向教徒們宣導禁止殺生的戒律，而且此戒律相當嚴格，除了肉類的禁止之外，連魚類都列入禁止的範圍之內，雖然日本傳統食魚的飲食習俗，並不會將根深柢固的漁業文化完全消除；另一方面，在鎌倉幕府的法規對禁止殺生並無明確的法令制定。但這禁止殺生的措施還是使漁業些微走入了衰退的道路〔註13〕。

　　一直到室町時代（1336年～1573年），飲食的樣貌出現了轉變，十五世紀的室町時代，是日本在各項文化大放異彩的時刻，同時也是奠定日本飲食文化與傳統味道的基礎。室町時代與鎌倉時代在飲食上最大的不同在於高湯，這也是因為到室町時代，從北海道蝦夷族的領地到大和民族的越前國（今日福井縣）與敦賀之間，昆布運送的航道又延伸轉運到京都、大阪〔註14〕，所以京都與北海道經由商船的頻繁交流，所以在室町時代，在京都到處都可見到昆布的身影〔註15〕，而京都歸屬於關西地區，因商船運送昆布頻繁的原因，昆布也逐漸地奠定了關西地區高湯的味道。

　　此外，在十五世紀初，日本料理已漸漸有自身的風格形成，最具指標性的日本料理就屬「本膳料理」，「膳」原本含有「食物」和「款待」的意思。在日本，「膳」是作為「飯」的單位，就如同一膳、兩膳（一碗、兩碗）這樣普遍的用法〔註16〕。只是本膳料理較容易出現在上層社會，幾乎不太可能出現在中下階層的社會中，所以本膳料理雖是日本料理的一項指標，但不能全然代表日本的飲食文化，日本各地的本膳料理可能因地區的不同，及物產的不同而有所改變，但從下圖可以了解本膳料理的基本配置：

〔註13〕　徐靜波，《日本飲食文化——歷史與現實》（上海：上海人民出版社，2008），頁79。

〔註14〕　趙宜雄，《現代臺灣昆布產業之研究（1990年～2010年）》（國立中興大學歷史學系碩士論文，2016），頁13。

〔註15〕　宮崎正勝著，陳心慧譯，《你不可不知的日本飲食史》（新北市：遠足文化，2012），頁122。

〔註16〕　宮崎正勝著，陳心慧譯，《你不可不知的日本飲食史》（新北市：遠足文化，2012），頁93。

圖 3－2：本膳料理圖示

　　然而，昆布在本膳料理中時常出現，其奢華的程度，是鎌倉時代（1185年～1333 年）無法媲美的，而除了昆布時常出現在本膳料理之外，我們不難發現水產類食材，在本膳料理出現的頻率也相當高，所以在本膳料理的鮮味來源上，水產類是佔有極大的比重，我們從本膳料理的「獻立食單」〔註 17〕可看出其樣式的特色：

本膳

御湯漬（一種泡飯，可當作米飯，又可代替醬湯）

鹽引（醃製的鮭魚或鱒魚）　燒物（烤魚等）

和雜（在魚肉上拌入木魚花並用酒和醋浸製的菜餚）

香物（醬菜）　魚糕

二之膳

章魚　海參　鯛魚湯　田螺

鱐子（一種鯔魚魚子的醃製食品，在日本被認為是高等的下酒菜）

蝦　集汁（湯）

三之膳

鵠　鳥（可能為山雞）　　鯉魚

〔註17〕　徐靜波，《日本飲食文化——歷史與現實》（上海：上海人民出版社，2008），頁 86～87。

與之膳

酒浸（用酒和鹽浸製的魚肉）　　鮑魚　　鯨魚

五之膳

鮓（一種將魚醃製後與米飯拌和發酵後製成的食物，早期的壽司）

鵪鶉　鯛

六之膳

海鰻　赤貝　海鷂魚

七之膳

熊引（一種體長達一米的海魚）　野鴨　鯽魚

御果子

魔芋　麩　胡桃　板栗　薯蕷　海苔　昆布　串柿餅

在整個獻立食單中，我們可以看到昆布安排在御果子裡面，而御果子的內容大多爲堅果、根莖類、水果、水菜類等，從每個食品來仔細分析之下，魔芋就是我們所熟知的蒟蒻，麩則是小麥粉所提煉出來的蛋白質，薯蕷就是山藥。將這些食材安排於此，目的是爲了調整口腔內部的味道，去除油膩感之外，口中還能保有清淡鮮甜的感受，因此昆布安排於御果子之中，或許就是讓整套膳食結束之後，經由咀嚼昆布等相關御果子的食材之後，口中能感受清新的味覺，而鮮美滋味仍然在口中停留著；這樣的安排也能看出，日本餐點還未西化時，餐後點心的安排方式。

　　本膳料理在室町時代的中後期基本定型，成爲武士間的儀式料理，料理具有儀式作用爲其特徵。不論是配膳、食用順序都有講究的禮法，爲日本料理中最正式的形式。然而本膳料理會因時代、地域的不同，而改變其食材的內容，但這樣的模式一直延續到江戶時代〔註18〕。

　　依據「日本北海道漁業連合會」（網站簡稱：北海道ぎょれん）上對昆布航道的歷史地圖說明，關東一直到江戶時代，才有商船運送昆布往來的紀錄，所以接觸昆布的時間上而言，關東整整比關西晚了許多，這也正說明商船往來的時局不同，使得關西與關東的飲食模式有了各自的發展。

〔註18〕　徐靜波，《日本飲食文化——歷史與現實》（上海：上海人民出版社，2008），
　　　　　頁87。

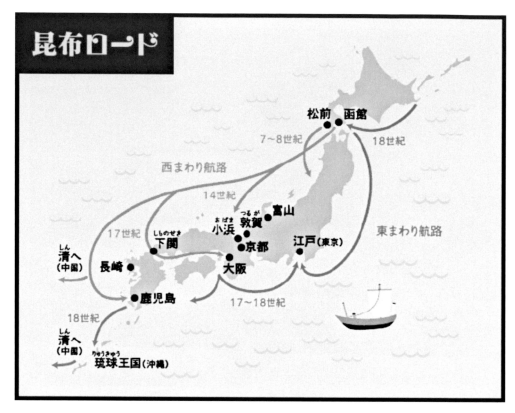

圖 3－3：歷代昆布航線圖〔註 19〕

　　關東之所以能夠接觸到昆布這項食材，都要歸功於江戶時代負責北海道與大阪兩地之間貨物交流的北前船，江戶時代的北前船航線，是從瀨戶內海透過西迴運航，途中經過賀敦、小浜，接著抵達大阪之後，將北海道所採收的昆布，在大阪做商業的流通貿易。而就是因為北前船的貿易歷史，將大量的昆布運往大阪，才造就了大阪對昆布的重視，從此，大阪開設了許多昆布的專賣店，銷售許多不同種類的昆布，以及不同料理方式的昆布菜色〔註 20〕。

　　所以，日本關西與關東的料理與傳統的味道，其實與日本的航線歷史息息相關，因航線開發的時間不同，使得關西很早就知曉昆布這項食材，並將昆布運用在高湯的熬製上；然而在明治時代結束以前，日本家庭的料理內容上，主菜大部分都以魚類為主，然而在關東地區，漁民較常捕獲到從北方洄

〔註 19〕　資料來源：北海道ぎょれん http://www.gyoren.or.jp/konbu/rekishi.html（瀏覽日期：2017.5.19）。

〔註 20〕　宮崎正勝著，陳心慧譯，《你不可不知的日本飲食史》（新北市：遠足文化，2012），頁 122。

游而來的鰹魚，因此與關西地區不同的地方在於熬製湯頭的食材，筆者在前文提及關西地區在早期是以昆布熬製高湯，或者是昆布與鰹魚合併一起來熬製高湯；但在關東地區，因較常捕獲鰹魚，所以習慣以鰹魚來熬製出濃厚的高湯。而又因昆布航線在關西與關東兩地的時間差異，而演變成不同的飲食文化，雖然昆布在江戶時代之後，已經在日本相當的普遍，但傳統的調味習慣已根深蒂固，這也造就了日本各地的特殊風味。

而味素的研發者池田菊苗先生，也是透過日本的傳統鮮味來源之一——昆布，來給予鮮味的啓發，並且在初期研發之際，實際使用昆布來做味素成分萃取的材料，只是使用昆布內的成分來製造味素，成本過於高昂，因此又改變了味素相關研發的材料，但不可否認的是，日本傳統的提鮮食材——昆布，其歷史發展不只影響了日本人在鮮味調理上的方式，連帶的也啓發了味素的研製開端。

三、鮮味的發現與味素的製造

鮮味在各地的飲食文化上存在已久，並爲各個時代的飲食增添了許多風味，但鮮味一直是個形容詞，鮮味被眞正發現並明確給予一個正式的名詞，已是西元 1909 年的事情，而創造味素這項調味品的契機，是因爲日本科學家池田菊苗在品嚐由妻子烹煮的味噌湯之時，發現由昆布所熬製的湯頭非常鮮美，這所謂「鮮」的味道，並不在古代傳統所列出的味道裡，自古以來，除了「辛」這項感受，被後世的科學實驗驗證是屬於痛覺之外，其他的味道如：酸、甜、苦、鹹，是各界所熟知的四大味覺，但日本科學家池田菊苗認爲「鮮味」應該可以成爲獨立的第五味，也因此著手進行鮮味的相關研究，起初由味噌湯中的昆布這項熬湯食材來進行實驗，發現其中成份含有麩胺酸鈉，這是一種帶有鮮美滋味的物質。

當時，科學家池田菊苗除了針對鮮味的提煉，做許多相關的實驗之外，同時也在思索如何改善日本人營養攝取的問題，池田認爲若從昆布裡萃取出相關的元素，是否能使人類得到美味及營養？也因此在進行昆布成分解析的化學實驗上，將其萃取出的成分之中，分離出一項重要的鮮味元素——麩胺酸鈉，雖然麩胺酸鈉早在西元 1866 年就由德國實驗出來，但此後再也無進一步的發展，所以池田菊苗在西元 1908 年申請製造麩胺酸鈉方法的專利，並對麩胺酸鈉的製造過程中，所使用的原物料作詳細說明，以德國對小麥進行水

解技術所產生的蛋白質，來證明池田菊苗對麩胺酸鈉的製造觀點，運用小麥與大豆進行實驗分析，取得的植物蛋白與昆布所解離出的蛋白質成分味道一樣，以小麥麵粉進行提煉對產品製作較爲有利，因爲起初對昆布進行提煉的結果，十二公斤的昆布只生產三十公克的麩胺酸鈉，由此推論以小麥麵粉爲製作麩胺酸鈉的原物料，即可大量生產並降低成本〔註21〕。

　　但在大量生產味素之前，這項新式的調味品對人類飲食史來說太過陌生，因此與池田菊苗合作的企業家鈴木三郎助相當擔心此產業的發展，於是將味素這項新產品讓東京的餐廳進行試用，並彙整使用味素的結果與心得。在這些研究與試驗有一定基礎後，成立了味素製造工廠並開始大量生產，然而，要將味素這項商品推銷出去，需要有品牌的命名與圖像標誌，經過眾人多方的討論下，在新式調味品的名稱上有了結果，也就是我們所熟知的「味の素」（中文：味之素），「味の素」（中文：味之素）的名稱於西元 1909 年向專利局申請，並於同年十二月確立爲註冊商標；在圖像方面，於西元 1908 年（明治四十一年），將一位穿著寫有「味の素」烹飪圍裙的女人，訂爲味之素的註冊商標圖像。

「味の素」と「美人マーク」の登録商標　　　圖 3－4：味之素註冊的圖像

〔註21〕　味の素グループの 100 年史:https://www.ajinomoto.com/jp/aboutus/history/story/（瀏覽日期：2017.9.8）。

　　雖然將這項新式調味品的品名與認證圖像設置完成，但後續味素的大量生產才是考驗的開始，因為最初的味素製造過程，需要使用鹽酸對小麥麵粉中的麵筋水解，再經過多道程序才能產生最後成品。但是，鹽酸容易將製造味素的器具腐蝕，讓製造味素的過程困難重重，製作味素的相關人員嘗試了多種材質的容器，但經常遇到容器被腐蝕或龜裂的情況。在經過多次的實驗之後，最後選定由日本愛知縣常滑市的黏土所製造的道明寺甕，選擇道明寺甕的原因在於與其他材質容器相較，價格比較便宜且較耐腐蝕，所以道明寺甕是味之素創立到大正時期的一項主要製造器具〔註22〕。

　　味之素公司最初研製的方式是以酸水解植物蛋白為主，以小麥粉做為原料，加入濃鹽酸製成蛋白質使其熱分解，透過冷卻使麩胺酸鹽沉澱及析出結晶體，再行壓榨和過濾其液體。接著，鹽酸鹽與麩胺酸鹽經過中和、分離等程序，再加入碳酸氫鈉，使得溶液脫色並濃縮而得到麩胺酸鈉晶體〔註23〕。

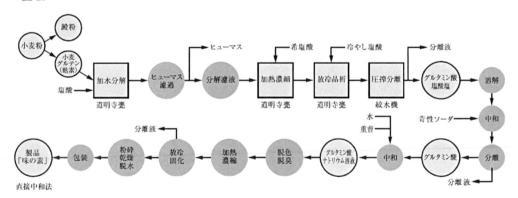

圖3－5：味素製程的技術內容

　　但這其實是一項理想的規劃，在製造味素的過程中，還是遇到不少的困難，包括效率問題、衛生考量、機器設備的改善，以及對於溶液酸鹼度的測試，這些製作過程在在顯示了味素的初期製作，耗費相當大的財力、物力及人力，製程所需的時間也相當的漫長，可見得食品科技的起步，也是遭遇到許多挑

〔註22〕　味の素グループの100年史：https://www.ajinomoto.com/jp/aboutus/history/story/（瀏覽日期：2017.9.8）。

〔註23〕　味の素グループの100年史：https://www.ajinomoto.com/jp/aboutus/history/story/（瀏覽日期：2017.9.8）。

戰，但味素這項新式調味品誕生之後，帶來的世界卻顛覆了許多人的想法。

依據味之素公司官方的說法，味之素於西元 1909 年 5 月 20 日，正式對一般民眾銷售新式調味品，起初，對於味素的包裝材質，是以玻璃罐為主要包裝，販售的地點則優先選在東京的藥局來做銷售，但事實上，味素一開始在日本的銷售並不理想，因為對於當時的人們來說，味素是一項相當新穎的調味品，一般傳統對調味品的認知就是鹽、糖、醬油等，味素的效果與味型，對於一般人來說較為陌生；再者，味素的包裝設計上，以玻璃罐包裝味素粉末，外型有點類似藥罐的樣貌，但一般民眾會誤認為這是藥物的一種，而且又在藥局銷售，這樣種種的情況，導致味素無法有效的行銷出去。

圖 3－6：味素最初的玻璃罐包裝樣式

製作味素的鈴木商店團隊了解問題所在之後，開始調整味素的行銷策略，首先在日本京橋區設立味之素事務所，並將「味之素」這牌子設立在建築物的外牆上，味之素事務所樓高三層，將味之素牌子設在建築物外面，也等同於一座大型的廣告塔，而事務所的櫥窗則設置了味素的原材料如：小麥、麵粉、麩質、澱粉，以及味素這項產品的生產過程，透過原物料的呈現與製造流程的展示，向人們詳細介紹味素這項產品的內容。除了展示味素產品，同時對於味素的瓶身也做了調整，從藥罐樣式改為胡椒罐的形制。而對於味之素在產品行銷的地方也做了極大的調整，從原先以藥局做行銷點之外，味之素公司還積極的與許多食料品等特約店，做相關的合作與買賣計畫，因此味之素在日本大正初期，已在日本東部地區拓展了更多的銷售點〔註24〕。

〔註24〕 味の素グループの100年史：https://www.ajinomoto.com/jp/aboutus/history/story/（瀏覽日期：2017.9.8）。

　　到了西元 1913 年，味之素的行銷拓展又更進一步，除了藥局與食料品店等各地的銷售店之外，也開始在日本的乾物店做味之素產品的銷售，由於日本的乾物店大多銷售柴魚、海苔、昆布等乾貨，所以味之素選在乾物店做其中一種的銷售管道，或許有其特殊用意。然而，味之素一開始的定價其實經過許多考量，以西元 1909 年 12 月的味之素產品定價來說，小瓶容量十四克價格為二十五錢、中瓶容量三十克為五十錢、大瓶容量六十六克為一日圓，這些定價對當時的日本人來說還是屬於較為昂貴的調味品，在西元 1910 年的日本工資來對照，大學畢業生起薪為三十五日元，其他行業的工資也普遍較低；以日本當時的飲食費來說，一碗清湯蕎麥麵要價三錢。所以味之素最初的價格還是屬於奢侈品的定價，但隨著味之素的銷售量改變，價格也不斷的做調整。

　　而打響味之素的知名度，除了行銷通路的擴展、價格的調整之外，廣告的宣傳也是相當重要的一環，在西元 1909 年 5 月 26 日，也就是在開始販賣後的六日，味之素在東京朝日新聞報紙上刊登了廣告，廣告中將味之素的註冊圖像清楚呈現，左右兩旁附上醒目的標題「理想的調味料」、「食料界的大革新」，其中對於味之素的特性描述得相當仔細，文宣內容特別強調味之素的調味效果，比傳統的乾物柴魚還要好上許多倍；另一方面，文宣當中還提及味之素的營養，比牛肉萃取物更加的優質〔註 25〕。整篇廣告將味之素的品牌標章呈現得相當清楚，並將味之素的好處與用法陳述的相當詳盡，之後，味之素定期的增加廣告刊登的數量，如此積極的宣傳也帶來了不錯的成果。

〔註 25〕　味の素グループの 100 年史：https://www.ajinomoto.com/jp/aboutus/history/story/（瀏覽日期：2017.9.8）。

圖 3－7：東京朝日新聞刊登的味之素廣告

　　除了上述多種方法的宣傳，味之素在其他國家也逐年獲得飲食相關的認可，包括在西元 1909 年 5 月在法國、西元 1910 年 4 月在英國、西元 1912 年 8 月在美國陸續獲得調味品的專利許可，在日本努力宣傳味之素這項新式調味品之外，還積極拓展海外市場並獲得認可，甚至還獲得許多相關發明的獎項，這些都可說明味之素的發展並非一蹴可幾，而是透過不斷的調整，不斷的努力求新求變，使產品的品質更優質，並且能改善當時人們的營養攝取問題，

更可以縮短傳統熬製湯頭或做菜的時間，新式的調味品雖然歷經許多困難與挑戰，但這也是一項飲食與烹飪技術更迭的例子。

第二節　味之素公司於日治臺灣的宣傳

味素在臺灣日治時期的飲食文化、烹飪觀念、廣告宣傳等各部分影響極大，在此節所要探討的是味之素公司如何在臺灣發跡，以及此後如何運作味之素產品的銷售方式。除此之外，從味之素的廣告文宣上，我們可以探討其設計的風格，和時代潮流的特色等，這些都可以了解味之素在臺灣成功的要點，畢竟，廣告這項媒體的宣傳力量是既迅速又有成效，這對一項產品的行銷幫助極大，當然，味素這項新穎的調味品，走在時代的尖端，人們從陌生到喜愛的變化，廣告這項宣傳方式功不可沒。

一、味素在臺的宣傳與銷售情況

味之素集團除了積極在日本推銷味素這項新式調味品之外，也有強烈的企圖心想進軍海外市場，但將味素這項產品行銷國外的同時，對於市場的評估也是有其必要性的，而前文敘述味之素公司逐年得到法國、英國、美國的專利許可，若在這三個國家推銷味素這項產品應該是可行的，但是，味之素團隊認為將味素行銷到海外，應該要尋找與日本飲食文化較為相近的地區，因此在當時受到日本統治的臺灣，成為了味素行銷海外的首選地區。

而在日本味之素集團的歷史沿革內容指出，味之素集團在西元 1910 年 5 月在台南的越智商店開始販售，但在《臺灣日日新報》的廣告文宣上，可將販售時間往前推進，早在西元 1909 年 8 月就已有臺灣特約店——萬貨商會，開始刊登味之素廣告並販售味素這項產品；同樣的，依照味之素集團的沿革史內文敘述，在西元 1910 年末的臺北吉野屋商店，與味之素集團合作並代售味素產品，但事實上，早在西元 1909 年臺北吉野屋商店已在《臺灣日日新報》，以特約店身分刊登味之素的廣告，爾後，越智商店與臺北吉野屋商店就以台中為分界，共享銷售區域並成為「味之素」品牌的特約經銷商。

圖 3－8：味之素最早刊登的廣告（1909.8.12），《臺灣日日新報》，明治
　　　　 42 年 8 月 12 日。

圖 3－9：加入臺北經銷商的廣告（1909.11.9），《臺灣日日新報》，明治
　　　　 42 年 11 月 9 日。

　　而味素在臺灣銷售逐年增加，西元 1914 年企業家鈴木三郎助還派長子到
臺灣巡查產品銷售情形，進而發現臺灣的料理店以及家庭都相當愛用味素；
與日本相較之下，臺灣人民在日治時期使用味素的程度，比日本人民還來的
高，這些都是西元 1914 年味之素團隊來臺考察所得到的結果。其實，這與臺
灣傳統烹飪方式，和味之素公司在臺灣的廣告宣傳等，都有相關性才導致臺
灣人民對味之素的喜愛。一項產品的推行，在廣告文宣的設計上，可以將產
品的內容與用法闡述清楚，這種宣傳是相當直接且迅速的，所以味之素公司
在臺灣的發展，筆者認為廣告的宣導相當重要。

　　筆者蒐集味之素公司的廣告當中，發現味之素公司在西元 1909 年 8 月就開始在《臺灣日日新報》刊登廣告，一開始在廣告上的訴求，是以味之素公司的產品內容與用法向民眾解說清楚，並將科學製造法做食品工業的推行，強調以科學製造可達到既衛生又便利的功效；其次，將日本政府廚師御用的產品名譽陳述在廣告內，來達到讓消費者感到信任的成果；最重要的是內容時常會宣導，使用味素能夠既快速又輕鬆，將一道道美味的菜餚端上桌，並能給予人體所需的營養，其功能比傳統的調味品或食材好上很多。

　　以廣告文宣的內容說明來解讀，以科學製造的新式調味品，其實並不一定是最能打動購買者的心思，這雖然是闡述食品工業進步的里程碑，但畢竟許多人民並不了解科學製造的強大，而且對於製造流程相關的化學式也不太明白，科學製造法對於消費者而言，只能讓各界知曉日本食品科技的進步，若使用由科學製造生產的味素，是文明、進步、摩登的象徵。而味之素公司逐年的廣告，無論在文字敘述上、圖片安排上都有其特殊的意涵，相關圖解會在下方小節做詳盡解說。

　　除了味之素廣告的宣傳效果之外，味素在臺灣盛行的原因還有一項，就是關於臺灣傳統的烹飪方式，以臺灣的烹飪手法來說，在味素還沒發明之前，臺灣傳統的提鮮方法喜愛使用醃漬類、發酵類、乾貨這幾大項的食品，而這幾大項食品有一個共同的要件，也就是需要時間的醞釀。以醃漬物的製作過程來說，除非是以先進的食品科技方法來縮短醃漬時間，否則傳統且天然的醃漬物，在醃漬的過程是需要花費相當長的時間，才能製作出味道甘鮮的醃漬成品。再者，發酵物以現代的食品科技技術，可以將製作時間縮短並快速出產，不然，天然的發酵物製成時間相當的漫長，發酵物最廣為人知的就屬醬油這個品項，以日本傳統釀造的醬油來說，天然的醬油至少要花上一年至兩年不等的時間才能完成〔註 26〕，依照各地不同需求與製法，其製程的時間又各有不同，但發酵物傳統製法就是需要長時間的等待。東方國家常食用的乾貨，製法也是需要時間的，一方面是為了將海鮮類、肉類、菇類等，運用風乾、煙燻等技術來將其美味保存得更加完善，同時將食材的水分抽離之後，食材本身的滋味就更加的濃厚，這就是菜餚鮮美的來源之一，而要將食材的水分盡可能的除去，也是需要時間的運作才可達到一定的程度，這程度就在

〔註26〕　胡川安著，《和食古早味》（台北市：時報文化，2015），頁 82。

於食材水分抽離之後，食材的滋味更深層、香味更加濃郁，所以中國大陸、臺灣傳統提鮮的食品，都是需要時間來醞釀製成的。

但中國大陸與臺灣的傳統菜餚不只是依靠醃漬物、發酵物、乾貨，還得依靠烹飪的技術，所以本文前章節提及熬湯的技巧就在於，這項熬湯的傳統技法最為注重長時間的烹調，因為中國大陸傳統對於湯品的調製，是在於花費時間將食材的精華給烹煮出來，這不但使得營養能更加的散發出來；對於喜愛濃郁湯頭的人們來說，湯頭的味道要更香濃，關鍵在於火侯的控制及時間的熬製，許多湯底就是透過長時間的熬煮，才能得到濃郁、色澤醇厚的湯品，所以，當味之素公司研發出新式的調味品——味素，宣稱加入湯品之中，無須耗費太長時間，就可獲得與長時間熬煮的湯品一樣的甘美滋味，這對於辛苦烹飪的家庭主婦、辛苦熬製湯頭的餐廳廚師，無疑是一項經濟又實惠的調味聖品，因此，長時間烹飪、製作的習慣被打破之後，味之素公司在臺灣的銷售才會蒸蒸日上。

而統整味之素公司在《臺灣日日新報》所刊登的廣告後，在西元 1909年到 1914 年幾乎都是使用日文來做內容宣傳，在廣告圖片的設計上，也大多是以日本風俗的形式來運用，有許多文宣可能是從日本報章雜誌刊登過後，再來到《臺灣日日新報》做沿用宣傳。但到了西元 1915 年 10 月，味之素公司在《臺灣日日新報》開始刊登了漢文版的廣告，起因是味之素集團在西元 1914 年到臺灣考察之後，認為味素這項產品在臺灣銷售如此之好，而臺灣與中國的飲食習慣、烹調方式相當相近，尤其是對於鮮味的喜好，進而推論若將味素行銷到中國大陸，應該也可能造成熱銷，所以依據味之素歷史沿革的說法，味之素集團是從福州開始接洽貿易訊息，並在中國大陸各城市的雜貨店開始行銷味之素的產品，而後味之素公司在中國大陸報章雜誌所刊登的廣告，也有部分延用至《臺灣日日新報》，事實上，臺灣歷經清代治理、日本治理，其文化上不但有中國大陸的內涵，就連日本的風俗民情也不斷學習著，因此《臺灣日日新報》無論在日文版或漢文版，其廣告文宣上的介紹，亦或是廣告風格上的設計，對於臺灣人民來說並不違和，甚至於臺灣、中國大陸、日本有很多文化是可以相通的，在下節的廣告呈現會有相關的敘述。

另一方面，味之素集團於西元 1928 年先後在台北、基隆、台中、彰化、嘉義、屏東成立「味之素會」。所謂的「味之素會」，是味之素與經銷特約店

緊密結合的組織聯盟。而成立「味之素會」的用意在於，當時味之素商品在臺灣銷售逐漸增加，一些日本製造業者發現在臺灣推廣此商品的潛力，紛紛推出模仿的類似品。爲了順利推廣味之素品牌商品在臺灣的銷售成長，除了增設特約店，也在臺灣各地推動銷售店的組織化，以防止價格混亂與銷售模仿品的發生。因此才在西元 1928 年起，陸續在台北、基隆、台中、彰化、嘉義、屏東等主要都市的食料店與雜貨店等成立「味之素會」。接著再於西元 1929 年 2 月設立臺灣事務所，在此所謂的事務所，爲無商人銷售交易行爲的事業體。後來於 1934 年 7 月升格爲臺灣出張所，在此出張所指的是有營業活動、交易活動的據點，但非獨立性且小規模的事業單位。

此外，根據味之素集團的紀錄資料，西元 1935 至 1936 年，臺灣每人年間消費量甚至高達日本國內消費量的三倍。由下表就可清楚了解當時銷售狀況：

表 3－1：臺灣與日本年間消費量表（筆者自製）〔註 27〕

1935～1936 年	臺　灣	日　本
每人年間消費量	100g	30g

這些消費數據都要歸功於味之素集團積極的在臺做宣傳，除了在臺灣的報章雜誌刊登廣告之外，味之素在臺灣西元 1935 年始政四十年紀念博覽會上也設置了味之素的廣告噴水塔，以博覽會的展出機會向更多來賓做宣傳，事實上，味之素集團積極參與世界各國的博覽會，若受到名譽肯定或獎牌授予，則會在廣告刊登上宣傳其消息，藉以作爲產品的認證與肯定。

〔註 27〕 味之素臺灣分公司提供之資料。

圖 3－10：味之素噴水塔（1936.8），《始政四十周年記念 臺灣博覽會寫真帖》，昭和 11 年 8 月。〔註28〕

　　從味之素集團的發展史，和在臺灣的宣傳情形來說，可以了解到日本西化的樣貌，對於食品科技的鑽研，以及對於人體健康的考量，進而追求食物的美味；再者，產品的行銷，除了考量其效能之外，在臺灣日治時期的世界局勢來看，受到西方列強的肯定與支持，是產品快速爲眾人所接受的要素之一；此外，味之素集團在推行產品的歷程上，可以看出日本及其企業的企圖心，已不再單純只將產品行銷出去，而是將人類飲食觀念以科學的角度做相關的調整，並顛覆許多國家傳統的烹飪方式。

二、《臺灣日日新報》日文版廣告——美味、滋養、經濟、便利

　　味素是日本研發的產品，所以在臺灣初期的宣傳而言，都是以日本的語言及風格去闡述產品的內容，從西元 1909 年開始便在《臺灣日日新報》刊登廣告，起初的圖片可以看出是由日本的文宣設計，並已在日本刊登過後，再沿用至臺灣的報紙做宣傳，但是一開始在臺灣刊登的篇幅並不多，廣告的版

〔註28〕　無具名，《始政四十周年記念臺灣博覽會寫眞帖》（出版地不詳：臺灣博覽會，1936），無頁碼。

面也較小，直到西元 1914 年左右篇幅才逐漸增加，對於味之素的廣告分類上，筆者將其分作四大要件：調理食物的優勢、滋補養生的調味品、獎項與各界的名譽認可、味素促銷活動的舉辦。

調理食物的優勢這項目一直是味之素不斷強調的重點，為的是強調味素這項新式調味品，與以往大眾所熟悉的鹽、糖、醬油等調味品，不僅味道不同且烹調更加輕鬆，再加上食品科學新知的傳達，故本文將此要件列為第一大項目來歸納其廣告；然而，味素剛研發的時代，就日本、臺灣等地之時代背景上，經濟大多都並不富裕，飲食的營養而言也是相當的缺乏，所以本文前方闡述池田菊苗博士，在研發味素之時也考量到國人的營養需求，所以在味之素的廣告當中，也時常可看到關於味素對於人體健康的幫助，這與我們現今所了解的味素知識相當不同，因此筆者將此要點安排在第二大項作深入的解說；同樣的，在味素發明出來的時期，也是西方勢力強盛的時期，日本對於產品的推銷上，也不斷地在追求西方勢力的認同，除了日本官方授予的獎項，味之素集團也不斷在世界各地有舉辦博覽會的國家，行銷味素這項新式調味品，藉由參加各項博覽會來獲得多方的肯定，而廣告文宣在獎項的表示上也是一種榮譽，消費者也會因獎項的肯定而更支持這項產品；另一方面，除了獎項肯定、產品優良之外，有時還需要給予消費者購買的回饋，因此在下方也整理出相關味素的促銷活動，藉此了解在臺灣日治時期，商品促銷的活動內容。

（一）調理食物的優勢

前文在味素的研發過程中，雖是因池田菊苗博士品嚐味噌湯而得到靈感，但為使產品可以大量生產，進而尋找與昆布有相似成分的食材——小麥，來做為味素大量生產的主要原料，所以初期味之素的廣告內文中，最常闡述味素的原料為小麥，再經科學技術的精製而成，並且強調味素的添加，有助於食物更加的鮮美，有別於傳統所熟知的味覺：酸、甜、苦、辣、鹹，對於味覺的創新做了明確的解說，如圖 3－11 味之素廣告內容。

圖 3-11：味之素廣告（1910.7.17），《臺灣日日新報》，明治 43 年 7 月
17 日。

　　調味品最重要的是調理出來的味形是如何呈現，而現在運用一種白色粉
末，簡單加入菜餚之中，即可調出富有「鮮味」的美食，這是一件既新奇又
實用的事情，所以味之素的廣告是漸進式的先與大眾說明，鮮味的特色與味
素這項調味品的連結。緊接著，對於味素開始強調它的實用性、便利性，無
須辛苦花時間就料理出美味的菜色，並且在廣告圖像上畫上小麥的圖像，雖
然廣告文字敘述上沒有詳細說明小麥原料，但有逐漸的將味素內容的輪廓勾
勒出來，如下方圖 3-12 味之素廣告所示。

圖3-12：味之素廣告（1910.9.17），《臺灣日日新報》，明治43年9月17日。

　　為了讓消費者更加安心使用此新式調味品，味之素的廣告篇幅增大，以便清楚說明味素的成分與相關內容，使用味素的優點包含四大項目：天然的美味、獨特的滋養、無限的用途、時間的經濟，對於味素的製程深度解說，強調以天然食材小麥、大豆製成的白色粉末，少量添加在食物當中，即可呈現出天然的美味，此為第一項特色；第二項特色是內含獨特的養分，說明味素是以人體所需的蛋白質，經過合成方式為其主要成分，所以其對人體的滋養效果是此調味品的特長所在；味素的用途相當廣泛，無論日式料理、精進料理也就是素食料理等，都可使用味素來做調理，此外，在廣告不只說明家庭使用的好處，就連旅行都可攜帶味素，無論在何處都可享用到美味的食物，這是第三項的特點；關於味素的第四項特長在於節省時間的烹調，尤其許多料理需要時間的烹煮，才能將其精華或是美味給熬煮出來，但使用味素對於忙碌的主婦幫助極大，只需加入味素就可快速端出美味菜餚，這點是筆者認為最為吸引當時消費者的一項要點；除了講述味素的四大優點之外，對於味素的外型及包裝也在廣告上呈現出來，以便消費者認明及選購，並將定價清楚在廣告上說明，如圖3-13下方的味之素廣告。

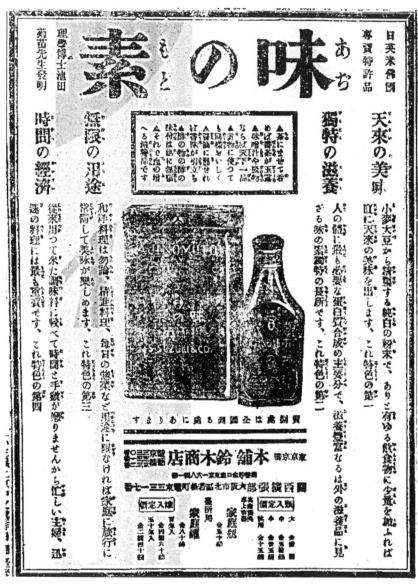

圖3－13：味之素廣告（1912.5.23），《臺灣日日新報》，明治45年5月23日。

　　之後在味之素的廣告文宣上，我們可以發現到其內容已不再局限於介紹味素的內容及特點，而是增加其產品的尊貴性，如圖3－14的味之素廣告所闡述的內容，是以五種特殊場合或時節的料理，來與味素做調理的搭配，內文提出神武天皇祭、灌佛會、お花見、摘み草、汐干狩這五項日本傳統春祭的重大節日，首先以神武天皇祭而言，是日本春祭的重大祭典，神武天皇是

日本傳說的第一位天皇，是開創大和民族的一位天皇，因此神武天皇祭就成爲日本傳統悠久的祭祀；而灌佛會則是佛教創始者釋迦牟尼佛誕生日的一項重要祭典，這是屬於日本重要的宗教祭典，也是許多國家極爲重視的一項宗教盛會；再者，日文的お花見意思是賞花，賞花在日本已流傳許久，是相當傳統的民俗活動，也是日本團聚的重要時刻；第四項日本春季節日——摘み草，這類似於中國傳統的七元日，也就是在正月初七之時，須採摘些許草類植物，來製作成食物來食用，讓身體保持健康的一項傳統民俗活動；在第五項的汐干狩則是日本一種傳統的海邊民俗活動，汐干狩是一種在海邊撿拾貝殼的有趣活動，因爲在春季的潮水起伏上差異較大，所以在退潮的時候，獲取沙灘上的貝殼，同時感受到海水逐漸回溫的時刻，是日本古代春天的一項有趣的活動。

　　而回顧這五大項祭典或民俗活動，都需要精緻的祭祀飲食、素食料理、應景飲食等相關佳餚來做節日上的配合，除此之外，都是日本春季相當傳統且重要的節日，因此料理食物上需相當謹慎與恭敬，而味之素在廣告上搭配這日本五大重要慶典，目的在於傳達對料理的要求，要使菜餚或便當味道更加豐富，調理上搭配味素便可呈現美味等良好的效果，在重要節日上所需的料理，只要加入味素即可輕鬆做出可口又不失禮的料理，這是味之素提升料理新手法的宣傳，同時也在傳遞日本的民俗活動，換句話說，往後的重要節日或祭祀，料理上只要擁有味素，無論多高的烹飪水準都可完整呈現。此篇廣告可能是由日本當地報紙先行刊登之後，再轉由《臺灣日日新報》上刊登，藉由這樣的廣告文宣，來告知消費者味素的優勢，在民俗節日上的吃食可使用，在灌佛會所需的素食料理也可運用；更重要的是，日本與臺灣都有相近或獨特的傳統節日，但無論在何地，味素都是人民料理的最好選擇，詳細廣告內容如下圖 3－14 味之素廣告。

圖 3－14：味之素廣告（1915.4.6），《臺灣日日新報》，大正 4 年 4 月 6
　　　　　日。

　　對於重要節日的料理，成爲味之素的廣告文宣之外，旅行的重要攜帶品
則成爲了味之素公司一項新的宣傳內容，如圖 3－15 的味之素廣告強調攜帶
味素，無論身在何處，美味就在何處，再加上味素小瓶裝，放在行李內攜帶
相當方便，不用擔心到外面吃到不美味的食物，只要味素帶在身邊，但哪裡
都能享有可口的佳餚，或許在現代的觀點而言，在外面的餐廳、飲食相關攤

販，都有放置醬油、醋、辣椒等調味料供客人使用，但對飲食的味道有所要求，味之素公司則想出了攜帶味素的觀點，這是一項新的旅行觀念，更是一種飲食味覺依賴的概念，下方圖 3–15 即爲傳遞攜帶味素去旅行的觀點廣告。

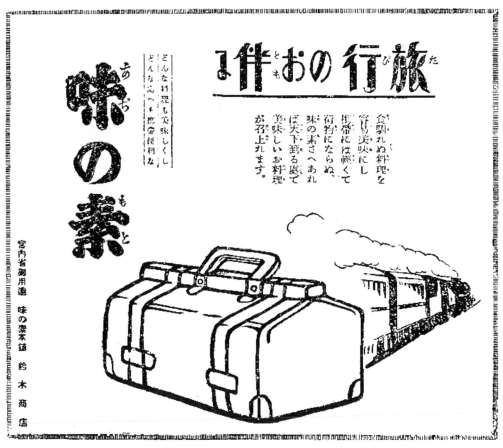

圖 3–15：味之素廣告（1927.7.17），《臺灣日日新報》，昭和 2 年 7 月 17 日。

在旅行與美味兼得的觀點之下，經濟的打算也不可馬虎，在臺灣傳統的料理上，調味料不但品項極少，其花費的金額也不高，而在當時各國普遍經濟條件不理想的情況下，味素的出現可說是一種經濟實惠的調味品，同時，味之素公司也抓準臺灣的調味品運用習慣，藉此在廣告上宣傳意欲「合乎精打細算的理想，又能合乎想要的味道」這樣意義的廣告，訴求使用味素既省錢又能兼顧美味，然而，味素事實上是一項價格昂貴的調味品，爲何可以形塑成經濟實惠的調味品？原因是因爲味素在使用上，分量不需太多就可達到

效果，在經濟效益上不見得比傳統的調味料還花錢，於是孕育了這樣理念的廣告用詞，如下方的圖 3－16 味之素廣告。

圖 3－16：味之素廣告（1930.2.6），《臺灣日日新報》，昭和 5 年 2 月 6 日。

此外，我們在敘述一件事情的方式，通常會附有人、事、時、地、物的條件，在味之素的其中一篇廣告就敘述了這樣的結構，圖 3－17 的廣告內容中說明處於鄉下或都市、在夏天或冬天、老人或是年輕人，調味料理只要使用味素，任何情況與時節都不受限，這也同時呼應了味之素一直以來的廣告台詞，也就是飲食上用途相當的廣泛，味素的特性在於各種料理都可以適用，呈現出來的味道也都相當穩定與美好，而廣告內容中所說的鄉下或城市差異，就在鄉下在食材方面的取得較不容易，因此在料理上的花樣就會較為簡單，但在菜餚中加入味素之後，即使簡單的料理也可以很美味；再者，關於季節的差異性就在於，各國在各個季節都會製作相關季節性的料理，臺灣與日本也不例外，但無論何種季節性的料理，味素都可成就當季的美味；而老人或年輕人的條件，在於味素添加所形塑的味道，不因年齡的限制而有所區別，每位品嚐菜餚的人都能感受到好滋味，這就是下方圖 3－17 味之素之圖像設計所要傳達的訊息。

圖 3－17：味之素廣告（1930.8.24），《臺灣日日新報》，昭和 5 年 8 月
　　　　 24 日。

　　然而，前文提及灌佛會的素食料理，是味之素廣告文宣中的一項重要料
理，接下來的這篇味之素廣告，也是強調素食料理搭配味素的好處，廣告文
宣中提及胡蘿蔔、茄子、胡瓜、番茄這些蔬果，如何使用味素讓這些蔬菜更
佳的美味，一般都認為動物性的食材比較能展現鮮美的味道，蔬果類食材的
味道較淡，但是加入味素之後，即使是蔬菜類的料理，且無任何動物性食材
添加的情況下，一樣能富含豐富的鮮美滋味，對於素食者在品嚐食物上，不
但幫助極大，更是將素食料理提升至另一境界，這就是下方味之素廣告圖 3
－18 所要強調的部分。

圖 3－18：味之素廣告（1934.6.19），《臺灣日日新報》，昭和 9 年 6 月
　　　　 19 日。

　　味之素廣告到後期的製作內容，有些部分是在闡述各種料理與味素的關係，其中以圖 3－19 的廣告就是在針對不同地區的料理，在味素加入之後與情況的詳細介紹，這是一篇針對中國料理——油雞燒鴨，在新舊料理方式的交互過程詳述，內文中提到親近的首要條件是味覺，文中提出支那料理也就是中國料理，以傳統的方式製作油雞燒鴨，在調味方式尚未改變之前，是一道銷售極佳的食品，但自從油雞燒鴨使用味素來調味之後，在中國幾乎都認可這項調味品的效用，進而轉變傳統的調味觀念。

　　味素的用途廣泛在前文已提過，但這篇廣告將味素的效用更加提升，以前文所提及的許多廣告篇幅中，已明確表示出味素可運用於季節性料理、傳統民俗料理、日式料理、西洋料理，但圖 3－19 的味之素廣告道出了中國料理的內涵，味素對於各國料理的適用性相當高，然而，味之素這次將他國料理的背景詳加敘述，將油雞燒鴨的傳統處理方法解釋清楚，並說明調味料的改變，並無讓這道傳統料理的銷售降低，而且還獲得廣大中國的料理人士認可，這篇廣告文宣意旨在於讓各國的消費者了解，無論再複雜、再傳統的飲食，也不因味素的加入，而破壞其原有的銷售量以及消費者的接受度，還能獲得料理人士的信賴，這樣的宣傳方式可使得味素這項調味品，效用更神通廣大也更廣受大眾喜愛。

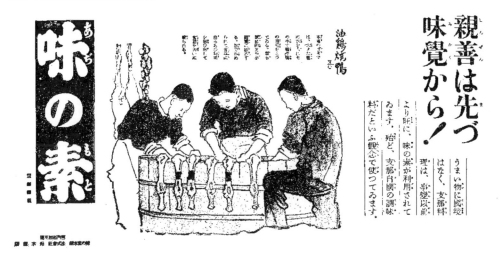

圖 3－19：味之素廣告（1939.2.4），《臺灣日日新報》，昭和 14 年 2 月 4
　　　　　日。

（二）滋補養生的調味品

在各國的飲食歷程上，都曾經歷過物資缺乏、人民營養普遍不足的時期，在臺灣、日本的飲食發展史上也同樣面臨過如此的情況，所以科學家池田菊苗先生在研發味素的時候，就已有考量到這項調味品對於人體營養的助益，無論是否因食物的美味而促使人們更容易攝取營養，亦或是味素的加入提高人們的營養而不虞匱乏，在美味與營養這兩者重要的因素，在味素這項新式調味品中都已有設想，在西元 1914 年 9 月 20 日所刊登的味之素廣告當中，就針對家庭當中最為需要營養的小孩、老人、病人，強調使用味素可增強體力並補足所需的營養，插圖則是設計母親餵養孩子的畫面，若是身為家庭主婦，關於家人的健康與營養的攝取，是一件極為重要且須謹慎的事情。在以往的調味料廣告當中，大多強調的是調味的效果，以及教導如何運用在料理上，但是味素這項調味品的宣傳方式不同於以往傳統的調味品，味素的功能性更佳的強大，它不只能將食物變得更美味，先進的科學技術還能有助於人體健康，這是與傳統調味品最大的差異之處。

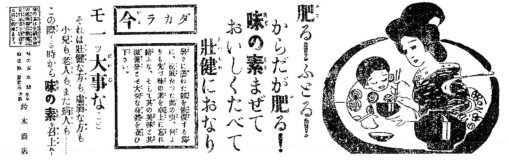

圖 3－20：味之素廣告（1914.9.20），《臺灣日日新報》，大正 3 年 9 月 20 日。

對於家庭成員的健康與營養，是味之素廣告宣傳注重的部分之外，在醫院的使用及幫助長壽的相關議題也有所宣傳，味之素於西元 1915 年 4 月 19 日刊登的廣告上，就以日本東京、大阪各地的衛戍病院為例，味素運用於病患的飲食上，是有助於體能與營養兼顧的調味品，因為味素含有人體所需的蛋白質，是病患身體調養的最佳調味品。而也於西元 1915 年 12 月 18 日則刊登一則關於長壽的廣告文宣，文中意旨若時常使用味素於料理之中，必然有長命的良好效用，從醫學、衛生的角度來說，在當時人們普遍營養不足、衛生條件欠佳，而味素這項調味品不但富含營養，且製作過程的衛生條件良好，

對於人類延年益壽的幫助是有其相關性，在臺灣、日本的醫學歷程中，關於營養攝取、人類壽命的調查與研究相當多，所以味素的誕生在當時是一項運用廣泛的調味聖品。

圖 3－21：味之素廣告（1915.4.19），　圖 3－22：味之素廣告（1915.12.18），
　　　　《臺灣日日新報》，大正 4　　　　　　《臺灣日日新報》，大正 4
　　　　年 4 月 19 日。　　　　　　　　　　　年 12 月 18 日。

　　味之素公司將醫院的使用情況置入文宣當中，這同時也是醫院爲味之素
公司產品效用的一種背書，除此之外，味之素公司對於季節的配合上，也有
相關的宣傳廣告，在《臺灣日日新報》於西元 1927 年 7 月 12 日所刊登的──
─眞夏の食慾增進，就配合刊登時間的夏季，來做味素的銷售廣告，內文提
及在盛夏之時，吃任何食物都感覺不美味的時候，味素可使料理更加美味，
並且能幫助增進食慾；另外，還說明選擇味素調理食物，是一種既簡單又快
速的調味方法，因爲在夏天烹飪食物既熱又辛苦，如用味素調理菜餚，不但
縮短時間又能簡單的端出美味好菜，是一舉多得的調味品。

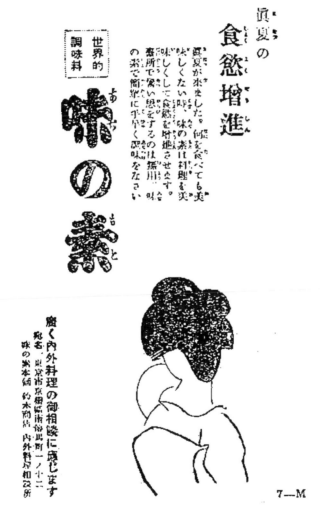

圖 3－23：味之素廣告（1927.7.12），《臺灣日日新報》，昭和 2 年 7 月
　　　　　12 日。

　　接著味之素在西元 1930 年 4 月 15 日刊登一則廣告——味と養分，此篇內文意思是說好吃又有養分的食物很少，而養分多且不美味的食物，加入味素之後就能既美味又好攝取營養，因為有些食物雖然美味，但是以烹調方式來說，可能會造成身體上的負擔；而相反的，有些食物營養方面相當豐富，但品嚐起來卻不是如此可口，但運用味素之後，美味與養分都可兼得，這可說是人類飲食上的一大福音。

圖 3－24：味之素廣告（1930.4.15），《臺灣日日新報》，昭和 5 年 4 月
　　　　　15 日。

　　在西元 1930 年 9 月 8 日所刊登的味之素廣告上，也宣傳了相關的概念，文中闡述不好吃的食物就是能改善病況的食物，但是充分使用經濟實惠的味素之後，可以感受到強烈咂嘴的美味，這項廣告詞正說明了健康與美味可以兼得，而且並不是藥物的幫助，而是味素這項調味品的加入，使得追求健康的同時，營養與美味都可以獲得；廣告中的圖像上畫著一位老人家，面容是相當愉悅的感受，人類年紀越大，食慾、身體情況都可能較不理想，但只要在飲食當中加入味素，老人家或是有病痛的患者，都能再度感受到食物的美味，且不費力氣也不耗時就可獲得這樣的成果。接連幾篇味之素的廣告，都在說明味素不分年齡，對於人體所需的營養具有補充的效用，而因為季節、身體情況所導致的食慾不正，也可運用味素的調配來獲得改善，在當時人們對調味料的觀念，可說是相當程度的震撼，因為味素不是藥物，但在醫院、人體營養的攝取等，都具備良好的效用，味素這項產品在調味界來說，適用性相當高、對烹飪的幫助也極高。

圖 3－25：味之素廣告（1930.9.8），《臺灣日日新報》，昭和 5 年 9 月 8 日。

　　飲食攝取營養的另一項重要因素，就在於體能的增強，在西元 1936 年 5 月 7 日的味之素廣告上，說明了吃飯是能讓體力增強的事，這其中的意涵在於味素的添加，能讓我們品嚐美味之餘，元氣也能跟著提升。事實上，日本在文化及各個方面西化之後，意識到飲食營養的重要性，因爲日本歷經西方文化的洗禮，對於西方文化的進步，以及觀察到西方人的體格之後，發現日本過去因爲傳統觀念或飲食習慣、食材的種類不同等各種情形，導致飲食上的營養不夠均衡或充分，連帶影響到日本人的體格，當時無論在日本當地或臺灣，都長期並持續的研究及調查各地的人口及飲食的種類，藉此瞭解醫學或營養上的困境，並適時的給予相關的建議或輔導。

　　而從圖 3－26 的味之素廣告上，我們可以看到一個相撲吃飯的圖像，這是一項日本相當傳統且重要的體育競賽，藉由此圖象表達體能的重要性，並搭配味之素的廣告文宣，強調味素的加入可以增進食量，增強體能使體格更加的健壯；另一方面，在背景的文字上出現了常陸、下總、陸前、筑前、淡路等字樣，這是日本傳統區域劃分的令制國名稱，雖然令制國在日本明治時代就已廢除，但這歷史悠久的區域劃分方式，還是持續不斷的影響著日本人對於地方文化概念，所以將日本相撲文化與味之素結合，除了表示體能與營養、美味的重要性之外，同時也傳達了日本人對於民俗文化的重視，而味之素厲害之處在於，除了是一項新式的調味品，對於傳統的民俗節慶也能在飲食上相互配合。

圖 3－26：味之素廣告（1936.5.7），《臺灣日日新報》，昭和 11 年 5 月 7 日。

三、《臺灣日日新報》日文版廣告——國內外之讚許

　　日本在明治維新的積極改革之下，對於西方的各項事物發展相當重視，也認為依循西方科學化，以及參與西方相關博覽會的活動，亦或是學習西方列強提升國力和兵力的方式，有助於提升國家各方面的進步，在此一章節的廣告呈現上，我們可以了解到日本對於國內產品的行銷策略，而這些策略之中所包含的意義，不僅僅是將商品銷售出去，從本研究所探討的味之素公司，在味素產品的買賣方式上，更多的是展現國力的機會、行銷商品的新形態模式、食品科學的發達、飲食與烹飪方式的顛覆等。

　　因此，前一小節的廣告重心，在於以美味需求、人體健康為主，而在這章節所要探討的是，如何運用獎項的肯定、參與重要盛會的過程、權威及名人等推薦，或者是以回饋消費者的方式，來幫助味素產品的銷售量更加提升；事實上，日本當局政府在西元 1900 年於《臺灣日日新報》上，刊登了一篇關於「重視廣告」的相關論述，然則，若以西方的廣告行銷模式來說，在當時的臺灣並不發達，日治時期前的臺灣，受到中國大陸移民來臺的影響，相關商品的認定習慣其實是建立在「標頭」的建構上，但與我們現代所認知的「品牌」內涵又不全然相同，清代臺灣的行銷方式著重於區別性〔註29〕，能讓購買者清楚分別，商家就可有一定的客群量。直到日治時期，臺灣整體的廣告行銷方法才有了西方模式的樣貌，不過，這樣的改變其實比日治時期前的銷售方式更為複雜，日治時期的當局政府，對於日本商品在臺的行銷，其考量除了商品銷售的版圖擴展外，同時對於當地的文化特色，也經過詳細的田野調查，所以其銷售的成功經驗內涵，我們可以透過《臺灣日日新報》的廣告，來論述這些行銷商品的策略內容，以及所富含的文化意義。

（一）獎項與各界的名譽認可

　　在現代生活中，行銷商品的方式相當多元，而依照廣告的目標進程上，須有下列四項標的：1.提示品牌知曉、2.刺激對產品的興趣、3.強化正向品牌態度、4.促成對特定品牌之購買意圖〔註30〕。而回頭來看味之素的廣告行銷，在提示品牌知曉上，始終貫徹其商標的「味の素」字樣，部分廣告還會加上

〔註29〕　鄭育安，《商標法與臺灣社會——從清治至日治時期的變遷》（國立成功大學歷史學系碩士論文，2016），頁 29。
〔註30〕　陳澤義，《國際行銷》（新北市：普林斯頓國際，2011），頁 302。

主婦的圖像；此外，味之素品牌的知曉上，還有一項成功的要素，也就是商品的獨特性與獨佔性，以調味品的品項而言，味素在當時是一項陌生又特殊的調味品，換句話說，鮮味從一項味覺的形容詞，晉升到一項實體可調製鮮味的白色粉末或結晶狀顆粒，這在食品科技上、飲食與烹飪的歷史上是一大創舉，所以「提升鮮味」這項特點，造就了當時消費者對味素這項產品的興趣。

　　但一個品牌長久經營的要點，光靠知曉品牌、讓消費者產生興趣是不足夠的，因此持續強化正向品牌態度變得極為重要，這也就是此章節所要論述的核心部分，以下方圖 3－27 及圖 3－28 的味之素廣告，除「味の素」字樣之外，圖 3－27 廣告中強調世界誇讚的日本名物，在更小的文案內容指出歐美各國盛大歡迎的日本名物，於此要點在於當時世界各國，對西方列強的重視，若一項商品受到西方國家的喜愛或推薦，這無疑是一項商品的最好保證；而圖 3－28 味之素廣告在文宣中，提出參與美國舊金山的萬國博覽會，這是在美國舊金山於西元 1915 年 2 月 20 日到西元 1915 年 12 月 4 日止，所舉辦的巴拿馬太平洋萬國博覽會，其舉辦之類型是屬於綜合的形式，萬國博覽會是一項盛大的國際展覽，更重要的是圖 3－28 的放大字體：「名譽的金牌授予」，參與西方國家所舉辦的盛會，已呈現出味之素這項品牌進步的象徵，更讓消費者信心大增的是，味之素所生產的調味品——味素，榮獲萬國博覽會的金牌肯定，在當時的時空背景來說，東方國家所孕育的物產或者商品，要行銷多個國家已實屬不易，若能獲得西方國家所頒發的獎項，則能更加成為各界重視的指標。

　　而廣告宣傳味之素的國際性、先進性，並且因參加博覽會而獲得獎項的肯定，正是強化了品牌的態度，更促成對特定品牌之購買意圖，同時，商品藉由味之素參加博覽會而受賞的訊息，某種程度也是在幫助味之素建立品牌的權威〔註31〕。統整味之素公司在臺灣日治時期的廣告，以歐美等西方國家、參與博覽會及獲獎的肯定等相關文宣字樣，可以了解當時的世界局勢，大部分認為歐美等西方國家，是當時新進國家的代表區域；而參與世界博覽會的商品，在當時給予人民印象的是具有先進思維、優良保證，連帶的背後意涵在於生產此商品的國家，具有專業的設備、強盛的國力及優秀的人才。

〔註31〕　呂紹理，《展示臺灣：權力、空間與殖民統治的形象表述》（臺北市：麥田出版，2005），頁 328。

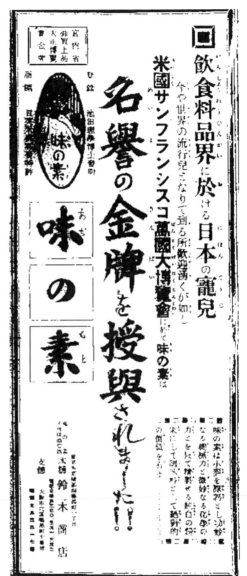

圖3－27：味之素廣告（1914.2.19），　圖3－28：味之素廣告（1915.8.7），
　　　　　《臺灣日日新報》，大正3　　　　　　《臺灣日日新報》，大正4
　　　　　年2月19日。　　　　　　　　　　　　年8月7日。

　　除了味之素集團在參與萬國博覽會的經驗之外，日本國內自行主辦的博覽
會，對味之素集團或其他日本品牌，在競爭及銷售上也是相當重要的一項盛
會。以日本自行舉辦的歷屆博覽會而言，博覽會的名稱及參展項目也是相當的
多，然而與西方所舉辦的博覽會相較之下，其舉辦的核心意義不盡相同，以圖

3－29 的味之素廣告文宣中，除了敘述味素這項產品銷售極好、人氣極高、味素使用方法之外，還標示獲得大正博覽會及桑港萬國大博覽會之金牌，這兩場博覽會之舉辦意義，其實有眾多不同之處；首先，桑港萬國大博覽會也就是前文提及，由美國舊金山所主辦的巴拿馬太平洋萬國博覽會，「桑港」是日本對舊金山的漢文名稱翻譯；而大正博覽會則是日本大正三年（1914），在東京上野公園所舉辦的一場博覽會，日本自行舉辦博覽會的最大目的，在於傳達進步思想，並使日本國內的產業廣泛交流，以達到各界蓬勃發展的效應。

圖 3－29：味之素廣告（1915.9.9），《臺灣日日新報》，大正 4 年 9 月 9 日。　圖 3－30：味之素廣告（1915.12.10），《臺灣日日新報》，大正 4 年 12 月 10 日。

　　而再以圖 3-30 的味之素廣告內文而言，除了繼續標示獲得大正及桑港萬國大博覽會之金牌以外，還加以敘述參與內外的博覽會與共進會，以及京都博覽會都得到獎項與各界的肯定，在日本所舉辦的「共進會」，其意義在於相互砥礪、共創進步，是一場屬於業者或製造商相互競爭的展覽會，與純粹觀賞與展示的博覽會，在舉辦的性質上不太一樣，共進會的舉行除了使業界在商品品質上精益求精，更大的目的在於，為了後續更大型的展覽會進行相關籌備的工作〔註 32〕。由這些味之素廣告的內容可得知，味之素公司在研發味素這項產品的同時，不只是重視商品的銷售，更注重的是在業界上的競爭力以及品牌的信譽。

　　此外，上述論述的都是味之素公司參加國內外博覽會，並受到各界注目與獎項肯定的文宣內容，但是，單單參展與得獎的訊息，對於一般的消費者而言，其消息與距離感還是較大，在當時的日本、臺灣人民，接觸世界博覽會的機會並不多見，至多是在當地所舉辦的博覽會、品評會、共進會等展覽，亦或是政府動員相當程度的人力與經費，來吸引當地人民前往參觀，否則，單以博覽會的參展與得獎的訊息，並不足以引起消費者的購買慾望，以日本在明治四年（1871）到昭和二十三年（1948）為例，所有舉辦的各型博覽會，以官方數據記載，超過一百萬人次參訪的展覽會屈指可數，許多展覽會的人數估算甚至不明，從這些數據的呈現，可以推估當時日本人民對於展覽會的接觸，若無報章雜誌宣傳、政府傾盡全力動員之下，參與這些盛會的人數提升上，速度實際情況會較為緩慢。因此，味之素公司在國內外博覽會參展及得獎的訊息，藉由廣告宣傳之後，還須借重當代具有名望的人士，以及飲食界、醫學界的專業、權威人士背書，才可使其產品具有公信力。

　　以圖 3-31 的味之素廣告而言，名家與味之素的標題，即呈現味之素產品在各界知名人士的使用下，其評價都是相當優良的。此項廣告先對味素的成分及製法做了初步的說明，再者，以日本政界具有聲望的大隈伯爵家中的調味料使用經驗，並透過家中御用的青山醫生，來推薦味素的好處。第二則與第三則都是醫學博士的推薦說明，首先，平山醫學博士指出，味素是一項優良的滋養品，每日食用對人體的營養有良好的幫助；而三浦醫學博士則分析，味素的成分中含有人體所需之蛋白質相關分解物，對於不喜歡食用肉類

〔註32〕　呂紹理，《展示臺灣：權力、空間與殖民統治的形象表述》（臺北市：麥田出版，2005），頁 88。

的病患，可將味素加入湯品或其喜歡之飲用品，來讓病患服用而得到營養。
第四則是以各地著名的醫院、學校的使用推薦，包括陸軍士官學校、各地陸
軍衛戍病院、東京帝國大學醫科大學病院、東京順天堂病院等聯名的推薦。
第五則與前幾則的推薦不同，其特殊之處在於著名寺院的推薦，因爲寺院的
飲食多半爲精進料理，其口味較爲清淡、營養豐富度不如葷食，所以在精進
料理中加入味素，可提升美味及營養，這則廣告聯名推薦的寺廟有：京都東
西兩本願寺、高野山御本山金剛峰寺、淨土宗御本山增土寺等其他著名寺廟。
然則，廣告中已有政界、醫界、教育界、宗教界的推薦之外，味素的食料品
地位，還需料理界的推崇才足夠完善，所以從廣告中可得知，東京精養軒等
各地一流的旅館料理店，多方使用味素這項產品。

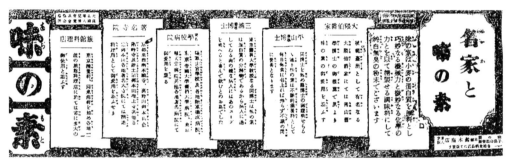

圖 3－31：味之素廣告（1916.3.12），《臺灣日日新報》，大正 5 年 3 月
　　　　 12 日。

　　而在西元 1922 年 7 月 25 日在《臺灣日日新報》所刊登的廣告上，一樣
以參與博覽會並受賞的訊息傳達給消費者，不過，此篇廣告雖然圍繞著參展
並受賞的主題，但簡單的設計當中，卻更加凸顯了味素這項產品的內涵，第
一要點是「味の素」的字樣，再加上家庭主婦圖樣商標之呈現，原料爲小麥
中的蛋白質。第二要點則是清楚提出美味、滋養、便利、經濟四大好處，這
是味素比其他傳統調味品更進步的地方。最引人注目的是整體廣告的藝術設
計，兩側有大範圍設計小麥彎曲之圖樣，此類型的設計爲新藝術〔註 33〕的風

────────────

〔註33〕　新藝術是盛行於十九世紀末到二十世紀初，一種造型及裝飾藝術的流行式
　　　　 樣。其根源美術工藝運動、拉斐爾前派、象徵主義，藝術家常以神話女神、
　　　　 女人、秀髮、動物、植物、水流、火焰、煙等樣式作爲創作題材，並帶有裝
　　　　 飾性、平面性、綜合性、象徵性、線性的風格樣貌。新藝術藉由展覽會的舉
　　　　 辦，使得各國擁有此項藝術思潮的學習機會，此藝術理念於短時間內橫掃歐
　　　　 洲、美洲，連北歐、蘇俄以及東方的日本也深受影響。蔡綺，《「新藝術」研
　　　　 究》（臺中市：捷太出版社，1997），頁 1。

格，重要的是，味之素也將新藝術風格，長期融入在商品的圖像當中，甚至於演變成味素的經典圖樣，透過這則廣告的設計藝術，我們可以了解日本在當時，關於食品科技的發達，以及廣告設計藝術的革新，都有著先進的思維，味之素雖然是一家日本的知名食料公司，但是在研發與創意上，都跟著西方的腳步邁進，甚至在當時的亞洲有領先的趨勢。

圖 3－32：味之素廣告（1922.7.25），《臺灣日日新報》，大正 11 年 7 月
　　　　　25 日。

　　緊接著於西元 1928 年 11 月 26 日，味之素公司刊登一篇參展京都博覽會的建築圖面，內容詳細介紹味之素公司於展覽會場中，因受到政府所頒發的榮譽獎項，而建造一座味之素的廣告塔，來衷心的祝賀這場盛會，並說明味之素塔的建築物高度一百三十五尺、探照燈六萬五千燭光、附設休憩場等簡介。事實上，此廣告的重點在於政商合作的情況，換句話說，日本政府對於味之素公司的整體發展相當重視，另一方面，味之素公司在展覽上所投注的心力與宣傳經費，在當時日本的業界來說是相當可觀的，由博覽會中的廣告設計規模，可探究出此公司的背景，更可以了解當局政府對此企業的重視度。

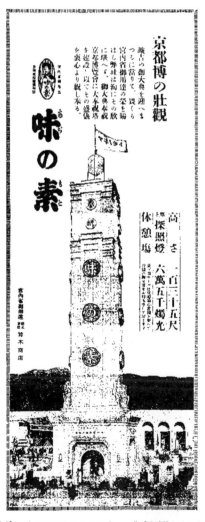

圖 3－33：味之素廣告（1928.11.16），《臺灣日日新報》，昭和 3 年 11
　　　　月 16 日。

（二）味素促銷活動的舉辦

在此小節所呈現的味之素廣告，其廣告宣傳方向都建立在文化、回饋、異業合作的行銷模式。所謂文化的推銷，是著重在節日的贈與習俗，尤其是日本習慣將商品，在特別的節日作相關促銷，並將商品組合成禮物箱盒的形式，並在外觀上裝飾華麗的樣貌，來吸引消費者購買並贈與他人；再者，回饋是各家廠商最常使用的一項促銷方式。回顧味之素廣告的種類，回饋及促銷的設計方案，經常以異業合作的行銷方式，來相互配合並達到雙贏的目的，所謂異業合作指的是，一項商品舉辦促銷活動的同時，附贈與此商品類型相異的產品，但這相異的兩項產品可以相互搭配，原因在於商人的行銷目標有其共通點，下方的味之素廣告就可了解當時行銷策略的技巧。由此可見，當時日本的行銷策略相當靈活，尤其日本品牌的互惠合作，可幫助彼此品牌的名聲更加響亮，進而相互提升產品銷售率。

而實際分析味之素的廣告類型，可發現有種類型是年末、年首或中元的促銷廣告，或者其他節日的宣傳廣告，這種重視節日進而促銷的廣告上，其實是深受日本民族的送禮文化影響，這三項日本民族因素包括：人與神共食之理念、禮尚往來之觀念、家庭觀念之重視。首先，日本的送禮文化源頭，在日本民俗學者柳田國男的研究中，其送禮之意義在表達人和神共食的理念，日本古代傳統的祭祀物品主要以糯米餅、穀物、酒水等食品，透過祭祀儀式來使神享用這些食物，在祭祀結束之後，人們會把這些物品分送給親朋好友，進而達到人神共享的境界，這就是日本送禮文化的開端〔註34〕。

次者，禮尚往來則是體現於日本民族根深柢固的觀念，一直以來，日本民族灌輸的是一種「受人恩惠必須報答」的觀念〔註35〕，所以對於禮物的來往習慣相當重視；而在商人與日本的義理觀兩者上而言，贈與的行為不但是商人獲利的機會，更滿足了日本禮尚往來的心意，也造就了日本在重要節慶上，對商品餽贈方面的行銷，及附加包裝上的推陳出新。以圖 3－34 的味之素廣告，其所宣傳的是年末年首的禮物贈與選擇，文宣中強調「最進步的」、「日本、法國專賣特許」，此外，對於年末年首的贈答方案，推出四罐、六罐禮盒箱裝服務，全國的食料品店、乾物店、藥店均有販售，類似年末年首這

〔註34〕　魏來，〈淺析日本民族的送禮文化〉《湖北函授大學學報》（第二十七卷第 16 期，湖北省武漢市：湖北開放職業學院，2014），頁 183。

〔註35〕　姜麗，〈試論日本民族的送禮習俗〉《懷化學院學報》（第二十八卷第 1 期，湖南省懷化市：懷化學院，2009），頁 12。

類型的廣告相當常見，可見得日本對於年末年首的重視程度，同時，也讓臺灣人民對於年末年首的商品行銷，有了更多元的選擇。

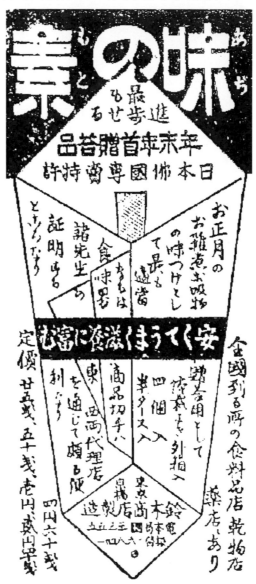

圖 3－34：味之素廣告（1909.12.15），《臺灣日日新報》，明治 42 年 12
月 15 日。

　　而前文提及日本民族所擁有的觀念，包括人與神共食之理念、禮尚往來之觀念，而第三點家庭觀念之重視，在味之素的廣告當中也能一窺究竟。日本的家庭觀念變化最劇之時期可追溯至明治維新，在日本明治維新之前，當

地絕大多數家庭都是一個經濟生產單位，家中的男性與女性須共同承擔生產之事務；直到日本明治維新時期，當地許多改革者所推行的工業化與都市化，使得越來越多日本人的生活型態改變，最大變化就是人們的工作地與居住地不同，在家庭型態的改變之下，「主婦」一詞的興起逐漸成為一個家庭型態的重要角色，更重要的是當時日本人對於「主婦」的觀點，是期望能聰慧勤儉的打理家務，還要善於理財並操持家中三餐〔註36〕。以味之素的品牌理念而言，商標之圖像為一位穿著白色圍裙的主婦，從主婦角色所延伸的觀念，可推敲家庭內各項用品的購買與決策權，大多以主婦做最終決定，就連日本送禮的文化觀點上，不僅偏重於家庭觀念，甚至於送禮也被推估是整個家庭決策的贈與行為〔註37〕。因此，味之素的行銷方案必須以家庭需要品為出發點或組合贈送品，另外，以日本的送禮習慣而言，日常用品較適合大眾的喜好，銷售層面上也較容易。

但是，味之素一開始在臺灣的行銷目標，是以在臺灣的旅館、餐廳、料理店為主，以圖3－35的味之素廣告而言，是著重味之素的特大罐味素來做促銷活動，原則上用量較多的餐飲業者較易購買，不過，從味之素的產品——味素在臺灣開始販賣之後，火紅的程度讓味之素公司相當重視，因為味素在臺灣的行銷情況，出乎味之素公司的意料之外。然而，在臺灣日治時期，味素不只在臺灣餐飲業界熱銷，還影響臺灣許多家庭的調味品購買情況，這樣的銷售情形也影響了味之素公司的行銷方案，所以從西元1926年之後，除了對大罐裝的味素做促銷之外，連帶小罐裝味素也開始做促銷方案，以回饋更多消費者；也因注意到味素在臺灣銷售得如此之好，西元1914年味之素公司開始積極地往中國行銷〔註38〕，並於西元1914年起開始於上海的《申報》刊登廣告。

關於味之素的廣告促銷內容，在圖3－35的味之素廣告中，可以了解到其購買味素所附贈的獎品，大多都是家庭必需品，在廣告文宣中敘述其獎品的內容，包含普通獎品是一盒兩入的香皂總共七萬兩千盒；關於香皂的贈送，有其兩種特殊的時代背景，一項是日本當局政府對臺灣人民，施行有關衛生

〔註36〕　Cwiertka, Katarzyna J.著、陳玉箴譯，《飲食、權力與國族認同：當代日本料理的形成》（新北市：韋伯文化，2009），頁108～109。
〔註37〕　劉雅君，〈從送禮看中日美文化差異〉《文化學刊》（第4期，遼寧省瀋陽市：遼寧社會科學院，2013），頁124。
〔註38〕　陳柔縉，《廣告表示：＿＿＿＿。：老牌子・時髦貨・推銷術，從日本時代廣告看見臺灣的摩登生活》（臺北市：麥田出版，2015），頁160。

清潔相關的教育觀念〔註39〕，另一項則是在臺灣西元 1920 年代開始，衛生清潔相關的商品廣告蓬勃發展〔註40〕。衛生教育與衛生清潔商品之廣告行銷這兩者，在日本當局政府的計劃之下，不但漸漸改變了臺灣人民的衛生習慣，同時也提升了日本品牌在衛生清潔商品的銷售量，就連日本商品的促銷活動，也跟隨著時代變遷與教育方向而有所變動。次者，在圖 3－35 的味之素廣告提出特別獎品為：白金殼手錶五十個、金殼手錶一百個、坐鐘一千五百個，以手錶及時鐘作為獎品的策劃，筆者推估，這應該與日本當局政府在臺灣推行的時間觀念及教育有關。

　　起初，日本於西元 1920 年 7 月 4 日，在東京御茶水教育博物館舉辦「時鐘展覽會」，目的是教育人們守時惜時的重要性；而這項重要的活動也傳入臺灣，所以從西元 1921 年起，臺灣開始推行「時的紀念日」〔註41〕，並於 6 月 10 日前後在臺灣各地，舉辦許多宣傳時間觀念的活動。再者，日本當局政府對臺灣的教育上，尤其於時間觀念的形塑相當重視，最重要的是，在臺灣推行「認識機械時間」的學習活動〔註42〕，並將學校的課程安排許多關於時間的教學與分配，這不只是教導學生了解新式的時間概念，更教育了臺灣的學生對於時間的分配與守時的理念。另外，對於臺灣的交通建設上，也包含了時間概念的影響，在鐵路交通準點的計畫上，由於交通建設的發達，使得行車密度提高的情況下，時間的調度與分配對交通運輸上更為重要，這也導致人們越趨依賴機械式的鐘錶〔註43〕。

　　除此之外，關於臺灣產業方面，在日本宣導的時間觀念之下，對工作時間的安排越來越要求及重視，同時與勞工權益有關的聯盟在此時成立不少，目的是為了幫助勞工爭取更理想的工作制度〔註44〕。而參看圖 3－35 的味之

〔註39〕　沈佳姍，《二十世紀前半葉臺灣漢人之清潔生活──以身體清潔為主──》（國立臺北大學民俗藝術研究所碩士論文，2007），頁 12。
〔註40〕　呂紹理，《展示臺灣：權力、空間與殖民統治的形象表述》（臺北市：麥田出版，2005），頁 326～327。
〔註41〕　呂紹理，《水螺響起：日治時期台灣社會的生活作息》（臺北市：遠流出版，1998），頁 64。
〔註42〕　呂紹理，《水螺響起：日治時期台灣社會的生活作息》（臺北市：遠流出版，1998），頁 74。
〔註43〕　呂紹理，《水螺響起：日治時期台灣社會的生活作息》（臺北市：遠流出版，1998），頁 97。
〔註44〕　呂紹理，《水螺響起：日治時期台灣社會的生活作息》（臺北市：遠流出版，1998），頁 126～129。

素促銷廣告，將了解的是此廣告是以味素特大罐為促銷商品，而特大罐主要的買方大多為旅館、料理店等用量較大的店家，而贈品的項目為香皂或時鐘、腕表，這或許可說明味之素企業配合日本政府的政策，就連時間教育上，也與促銷內容作整體的企劃，運用時鐘與腕表來成為獎品，可藉此推廣時間理念，並可使餐飲業界在時間概念上，藉由獲得時鐘或腕錶等相關機械式工具，進而提升餐飲與人員的服務品質。另一項要點，在於中國與臺灣的贈禮習俗上，關於鐘錶的贈與是相當忌諱，因送鐘與送終同音的關係，但日本並無此習俗，再加上推行時間觀念的政策，因此我們可以看出，日本推行政策的優先性，有時還是會凌駕在被殖民地的民俗之上，以貫徹其治理國政的理念。

　　所以，從味之素的促銷廣告可了解，當時臺灣整體的衛生觀念，以及時間觀念的影響，都可能是商品促銷的最大契機，再經由日本各大公司的促銷計劃，造就各項商品的高銷售率，從政府教育到整體社會的商業經濟，從廣告也可看出其變化。

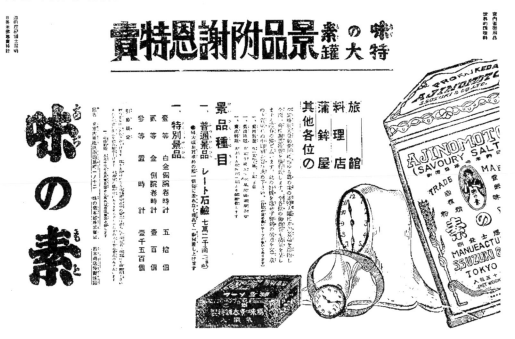

圖 3－35：味之素廣告（1926.4.10），《臺灣日日新報》，大正 15 年 4 月
　　　　　10 日。

　　而前文敘述日本商品經常使用異業合作的促銷型式，在圖 3－36 的レート固煉白粉廣告可以了解其促銷的內容，在廣告內容中強調固煉白粉的品質

優良，無鉛且妝感具有美麗的光澤等宣傳語，而購買レート固煉白粉即贈送味之素特製瓶。從圖 3－36 的レート固煉白粉廣告上，我們除了看到日本企業的異業合作之外，更重要的是，從廣告中可看到日本在臺灣日治時期，食品科學與化妝品研發的進步。首先，圖 3－36 的レート固煉白粉廣告上，註明レート品牌是無鉛白粉的權威，事實上，白粉在臺灣清代晚期就已有少數商家製作，直到日治時期，大量的日本時尚美妝訊息傳入臺灣之後，臺灣婦女開始跟隨日本彩妝潮流，使得臺灣本地的白粉產業更加發達，但是早期的白粉，爲了更加服貼於臉上，白粉內會添加含鉛的成分，但在當時就已研究發現，含鉛的化妝品對人體的健康有害，所以臺灣本地的白粉商家，對無鉛的白粉也相當努力的研發，依據新竹白粉商家劉金源先生於西元 1930 年，在《台灣民報》所發表的文章內容顯示，在大正十四年（1925）的白粉製作過程，透過中央研究所的田崎技師研究，證明新竹白粉已無鉛，如此結果也造成了新竹白粉的銷售逐漸提高〔註 45〕。

而回到日本化妝產業方面，依據學者青木隆浩的研究，レート品牌的彩妝品歷程上，早在明治四十三年（1910），就已研發出無鉛的煉白粉、水白粉、粉白粉〔註 46〕，雖然無法全然表示レート品牌是否爲最早研發無鉛彩妝的業者，但以日本彩妝史的時間分析上，レート品牌已算是較早期無鉛白粉的製造者，由此可見，日本在當代彩妝業界的先進與多元。

其次，圖 3－36 的レート固煉白粉廣告中，還註明味之素品牌是調味料的權威，以鮮味的歷史沿革而言，味之素的確是一間研發鮮味調味品的重要公司，將鮮味從一種味覺形容詞，發展成一項重要的實體鮮味調味料，以食料界發展歷程而言，味之素的產品——味素可說是鮮味調理的一大創舉；此外，レート固煉白粉與味之素的行銷搭配，是以主要消費群爲考量，固煉白粉是以女性爲主要客群，而在臺灣日治時期的家庭型態而言，大多以家庭主婦負責三餐，所以固煉白粉與味素兩者的組合行銷，可說是爲婦女兼顧了時尚與烹飪，類似此類的行銷策略，不只是讓日本品牌的商品銷售量增加，更是呈現了日本企業對於行銷計劃的縝密與多元、先進。

〔註 45〕　林怡貞，《台灣白粉製造業興衰史——以新竹地區爲例》（淡江大學歷史學系碩士論文，2003），頁 124～125。

〔註 46〕　青木隆浩，〈近現代の日本における 美容觀の伝統と変容〉《國立歷史民俗博物館研究報告》（第 197 集，千葉縣佐倉市：國立歷史民俗博物館，2016），頁 327。

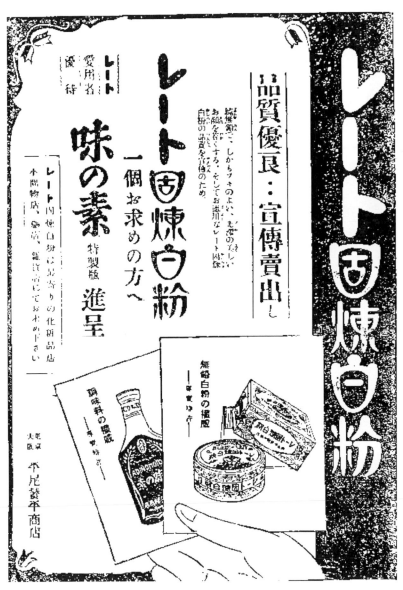

圖 3－36：レート固煉白粉廣告（1926.5.23），《臺灣日日新報》，大正
　　　　　15 年 5 月 23 日。

　　另一種組合行銷模式爲圖 3－37 的ヒゲタ醬油廣告，此種類型的組合是
屬於調味料系列商品，透過行銷企劃來對消費者做促銷，事實上，這項廣告
除了是日本調味料企業的合作行銷之外，更進一步的是，日本企業透過這樣
的行銷，來灌輸臺灣民眾烹飪方式的新組合──醬油搭配味素。首先，筆者
與臺灣味之素股份有限公司的訪談中，了解到味之素公司早在明治時期，開

始推廣宣傳味素爲醬油界原料大福音，由此推論，日本當地於明治時期的醬油釀造所，可能已有味素加入醬油的製作方式。

　　次者，筆者搜尋日治時期，關於味之素在臺灣刊登的食譜當中，最早於西元 1927 年所刊登的正月料理調理法，內文即有傳授三杯醋的製法，其成分包含：醬油兩勺、米醋三勺、味醂兩勺、砂糖大匙兩杯位、味之素少量〔註47〕，日本透過食譜教學、調味料廣告行銷，使得醬油與味素的組合調味方式，越來越頻繁地出現在臺灣人民的生活中。所以，在圖 3－37 的ヒゲタ醬油廣告上，首要了解的是日本調味料企業的合作行銷之外，背後所帶入的是日本慣用的調味方法；而日本在臺所刊登之食譜教學，以及報章雜誌的調味料商品行銷，雙管齊下的方式，使得臺灣人民逐漸的學習，並習慣醬油與味素的加乘調味方式。

圖 3－37：ヒゲタ醬油廣告（1930.5.19），《臺灣日日新報》，昭和 5 年 5
　　　　月 19 日。

〔註47〕　森川西鶴，〈正月のお料理調理法に就て〉《臺灣鐵道》（臺灣：臺灣鐵道會，1927），頁 85。

第三節　味之素於中國及臺灣之廣告互用沿革

　　探究起味之素在《臺灣日日新報》所刊登的漢文版廣告，可從中了解到文宣設計上，所富含的文化背景、語言意涵、圖像繪畫等，大多比味之素日本版廣告複雜，這體現的是一種廣告行銷的多方面向，廣告之訊息傳達清楚，在語言及文化不同的地方更是重要；但另一方面，廣告內涵所傳遞之殖民色彩，亦或是親近當地文化的行銷策略，這兩者之間的複雜與矛盾關係，在味之素所刊登的漢文版廣告，都可體現這種特殊的行銷方式。在此章節所要呈現的，是日本味之素企業將新式調味品——味素，行銷日本、臺灣、中國三地的同時，如何考察這三地的飲食文化方面，並與其行銷方式的配合，而造就一次次的銷售佳績。次者，透過味之素的漢文版廣告，除了行銷方案的設計，我們還能從相關設計內涵，而論述當代歷史背景，經由漢文版廣告所傳達的特殊意義。

一、日本對臺灣、中國飲食文化變革之考察

　　回顧臺灣、中國、日本三地之歷史，實際上是有其傳承、變革的微妙關係。先以中國與日本兩國歷史為例，中國與日本的往來起源相當早，而後日本甚至派遣使臣、學生、僧侶前往中國進行多項文化的交流，因此，日本學者鶴間和幸對於日本的文化形塑作了相關的說明：

> 日本一直不斷地從中國接收許多文明與文化。從稻作、青銅器開始，一直到漢字、儒家思想、律令（法律）、佛教（中國佛教），因此才建構出了日本古代的律令制國家，而這也是今天日本的國家雛形。
> [註48]

當然，日本早先從中國接收的各項文化當中，飲食的部分也是有其影響性的，就如醬油這項調味品，就是經由中日的文化交流下，再透過各地不斷的研發與改善，而造就今日醬油這項調味品的多樣化。另一方面，中國與臺灣的文化交流也是相當頻繁，早在明清時期，中國大陸的沿海居民紛紛渡海來臺，甚至到臺灣清治時期，閩、粵兩省移民來臺的人數更多，可想而知，臺灣在飲食文化的部分，受到中國飲食文化的影響相當大，在連雅堂先生所著之《臺灣通史》有云：

〔註48〕　尾形勇等著，陳柏傑譯，《日本人眼中的中國：過去與現在》（新北市新店區：臺灣商務印書館，2017），頁121。

> 臺灣之饌與閩粵同。沿海富魚蝦，而近山多麋鹿，故人皆食肉。饌
> 之次者爲魚翅、爲鴿旦，皆土產也。盛宴之時，必燒小豚。而粵莊
> 則殺貓，以其首饗貴客。閩粵之中各有佳肴，唯嗜之不同爾。〔註49〕

這段文字敘述或許可以證實臺灣與中國，在飲食文化上的相似之處相當多。
以臺灣日治時期之前的飲食文化發展而言，要精確區分臺灣與中國在飲食內
容的差異性，事實上是相當不易的事，中國的飲食文化在不同的時間與朝代，
先後分別傳入了日本與臺灣，但觀察臺灣與日本在飲食文化上的變革而言，
我們會發現日本的變化與內容上，比臺灣的差異性還要明顯。

臺灣在飲食內容上，比日本還要更接近中國的飲食內容之原因，在於環
境因素與歷史際遇的影響；在環境因素中，日本的環境因氣溫普遍較低，在
稻作發展歷程上，與臺灣的農產收穫量差異性較大，而海洋資源上，日本與
臺灣的漁獲等相關漁業產品，在種類與應用方式上也有著許多不同之處；次
者，在日本的歷史際遇上，經過明治維新的洗禮之下，日本西化的政策推動，
使得日本的飲食文化特色，與中國的飲食內容差異性更加的明顯，而反觀臺
灣的歷史際遇，雖然曾歷經荷蘭人與西班牙人的短暫統治，但在飲食文化的
變革上，不如日本西化的徹底，所以在日本與臺灣的飲食內涵上，兩者與中
國飲食文化的不同之處，或許可從這些因素來加以探究之。

然而，回顧臺灣日治時期的飲食內容，我們可以在報章雜誌上，觀察到
許多關於臺灣料理、支那（中國）料理的相關名詞，仔細研讀其內容，有許
多言論是講述臺灣料理與支那（中國）料理的不同之處，實際上，臺灣料理
與支那（中國）料理的確有不同之處。首先，臺灣料理與支那（中國）料理
的不同之處，其實是在水果的運用方式上，因爲臺灣氣候之原因，使得水果
產量與種類比中國大陸還要發達，也就造就了臺灣以水果入菜的料理習慣，
在中國大陸的飲食習慣而言，水果加入菜餚之中的烹飪方式可說較爲少見；
其次，則是運用辛香料的習慣，例如：香菜、九層塔等一些辛香料，在中國
大陸的烹調技法上並不多見，但是在臺灣的菜餚調理上卻較爲常見；值得重
視的部分，在於臺灣日治時期對臺灣料理的區分，部分存在於一種階級的視
野觀點，就是將臺灣料理解釋成臺灣的宴席菜色，此種區分的方式在於，菜
色的樣式及繁複程度，可與中國大陸的菜色做出區別，但這樣的區分僅限於

〔註49〕 （清），《臺灣通史》（《臺灣文獻叢刊》第 128 種，臺北：臺灣銀行經濟研究室，
1957），卷二十三，頁 606。

上層人士的飲食特色上，無法有效呈現出臺灣普遍的飲食樣貌〔註 50〕，換句話說，此種觀點爲臺灣料理是少數臺灣上層人士所食用的菜色，並不適用於臺灣普遍人民的飲食內容。

　　再者，透過日本的民俗學者所撰寫的臺灣飲食文獻，其田野調查的角度與區分而言，的確有些料理定義特殊的部分，就如片岡巖所著《臺灣風俗誌》對臺灣的飲食文化上，所使用的區分方式，可以了解臺灣料理在日本人的理解上，是有其特殊性及階級性的，學者片岡巖將關於臺灣飲食內容的部分，區分爲「臺灣人的食物」及「臺灣的宴席及其他」，其中，「臺灣人的食物」只有少數提及一些食材可作爲宴席的菜，而這些可作爲宴席的食材，人部分有幾項共通點，就是製作過程相當繁複，或是取得不易及數量稀少；另一部分爲「臺灣的宴席及其他」，內容當中介紹臺灣菜的種類，但是，探究其菜色命名和烹飪內容，則可了解臺灣料理與中國料理的內容上，不但類型相近而且牽涉到階級的飲食習慣，探究之下，日本人可能是在階級劃分之下，加重了臺灣料埋與中國料理在內涵上的差異性。從日治時期的民俗學者考究上，雖忠實呈現臺灣人民各方面的飲食習慣及樣貌，但對臺灣料理的定義上，卻隱約透露著文化的優越感，並將臺灣與中國的文化內涵差異性拉大，這無論對日本當局政府，亦或是日本的企業而言，在政策的推動上與商業貿易往來的策略上，是有絕對的幫助與長遠的考量。

　　但除了日本民俗學者的研究之外，統整臺灣日治時期所刊登在報章雜誌上的臺灣料理教學，我們會發現臺灣料理的取名及內容上，似乎有其定義上混亂的情況，雖然，許多報章雜誌也教導一些簡便的臺灣家常菜色，但是部分與中國大陸的菜色內容差異性並不大，而且在食材的搭配上，還是較屬於中上層階級所食用的菜色。對於臺灣及中國料理的定義混淆上，筆者在此舉例《臺灣日日新報》的兩篇食譜教學提供探討，第一篇於西元 1929 年 11 月 22 日，在《臺灣日日新報》所刊登的〈家庭で出來る支那料理〉〔註 51〕，當中教導讀者「東坡肉」這道菜色及作法；而到西元 1934 年

〔註 50〕　陳玉箴，〈食物消費中的國家、階級與文化展演：日治與戰後初期的「臺灣菜」〉《臺灣史研究》（第十五卷第 3 期，台北市：中央研究院臺灣史研究所，2008），頁 161～162。
〔註 51〕　無具名，〈家庭で出來る支那料理〉，《臺灣日日新報》，昭和 4 年（1929）11 月 22 日。

7 月 14 日又於《臺灣日日新報》刊登〈おいしい臺灣料理　東坡方肉〉〔註52〕，並同樣教導讀者其作法。但這兩篇關於東坡肉的食譜內容，事實上都不完全算正統的內容，原因之一是在〈家庭で出來る支那料理〉此篇所教導的東坡肉，其調味料竟包含味素，除此之外，此篇專欄的其他料理教學也同樣都使用味素，這樣的食譜教學而言，是否具有日本企業的商品宣傳則不得而知，但重要的是，中國料理的內涵已經被日本的飲食科技介入；而〈おいしい臺灣料理　東坡方肉〉此篇的教學內容，則是將東坡方肉的調味料，撰寫爲加入少許五香，五香的確是臺灣料理常用的調味料，但東坡方肉這道菜餚原本使用的調味料，可能不會出現五香這款調味料，所以我們能察覺，支那（中國）料理與臺灣料理的命名定義，以及烹飪內容上，不但呈現混淆的情況，就連調味的內容也無法忠實呈現正統的做法，這其實是臺灣日治時期常見的部分飲食文化變革。

　　而回溯連雅堂先生所撰寫之《臺灣通史》，內容提出「臺灣之饌與閩粵同」，因此，我們先了解閩粵的菜系風格，再來探究日本對於臺灣和中國的飲食田野調查，與其日本關於飲食企業的行銷模式，有何特殊的合作關係。首先，閩菜在現代的名詞說法，又稱作爲福建菜系，由於位處沿海地區，閩人特別喜愛海鮮等相關菜餚；在口味上面，閩菜的口味偏淡、甜、酸，「淡」能使菜餚的鮮味特別突出，「甜」則具有提鮮的作用，「酸」則可去除海產中的腥味。另外，閩菜常用紅糟來爲菜色調味、著色，而福建菜系的詳細區分還可分爲福州、閩南、閩西三區地方菜色，以福州菜而言，口味偏重清鮮、甜酸、滋味較淡；閩南菜則是強調甜辣，多使用辣椒醬、沙茶醬等作調料；而閩西菜則較爲鹹辣〔註53〕。再者介紹粵菜部分，粵菜又稱之爲廣東菜系，在其烹飪的技法上也是相當多元，尤其對於海鮮滋味特別注重，因此特別愛用蠔油、魚露、蝦油等調味；粵菜也分爲三個體系，爲廣東菜、潮州菜、東江菜這三種型態的飲食，其中，以潮州菜而言，因潮州地理位置與福建接近，所以其潮州菜系與閩菜的風格較接近，例如潮州菜與閩菜都善於烹飪海鮮。〔註54〕

〔註52〕　無具名，〈おいしい臺灣料理　東坡方肉〉，《臺灣日日新報》，昭和 9 年（1934）7 月 14 日。
〔註53〕　王學泰，《中國人的飲食世界》（上海：上海遠東出版社，2012），頁 106～108。
〔註54〕　王學泰，《中國人的飲食世界》（上海：上海遠東出版社，2012），頁 109～110。

　　對於中國與臺灣的飲食特色上，以臺灣日治時期的日本當局政府，及臺、日兩地的民俗學者，經過長時間的考察，以及不斷在報章雜誌上刊登各地的所見所聞，我們可以了解日本對於臺灣與中國的飲食內容，有一定的史料等資訊掌握，無論是確切的統計數據，或是人文方面的田野調查，但以統治計畫的大方面而言，這些調查可幫助政府有效實施政策及控制當地人民，而從飲食文化上的考究，則是一種柔性的殖民手段，以日本對臺灣飲食文化上的了解，與中國料理的相似程度，相信日本政府也具有一定程度的了解，但是，日本殖民臺灣的精神在於，能將臺灣與中國的文明程度差距拉大，使得臺灣更容易臣服於日本的統治，甚至更符合日本所謂的先進、文明的理想，所以將「臺灣料理」這項名詞呈現出來，並在許多日本軍官的宴會報導上出現，實際上是有其日本歷史際遇的影響。

　　在西元 1854 年，日本在西方的軍事武力威嚇之下，允許九艘美國船艦停靠東京灣，而後 1858 年，日本幕府被迫與五國（美國、英國、法國、荷蘭、俄羅斯）簽下不平等條約，而這些條約內容又擴大適用於其他歐洲國家，致使日本淪為半殖民地，這也進而使日本於西元 1868 年開始明治維新的政策。除了日本經歷這巨大的翻轉，中國大陸也受到了國際局勢的影響，在西元 1839 年發生的鴉片戰爭，讓許多日本人民意識到中國大陸已不再是亞洲的領導者，西方列強以先進的軍事技術等，強勢在全球展開擴張的行動，日本當時認為，因西方列強的軍事科技等各方面突飛猛進，所以若執行全面西化的相關政策，對於日本在國際間的地位將有提升的可能，為了實現此目標，以「文明開化」（civilization and enlightenment）為名，執行一項極具企圖心的根本改革計畫，其中，西式餐飲的文化引進，就是文明開化重要的一部份。〔註55〕

　　首先，日本透過多次與西方的社交場合，學習西方的餐飲禮節等相關事項，並且重視西方人給予的許多意見，再者，日本的思想家、教育家福澤諭吉，在西元 1867 年與片山淳之助合著《西洋衣食住》，此本著作詳細地介紹有關西方的風俗、禮節以及穿衣方式，並對西方的用餐方式作逐一地解說。一開始日本將上層社會分為西方場域（洋食）和日本場域（和食），但西方場域與日本的官方場合緊密連結之下，使得日本逐漸對於西式及日式的區分不

〔註55〕　Cwiertka, Katarzyna J.著、陳玉箴譯，《飲食、權力與國族認同：當代日本料理的形成》（新北市：韋伯文化，2006），頁 16～17。

再那麼清楚。〔註56〕因為日本這樣的飲食文化背景，使得日本殖民臺灣之後，要將臺灣料理作出特別的樣貌，需要沿著日本飲食文化變革的成果，來套用在臺灣飲食發展的方向，所以，在日本民俗學者對臺灣宴席菜的介紹上，大部分會優先闡述宴席上的禮儀、風俗民情，再來探討臺灣菜的樣貌與做法；在另一方面，臺灣人的食物能否全部稱之為臺灣料理？事實上，這存在於國家優越感等特殊觀念，以日本民俗學者片岡巖在《臺灣風俗誌》中，對臺灣飲食的部分區分成兩大章節，其中一章節是臺灣人的食物，另一章節則是臺灣的宴席及其他，仔細了解關於臺灣人的食物內容敘述，再對照臺灣的宴席菜色，其差異性主要分為幾點：第一是食材的保存難易程度作區分，第二是食材價格上的區分，第三是食用人士的階級區分。

關於食材的保存方面，臺灣在日治時期的冷藏、保鮮技術還並不發達，所以在臺灣普遍人民的飲食保存方法，是以醃製、風乾為主要保存食物的方式，但除了肉類、海鮮類製成的高級乾貨，其他醃製或風乾所採用的食材，大部分是屬於盛產的、便宜的食材，例如甘藷簽、醬菜類，高檔餐廳的宴席菜所使用的食材，較常使用高級乾貨來製作菜餚，醃製物在宴席菜較屬於配角，與一般人民食用的方式不同；在食材價格的區分而言，高檔餐廳的宴席菜類型，幾乎每道菜餚都包含家畜、家禽、海鮮類，這些動物性的食材，對日治時期臺灣的一般人民，是屬於昂貴的食材，若不是逢年過節、客人來訪等機會，動物性的食材是不常出現在一般臺灣人民的餐桌上；重要的是，常與臺灣宴席菜接觸的人士，大部分都為臺灣的仕紳及日本人，臺灣宴席菜價較為昂貴，並不是大眾可以消費的菜色，而上述這些原因，可能使得日本企業在臺灣的行銷方式做了相關改變。

日本政府或企業雖然經過許多市場調查，然實際上或許對臺灣料理與中國料理的差異性，無法相當精確的掌握要點，又或者是為了日本殖民的優越感，想方設法地去強調臺灣料理的內容，與中國料理的內容有多大的不同，當然，閩粵移民來臺的歷史已久，閩粵的菜色移至臺灣之後，依據臺灣的氣候與物產等環境因素，可能會影響閩粵菜色的傳統做法，但無法割捨掉一些流傳已久的飲食習慣，或是烹飪的傳統方式，也就是說，中國料理與臺灣料理並不是全然的不同。然則，臺灣與中國料理的差異性，此項所帶出的模糊

〔註56〕 Cwiertka, Katarzyna J.著、陳玉箴譯，《飲食、權力與國族認同：當代日本料理的形成》（新北市：韋伯文化，2006），頁 18～20。

地帶，卻是日本企業能在中國大陸，順利推行日本產品的一項成功契機，以臺灣作爲市場的試驗區域，以及模範行銷的場域，能給予日本更精確的成果，事實上，臺灣與中國的風俗民情有許多部份還是相當接近，若能成功在臺灣推行相當新穎的商品，依照當時的情況推論，行銷至中國應該也能相當順利；味之素集團能在西方國家推行味素這項商品，並取得多個國家的專賣許可，絕大部分是因爲參與萬國博覽會，再加上產品獲得金牌的殊榮，才能順利在西方國家行銷味素這項產品，但臺灣與中國的行銷策略，實則離不開文化風俗的相關性，所以日本在全世界行銷味精這項產品，其企圖心相當強大，但在行銷的策略上而言，還是受到世界局勢及各地民俗風情的影響，在當時能將產品推行許多國家，非但相當不易，還須對國情內容做詳細的考量。

　　日本對於臺灣的行銷方式，是由於殖民的關係，希望能拉近與日本之間的文化差距，以味之素的廣告爲例，在《臺灣日日新報》的日文版廣告，絕大部分是從日本原版廣告，直接移轉至臺灣的報紙上刊登；但味之素在中國刊登廣告，卻有部分是依中國的風俗文化，搭配味之素要行銷的理念文宣，來做整體的廣告設計，之後再將刊登在中國的味之素廣告，移轉至《臺灣日日新報》的漢文版篇章，來做相關飲食文化及味素的宣傳方式。在學者蠟山政道所撰寫的〈日本與支那〉，關於日本對中國觀點的變化有一詳盡的敘述：

> 從上古時代開始到幕府時代爲止，對於日本而言，中國大體上都算是一個具備文明制度的先進國家，不過在甲午戰爭過後，這文化上的存在感便消失了；對於企業家來說，中國變成只是一個單純的經濟市場，而對於政治家以及軍人來說，中國變成只是一個外交、戰略上的地理區域而已。〔註57〕

此段文句，在在顯示了日本對於中國觀點的改變，而在日本企業推行的廣告當中，也能體認出這樣的氛圍，在味之素的漢文版廣告內容當中，日本的文化風俗成分還是有之，但內容卻添加了部分的中國文化元素，在下一章節，本研究將會呈現味之素漢文版的廣告內容，並且解說日本將自身的文化，藉由廣告推行至中國之時，同樣的在廣告內文中，也能隱約的感受到日本對於中國古代文化的推崇及引用。

〔註57〕　尾形勇等著，陳柏傑譯，《日本人眼中的中國：過去與現在》（新北市新店區：臺灣商務印書館，2017），頁345。

二、《臺灣日日新報》漢文版廣告──調味品的革命

　　從日本的近代飲食文化變革，以及臺灣受到移民歷史影響，各別所演變出的飲食特色，再到日本殖民臺灣的歷史背景，使得日本對於自身的料理演變與理念，灌輸在臺灣的料理文化上，並且影響日本飲食相關企業的行銷發展。以味之素企業對臺灣的行銷來說，即可發現在味之素的商標上，雖然是家庭主婦的圖樣，理論上而言應該視家庭主婦爲主要的消費族群，但實際上，以味之素在《臺灣日日新報》刊登的廣告，一開始並不完全是以家庭主婦爲主要客群。首先，味之素的廣告最初所宣傳的重點內容，大多是以味素的製程及內容，再加上味素加入菜餚會帶出何種效果；再者，以池田菊苗博士的研發爲號召，讓味素這款調味品的內涵更加提升；第三則是引進許多日本文化在味之素的廣告文宣中。在味之素漢文版的廣告中，我們除了可以了解日本在用字遣詞的意涵，以及將日本文化藉由廣告推廣，更可以從廣告文宣中，體認日本對中國文化的重視與當代的世界趨勢，來解析味之素在漢文廣告上，如何推行家庭調味，甚至蔓延至整個區域的調味文化。

（一）調理食物的優勢

　　味之素起先在《臺灣日日新報》刊登廣告，都是以日本爲主的內容，文化風格也是以日本爲主，然而，味之素廣告開始設計漢文版之後，其風格上不再只局限於日本文化，許多味之素的廣告內容，添加了許多中國的元素在內。味之素漢文版的廣告，於西元 1915 年 10 月 10 日，刊登在《臺灣日日新報》的漢文版面上，也就是圖 3-38 的味之素廣告，從此篇廣告內容來說，整體的風格有著中日文化交融的情況，廣告當中繪有一位穿著日本和服的婦女背影，並與前章節的味之素廣告一樣，說明池田菊苗博士的發明，以及榮獲日本、英國、美國、法國的專賣特許，此外，還運用許多詞句說明味素的效用及何處購買。

　　不過，這篇廣告的另一項特點在於，運用中國著名人物的特點，與味之素的產品做結合，內文提及「扁鵲得之　而技以神」、「易牙得之　而味以甘」兩項詞句，扁鵲是中國古代著名的醫生，與華陀、張仲景、李時珍和稱爲中國古代四大名醫，雖然近代許多研究中國歷史的學者，認爲扁鵲是一位傳說中的人物，但這不減扁鵲在中國歷史上，對於醫學發展的貢獻，所以味之素廣告中說到「扁鵲得之　而技以神」，則是說明若扁鵲得到味素這項調味品，

則其醫術將更加的神效，但味之素與醫學的關係為何？這就在於味之素當初研發的重點之一，就是為了改善人類營養攝取的問題，在味素當中富含有人體所需的蛋白質，加入菜餚中可幫助人類獲得養分，這是當時最先進的一項食品科技。另一方面，廣告中的「易牙得之　而味以甘」這句話，則是引用中國古代著名的廚師易牙，以其高超的廚藝技術來與味之素做配合，易牙是春秋戰國時代的名廚，不僅精通醫藥，還能完美的調製五味，因此在味之素廣告中的意涵上，可以了解若是易牙擁有味素，鮮美甘甜的滋味將能更輕鬆地掌握。

圖 3－38：味之素廣告（1915.10.10），《臺灣日日新報》，大正 4 年 10
　　　　　月 10 日。

　　接著，味之素公司在西元 1922 年 9 月 24 日，刊登於《臺灣日日新報》漢文版的廣告上，一樣可看出整體的設計風格，呈現的是中日文學交融的意涵，圖 3－39 的廣告中提出「日進月步」的標題，日進月步實際上是日本語文的翻譯，整句標題的中文意思是日新月異，雖然使用漢字表達，但詞句是以日本語文的方式作呈現。再者，廣告內容的繪畫上，爲一位先生拿著報紙閱讀上方文字，於報紙上方寫著「中華新報」、「星期日」的字樣，再加上廣告最上方寫著注音符號，這些表達的是中國方面的訊息，以「中華新報」而言，此爲西元 1912 年在上海創辦的報紙；而「星期日」的字樣，則是中國對一周每天的說法，與日本在星期的表達上完全不同，以「星期日」的說法而言，則爲漢語的說法，日文的說法爲「日曜日にちようび」；最重要的是，上方呈現注音符號的字樣，注音符號是中國在西元 1913 年，時任的國民政府教育部制定的「國語注音字母」，其整套字母原有三十九個符號，之後減爲三十七個，這三十七個符號爲：〔註58〕

　　　聲母：ㄅㄆㄇㄈ、ㄉㄊㄋㄌ、ㄍㄎㄏ、ㄐㄑㄒ、ㄓㄔㄕㄖ、ㄗㄘㄙ

　　　介母：ㄧㄨㄩ

　　　韻母：ㄚㄛㄜㄝ、ㄞㄟㄠㄡ、ㄢㄣㄤㄥ、ㄦ

而在圖 3－39 的味之素廣告中的注音符號拼法，我們會發現有些錯誤的部分，但無論如何，一個日本企業的廣告，會將中國發布的注音符號，放入廣告文案內，可想而知，日本企業可能也想藉由當地新創的拼音方式，來融入廣告內文，以更親近當地人民語言的喜好。所以此篇廣告，相當可能是從中國刊登過後的廣告，再來臺沿用之，除了日本的字義，中國當代的文字敘述也在廣告內容一一呈現，可說明味之素爲了在中國行銷順利，則需要將中國的元素加入廣告內容中，以貼近中國人民的生活。

〔註58〕　信世昌主編，《漢語標音的里程碑：注音符號百年的回顧與發展》（臺北市：五南出版，2014），頁 1～2。

圖 3－39：味之素廣告（1922.9.24），《臺灣日日新報》，大正 11 年 9 月
　　　　24 日。

　　在味之素宣傳其產品效益之同時，有一項重要的因素，緊緊的抓住了臺
灣與中國人民的心，使得味素在臺灣與中國熱銷多年，那就是圖 3－40 味之
素廣告所強調的「快」，這項要點的原因在於，臺灣與中國在傳統鮮味的料理
方式上，如前幾章節所提及，都需要相當長久的時間才能作呈現，例如：傳
統提鮮的食品醬菜，需要將蔬菜透過鹽漬、浸製，讓蔬菜與浸泡的汁液經過
化學反應，使醬菜呈現出特殊的甘甜、鮮美；另一項調味品——醬油，除去
醬油工業化與機械化的新式製法，無論中國、臺灣、日本的傳統製作方式，
都需要長時間的釀造與發酵，才能製作出甘美鮮甜的醬油；還有中國、臺灣、
日本經常使用的提鮮食材——乾貨或乾物，也是需經由鹽漬，並透過脫水、
風乾等相關製作，才能將食材的鮮味保持住，並有效保存而不至於腐壞。

　　總歸上述所有傳統的提鮮調味品及食品，都需花費長時間的製作才能完
成，但味素特殊的地方在於，已由工廠經過繁複科學的製作，消費者只要前
往藥店、乾貨店、雜貨店等商店，購買味素並隨時加入菜餚當中，各種菜色

烹調過程既省時，又不需耗費時間與人力來製作提鮮食材，更重要的是，不只調味簡便快速，製作出來的菜餚在口味的呈現，與傳統提鮮的烹飪方法相比並不遜色，這就是味素之所以在眾多調味品中勝出的關鍵之一。

圖 3－40：味之素廣告（1923.7.8），《臺灣日日新報》，大正 12 年 7 月 8
日。

　　關於節省的方面，味之素的廣告對於此觀點，可說是不易餘力的大肆宣傳，在圖 3－41 的味之素廣告當中，呈現之標題為「食不二味」，這句成語出

自《左傳》、《韓非子》這兩本著作，《左傳・哀公元年》：「昔闔廬食不二味，居不重席，室不崇壇，器不彤鏤，宮室不觀，舟車不飾，衣服財用，擇不取費。」《韓非子・外儲說左下》：「食不二味，坐不重席。」食不二味意思是指每餐的菜餚不需要二道的情況。從《左傳》、《韓非子》關於「食不二味」的文句中，我們可了解到其強調的是節省之意，然則，回顧臺灣、中國、日本在當代的經濟情況，貧窮或收入較低的情形較為普遍，因此人們對於節省的觀念相當重視，而味之素強力行銷的理念在於節省的方式，透過味素的加入，可使菜餚一樣美味，但無須花費過多的時間、金錢、人力，此節省的觀點也是味素在中國、臺灣熱賣的眾多因素之一。

圖 3–41：味之素廣告（1923.8.3），《臺灣日日新報》，大正 12 年 8 月 3
　　　　　日。

　　從前述幾項廣告，我們可以了解到味之素對於當地的歷史、文學、烹飪重點、經濟考量，都有著精闢的了解，藉由上述幾點與自家產品做結合，對於當地人民的說服力可說是相當強大，但更使消費者安心的是，這項由日本製造的產品——味素，其適用性廣闊與否？因此，味之素針對此點作出了圖3－42 的行銷廣告，這張廣告敘述的是味素可適用於各種的中式菜肴，內文將中式菜肴的名稱詳細的寫出，這張廣告無論是刊登在中國的報紙，亦或是臺灣的報紙，其內容的通用性相當的高。

　　更重要的是，其內文所呈現出來的菜色，不論在中國或臺灣，都屬於高級餐廳會推出的中式料理，這其中在於傳達兩點特色：第一點在於味之素具有信心，能使高檔菜色加入味素後，一樣呈現非常美味的感受，不輸給傳統長時間熬製的味道；第二點則是傳達給更多消費者，擁有味素來做烹調，無需上高檔餐廳，也能隨時擁有如高檔餐廳的好滋味，這對於許多消費者而言，是既經濟又實惠的方法，並且能獲得心靈與口腹最高的滿足感，味之素的宣傳方式，不只是產品的先進，對消費者的需求也有深入的剖析，才能創造銷售的佳績。

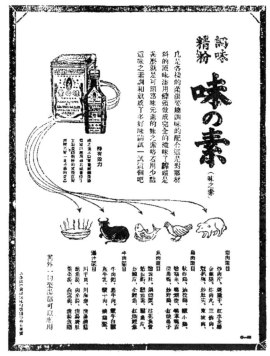

圖3－42：味之素廣告（1923.9.17），《臺灣日日新報》，大正12年9月17日。

　　味之素企業對於當地風俗的了解，從各項廣告文案中可明白其用心，在行銷地的育樂文化上，也可與味素行銷廣告做相關趣味的推銷，以圖 3－43 味之素廣告為例，其重點標題在「滑拳」，在日本民俗學者片岡巖的《臺灣風俗誌》裡面，就提及「臺灣的大人遊戲」一章，其中說明「喝拳」為閩南語猜拳的意思，「豁拳」是國語，「本拳」則為日語，從此處可了解，此篇廣告之標題不使用日本語言的版本，而是以國語版本為其標題呈現。

　　再者，民俗學者片岡巖又說明，滑拳多半是兩人在酒宴上的一項有趣的民俗遊戲〔註 59〕，所以這不只是清楚表達中國或臺灣人民所熟悉的大人遊戲，更是指出其發生的場域在酒宴上為多，所以人們在酒酣耳熱之際，會發展出相關民俗的遊戲，讓現場氣氛更加的歡樂，這或許是一種官場的文化，但另一種訊息則是，味之素公司在當地民俗文化上的研究，與其產品作文案的推銷，可使人民感到更加的貼切。

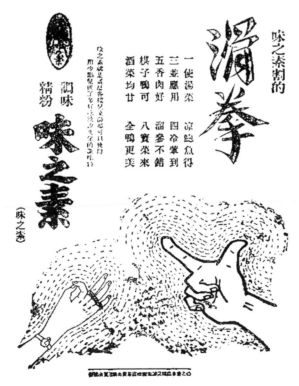

圖 3－43：味之素廣告（1924.9.11），《臺灣日日新報》，大正 13 年 9 月 11 日。

〔註 59〕　片岡巖著，陳金田譯，《臺灣風俗誌》（臺北市：大立出版社，1981），頁 309。

　　除了當地人民的民俗遊戲之外，以自身和行銷地區都熟悉的歷史故事，來與廣告行銷做結合，也是相當適合的一種方式，圖 3－44 的味之素廣告就是如此，以良將與味之素爲標題，引用三國志之其中一段歷史故事——袁術稱帝，來與味之素做有趣的連結，雖然，故事與新式調味品具有時代的差異性，然則，這故事的運用可以看出，味之素爲了打入中國及臺灣的市場，於是努力在中國與臺灣所熟知的歷史故事中，將其納入味素的行銷廣告中，可引人入勝並對味之素的推銷產生興趣。另一方面，日本對於三國歷史上的內容，應有深入的了解與剖析，才可在廣告文案中靈活運用。

圖 3－44：味之素廣告（1927.7.14），《臺灣日日新報》，昭和 2 年 7 月
　　　　　14 日。

　　然而，對於味之素的主要客群上，通常包含餐廳、旅館、一般民眾等，但以性別而言，家庭主婦的需求量是有逐年提升的趨勢，依照中國與臺灣的習慣，家庭的三餐或一切家務等各項事務，以家中女性負責的情況較多，因此，味之素的廣告題材上，以女性為中心的內容相當常見。以圖 3－45 標題為紅粉白粉的味之素廣告而言，就是以中國的俗諺「寶劍賣與烈士，紅粉贈與佳人」，來與味之素的廣告內文做配合，而這句俗諺最早出自於中國元代的雜劇，此句俗諺的意思在於將物品給予適合的人，但味之素在此則是運用另一種時代的思維，來說明白粉代替紅粉的贈與行為，白粉指的是味素的白色粉末樣貌，原本傳統的紅粉指的是女性的化妝品。然而，味之素集團所要表達的是新時代的贈禮選擇，選擇味素來代替化妝品贈與給女性，不但相當實用，也代表了一種先進的思維；由此可見，日本企業的廣告創意，可以結合當地俗諺等相關文化，說明日本在銷售的計畫上，相當深入當地的風俗民情。

圖 3－45：味之素廣告（1928.11.14），《臺灣日日新報》，昭和 3 年 11
　　　　　月 14 日。

　　以深入當地風俗民情來與廣告內容作結合，不但既有創意又貼近當地人民的生活，但新式調味品的誕生，有時也需要一些新時代的思維，在廣告中呈現與散布，這不只是提高促銷率的一種方式，同時也逐漸地改變了當地人民的飲食習慣。

　　圖 3-46 的味之素廣告，標題爲「好伴侶」的意涵，可謂創意與飲食思維的顛覆，當然，這或許與當地城市化的演變有關，事實上，味之素在當時宣傳一種飲食方法，就是建議大眾購買小瓶裝的味素，將之攜帶在身上或行李，在外用餐之時，可將味素加入菜餚當中，不用擔心在外用餐會食用到不美味的飯菜，透過這種新式的飲食習慣，進而傳達味素具有便利、美味的優勢；再者，因爲在日本、臺灣、中國等地都持續不斷地興建大眾交通，使得人類在地區的往來上更加便利，而人類移動的範圍也逐漸擴大，因此不如古早的生活，若不是大多數的時間都在家中，就是離家比較近的地方活動，而交通建設的興盛，使得人們在外的時間變多，無論是工作、旅行等事項，這樣的移動行爲產生了重大改變，連帶在飲食生活上，也不再侷限於家庭中的飯菜，很多時候人們需要應酬、外出，人類外食的機率也不斷增加，所以味之素在這樣的生活型態觀察之下，研發並傳遞了攜帶味素外出，並搭配外食的習慣，這在當時是相當新穎的飲食習慣。

圖 3-46：
味之素廣告（1934.5.18），
《臺灣日日新報》，昭和 9
年 5 月 18 日。

　　味素在許多廣告中，對其便利及美味的宣傳上不遺餘力，然則，如此特殊的調味品，它的珍貴性也在廣告上做了一些篇幅上的宣傳，以圖 3－47 的味之素廣告來說，其所呈現的是每個地區，都擁有特殊、珍稀的寶物，而在廣告當中提到中國的寶物，有周朝之鼎、唐代之畫，另一寶物則是調味精粉——味之素（味素），雖然這也是一種時空錯置的趣味行銷，但其意涵在於廣告將味素，與中國古代高貴的珍品相提並論，這不單只是藝術賞析的觀點，更是要襯托出味素的價值，是其他調味品所無法取代的，更重要的是，擁有味素等同擁有高級的飲食饗宴。

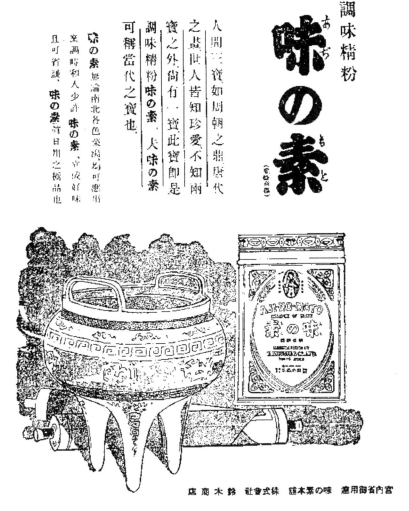

圖 3－47：味之素廣告（1935.3.8），《臺灣日日新報》，昭和 10 年 3 月 8 日。

　　回顧日本的飲食文化，從歷史的演變而言，有許多是經由中日的文化交流，來將彼此的事物傳遞至更多的地方，在飲食方面，中國文化帶給日本的不只是飲食風格，更重要的是民俗文化所帶來的美好寓意，以及古人智慧所傳達的養生思維，我們在圖 3－48 的味之素廣告上，可以剖析其標題「七寶羹」所隱含的悠久傳統。七寶羹的文化最早可以追溯中國魏晉南北朝的民俗節慶，在《荊楚歲時記》中有關於新年食俗的記載：

　　　　正月七日爲人日，以七種菜爲羹，翦綵爲人，或鏤金箔爲人，以貼
　　　　屏風，亦戴之以頭鬢，亦造華勝以相遺，登高賦詩。

　　　　按：董勛《問禮俗》曰：「正月一日爲雞，二日爲狗，三日爲羊，
　　　　四日爲豬，五日爲牛，六日爲馬，七日爲人，以陰晴占豐耗，正旦
　　　　畫雞於門，七日帖人於帳。」今一日不殺雞，二日不殺狗，三日不
　　　　殺羊，四日不殺豬，五日不殺牛，六日不殺馬，七日不行刑，亦此
　　　　義也。

上述所論「以七種菜爲羹」，意思爲正月七日這天名爲「人日」，要採集七種菜來做爲羹品食用，在中國食用七寶羹的習俗不僅歷史悠久，此項習俗在許多地方也有所記載，在臺灣、福州、泉州都有此相似的食俗記載〔註 60〕。而這項飲食習俗也傳入日本許久，日本在正月七日的早上，也有食用七草粥的習慣，以祈求一年的平安、健康之習俗，理論上而言，中國、臺灣、日本在食用七草粥的習俗上，原本的意涵相似性極高，只是以中日文化交流的發展而言，可解釋成日本的正月七日食用七草粥之習俗，是源自於中國節慶之民俗文化，但此習俗對日本而言屬於外來文化，於是經過長時間的演變之下，逐漸在日本各地產生了變化，或是與日本本土信仰結合，以至於今日的飲食習俗〔註61〕。

　　所以味之素以「七寶羹」爲標題，其中蘊含的不只是中國傳統的節慶習俗，同時也包含了日本受到中國文化之影響的情狀，而這樣的飲食習俗不但帶有文化精髓，更帶有人們期望平安、健康的心願。然則，七寶羹不但是一項傳統的節慶飲食，還包含了一項重要特點，也就是七寶羹是一道素食料理，

〔註60〕　楊昭景等著，《【醇釀的滋味】臺灣菜的百年變遷與風貌》（臺北市：墨刻出版，
　　　　2017），頁 44。
〔註61〕　葉漢鼇著，《日本民俗信仰藝能與中國文化》（臺北市：大新出版，2005），頁
　　　　36～41。

味之素集團對於清淡料理、素食料理也是相當重視，認為許多素食料理的味道較淡，有些人在食用上接受度較低，在此飲食習慣上並非指信仰方面，而是指品嚐之味道而言，針對清淡飲食如何讓更多人能接受其滋味？以味之素集團的宣傳模式上，是推薦各界在品嚐素食料理等清淡的菜餚時，加入味素可使清淡料理的味道更加美味，並修飾些許蔬菜的特殊味道，加上味素富含有人體所需之蛋白質，在美味與補充營養兩者兼顧而言，是相當新穎且優良的選擇，這就是味之素在飲食習俗與其產品宣傳的巧妙安排。

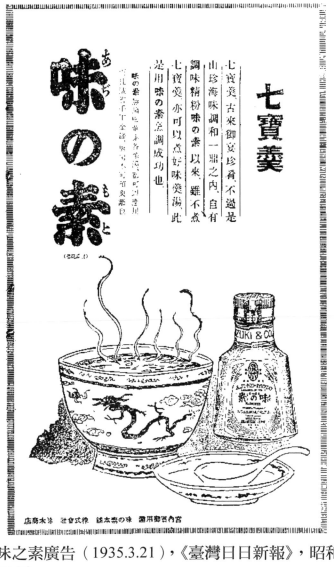

圖3－48：味之素廣告（1935.3.21），《臺灣日日新報》，昭和10年3月21日。

（二）滋補養生的調味品

在中國的飲食文化中，長壽、養生的思想一直不斷的傳遞，關於這幾項要點，味之素在行銷商品的時候，就已了解到其重要程度，當初在研發味素之時，其中一項關注的重點，在於池田菊苗博士對人類的營養攝取問題，所以味素的成分當中，含有人類所需的蛋白質，因此，無論味素行銷日本、臺灣、中國等地，味之素集團除了將新穎產品推銷至世界各地的強烈企圖心之外，對於味素能改善人類營養攝取不足的問題，或許能逐漸的解決，所以在圖 3－49 刊登於西元 1922 年 8 月 25 日的味之素廣告，有位身穿中國傳統衣裳的婦女，並在內文闡述了味素是一項保健的食品，加入飯菜當中可以幫助人體做良好的滋養，由此可知，味素這項調味品的功能強大，非傳統調味品能相提並論。

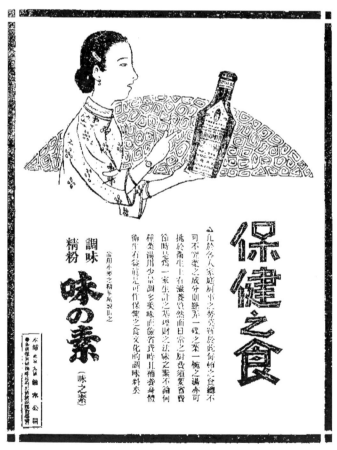

圖 3－49：味之素廣告（1922.8.25），《臺灣日日新報》，大正 11 年 8 月
25 日。

　　另一方面，中國在道德倫理上，強調百善孝為先的理念，關於「孝」的定義與做法相當多樣，然則，味之素公司針對中國注重的孝親理念上，也設計了一則標題為「孝養」的廣告，在圖 3－50 的廣告文案中，說明孝養並不困難，年老的人只想吃些美味的食物，使用味素可以讓年老的人享有鮮美的食物，進而實現孝養的理想，在此說明，擁有味素可以餐餐呈現美味菜色，既簡單又不費力的方法，在廣告中呈現給大眾。

圖 3－50：味之素廣告（1923.7.3），《臺灣日日新報》，大正 12 年 7 月 3
　　　　日。

　　前文提及味素加入菜餚，能使人體攝取所需的蛋白質，但更重要的是，因爲味素讓菜餚更加鮮美，進而提升用餐者的食慾，於昭和5年（1930）7月19日在《臺灣日日新報》所刊登的味之素廣告，立下「甘美之物能養體」的標語，其所強調的是使用味素之後，能使餐飯美味可口，進而提升食慾使人更加健壯，其所強調的是味素能幫助人們攝取更多的營養，此外，此篇廣告刊登的時間在七月，應屬夏季氣候，夏季氣候有時會使人食慾不振，所以透過季節的反應與味素在提高食慾的效果，能夠加強人們在飲食上的共鳴。

圖 3－51：味之素廣告（1930.7.19），《臺灣日日新報》，昭和 5 年 7 月
　　　　　19 日。

　　上述解說人們可能因季節造成的食慾低下，但人類在生病之後，也會發生食慾不良的情況，在圖3－52的味之素廣告當中，可看見上方的大標題「病後調養　全賴食補」，在此為味素做了許多的優點呈現，首先，人體病癒之後，須小心的保養，飲食上也須講求衛生，味素是以先進的技術製造，其成分安全又衛生，添加在人類的餐食上，無須擔憂其衛生的問題；再者，餐點加入味素，可使菜餚味道可口，能使食慾低落的人能更加順利的進食；再次，味素含有人體所需的蛋白質成分，對於病癒後的人能補充營養，使其身體能獲得更好的修復。事實上，味之素在日本各大醫院，也強力的推廣味素這項產品，甚至於許多日本醫學界的權威人士，都為味之素背書，強調味素的確能改善食慾，幫助人體獲取更好的養分。

圖3－52：味之素廣告（1936.9.27），《臺灣日日新報》，昭和11年9月
　　　　　27日。

三、《臺灣日日新報》漢文版廣告——含有權威與殖民意涵之行銷

味之素廣告的語言設計上，共有日本版及漢文版兩種版本，偶爾爲了國際化或特殊的考量，而增加一些英語等他國語言，然則，味之素日文版的廣告內容中，大多凸顯的型態有下列幾種：西方國家的肯定、日本自身文化與技術的優勢、味素的使用相當廣泛、介紹其他地區的料理等，大部分的類型都是以日本優勢的觀點，以及與世界強國並行的理念，來推行味素這項新式調味料。但是，將上述有關日本版的型態設計納入漢文版的廣告之中，我們將會發現其觀點的差異性極大，也就是其權威性與殖民主義的色彩會加重，有鑑於此，本文將在下列各項味之素廣告上，來解析日文與漢文版本上的觀點差異爲何，語言的不同對於立場上的分歧，可從廣告設計的思維略知一二。

（一）獎項與各界的名譽認可

以味之素企業在獎項、榮譽陳述上的廣告相當多見，同時，各種獎項等肯定的內容，也是日本各項企業流行的廣告行銷模式，這樣的廣告文案，可使消費者對品牌商譽的信心大增。而在西元 1923 年 7 月 16 日，在《臺灣日日新報》所刊登的味之素廣告上，也陳述了關於味素這項新式調味品，在現有的眾多調味品上，具有著非凡的權威性，並在歐美、中華南洋等地熱銷。

但值得注意的地方，在於此篇廣告上的建築圖樣設計，從圖 3－53 標題爲「超然兮」的廣告當中，除了以味之素罐裝造型，設計在建築群之中的樣式之外，其餘的建築型態都以西方建築樣式居多，裡面看不到關於日本、中國、臺灣的建築樣式，因此，這篇廣告在臺灣或中國的報紙上刊登，我們可以意識到當代潮流的影響有多深，在日本西化的影響之下，如此的設計或許習以爲常，但在中國與臺灣的報紙刊登此張廣告，實際上，給當地人們的觀感，是西方列強勢力的延伸，隱含著西方的優勢，以及日本與西方諸國並列的心態。

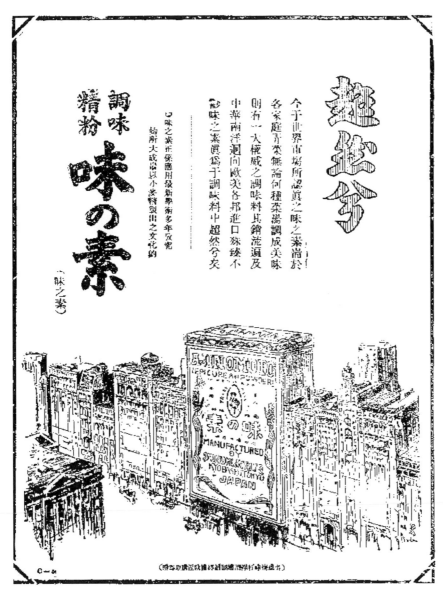

圖 3－53：味之素廣告（1923.7.16），《臺灣日日新報》，大正 12 年 7 月
　　　　　16 日。

　　其次，味之素企業對於各國料理的形式，不但研究透徹，對於味素能否
適合各種料理，也都有相關試驗與討論，當時味素首要行銷地為臺灣，是因
當時臺灣為日本殖民地，然則，味素在臺灣的銷售相當的好，而針對臺灣與
中國的料理，味之素集團的研究發現，中國與臺灣的料理相似度相當高，依
據中華料理的做法推論，味素在臺灣銷售成績好，在中國的市場上行銷應該

可行，使得味之素集團想在中國行銷的企圖心更加強烈。另一方面，味之素透過許多西方國家所舉辦的博覽會，逐步證明味素的特殊與優勢，所以擁有西方國家的獎項肯定，以及味素在臺灣、中國的銷售佳績，讓味之素企業對於各國料理的文化，有了不同的觀點與作為。以圖 3－54 的味之素廣告內文上，我們看到西洋料理、中國料理、臺灣料理都可使用味素，此種概念跳脫以往傳統的調味料原則。因為，有些調味料的味型，是受限於一些國家的料理用法，調味料不分國家、料理型態、葷素等，在味素這項新式調味品的上頭才看得到。因此，從味素的強大，可以推測往後的調味料市場，味素這種人工調味品不但是一大趨勢，甚至可能會取代一些調味粉料，成為人們便利又迅速的調味品。

圖 3－54：味之素廣告（1930.7.28），《臺灣日日新報》，昭和 5 年 7 月 28 日。

（二）味素促銷活動的舉辦

　　味之素在促銷活動設計上相當靈活，並經常透過許多名目來結合味素的行銷活動，甚至於在臺灣與中國推行同樣的行銷活動，在西元 1927 年 7 月 1 日的《臺灣日日新報》，推出漢文版味之素特大罐的促銷活動廣告，舉辦此次促銷的活動原因，是由於日本的年號改變，從日本大正時期改為昭和時期，從圖 3－55 味之素廣告中得知，此次活動參與的地區包括：日本內地、臺灣、

朝鮮、滿州、樺太，獎品內容包含普通與特別獎品兩種類型，普通獎品是香皂兩塊一份，從普通獎品可以看出，日本對於居家的日常用品，常與商品的行銷活動搭配，一方面對於日本的贈禮習俗而言，實用的品項是送禮的好選擇，另一方面，日本推行的衛生教育及政策而言，香皂的確是一項相當適合的產品。

　　但在特別獎品上，分別是頭等──面額日金拾圓整（債票）參百份，以及貳等──面額日金五圓整（債票）七千份，債票又名債券，在當時與味素聯合促銷是一件相當特別的事，但實際上，日本在殖民臺灣的時期，發行公債已有相當長的時間，早在西元 1899 年以律令 75 號公布「臺灣事業公債法」，可使臺灣總督發行公債，以興建大規模之建設。臺灣日治時期，共有 19 個年度發行公債，而總督府發行之公債，主要認購者爲銀行，大多因戰爭的需求，而急需發展軍事工業，所以，日本爲籌措戰爭所需之費用，甚至還發行戰時公債，不過，日本所推行的公債種類相當多，包含臺灣總督府公債、日本政府公債、地方政府公債和日本其他殖民地區之債券等〔註62〕。

　　在味之素公司促銷活動中，我們所看到的債票，很有可能是企業與政府相互合作所推行的債券，但是，債券透過購買味素之方式而有機會獲得，是一件相當特殊的事，有如此透過購買商品的方式而取得債券，可能是因臺灣人民在當時對債券的不熟悉，因此認購行爲並不踴躍，即使日本將其利率提高，並高於日本之利率，臺灣人民的意願還是不高〔註63〕，因此，債券才會透過商品促銷方式，讓民眾有機會獲得，而在之後的味之素廣告當中，還是會不定期地將債券與促銷活動做結合。

〔註62〕　洪嘉鴻，《近代臺灣證券市場的成立與發展（1885～1962）──歷史的延續與斷裂》（國立暨南國際大學歷史學系研究所碩士論文，2013），頁 37～38。
〔註63〕　洪嘉鴻，《近代臺灣證券市場的成立與發展（1885～1962）──歷史的延續與斷裂》（國立暨南國際大學歷史學系研究所碩士論文，2013），頁 38～39。

圖 3－55：味之素廣告（1927.7.1），《臺灣日日新報》，昭和 2 年 7 月 1
日。

　　再者，味之素又於同年推行味素小罐裝的促銷活動，然則，以小罐裝的
消費客群而言，大部分以家庭採買為主，值得注意的是，先行探究日本、臺
灣、中國，這三個地區城市發展情況之比較，日本具有「家庭主婦」角色觀
念的起源相當早，早在十九世紀左右，日本的社會改革家開始關注英美在家
庭生活上的觀點，後續甚至影響了許多的日本媒體，開始分析及探討所謂的

家庭觀念〔註64〕。但是，在臺灣及中國的發展歷程上，家庭觀念受到歐美思維的影響較晚，以至於家庭中的「主婦」角色，體認及形塑上較日本晚。而味之素的廣告從某方面的角度而言，不只是傳遞調味料的新趨勢，更重要的，是從廣告的情境設計、促銷內容等，漸漸的影響臺灣及中國的家庭思維，並將「主婦」的重要性隨著廣告的傳遞，讓當地人們逐漸意識到家庭觀點的變化。

　　所以在圖 3－56 味之素的促銷廣告中，以味素小罐裝做行銷活動之外，特別贈品的內容包括手表、化妝品、玻璃銅鏡粉盒，普通贈品則為特製毛巾，從這些贈品的型態而言，我們能了解到婦女仍舊是主力的消費群，同時，在此張廣告宣傳之地區而言，當地女性對外貌應有相當的重視程度，除此，從贈品的牌子方面思考，以麗德品牌的玻璃銅鏡粉盒，說明了在味之素行銷的地區，當地婦女也逐漸的嘗試或接受，關於日本所流行的化妝觀念，所以，此地區無論在客群、流行時尚等，都會影響其搭配的贈品內容；同樣的，手錶做為贈品的趨勢，或許可以推測當地人民對於時間的觀念，已不再局限於大眾的型態，而是更重視個人化的時間概念。

　　此外，特製毛巾是所有贈品項目當中數量最多的，實際上，這還是延續日本對於衛生觀念執行的要務，以西元 1930 年代左右的臺灣而言，人民使用毛巾的習慣，大部分還是以多人共用一條毛巾為多數情況〔註65〕，日本當局政府相當希望改善此一現象，因此，在許多商品促銷活動上，毛巾是常見的贈品之一，諸如此類的活動推行，無疑是期望臺灣對個人化衛生的重視。然而，許多原因之影響，導致個人化衛生之觀念普遍度仍然不高，最重要的原因在於經濟富裕程度，與個人化衛生觀點之配合，毛巾在當時的臺灣，是一種具實用又有價值的物品，其次，當時人民對於毛巾的共用與否，並不認為對其衛生之影響有多麼重大，所以，毛巾做為贈品的促銷方式，在臺灣已有相當長的時間，但依據日本政府在臺灣衛生保健的調查文獻上，可看出其效果不彰。

〔註64〕　Cwiertka, Katarzyna J.著、陳玉箴譯《飲食、權力與國族認同：當代日本料理的形成》（新北市：韋伯文化，2006），頁 106。
〔註65〕　沈佳姍，《二十世紀前半葉臺灣漢人之清潔生活──以身體清潔為主──》（國立臺北大學民俗藝術研究所碩士論文，2007），頁 19。

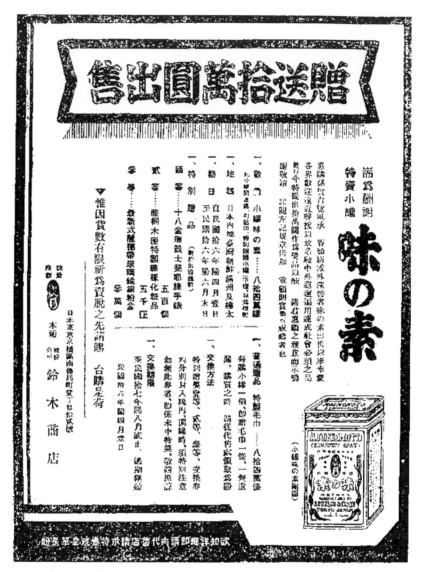

圖3－56：味之素廣告（1927.7.11），《臺灣日日新報》，昭和2年7月
　　　　11日。

　　味之素公司的漢文版廣告數量頗多，但在昭和十一年（1937），在第十七
任臺灣總督小林躋造的推動之下，強調臺灣未來的治理方針為「皇民化、工
業化、南進基地化」三項理念，於此同時，為持續貫徹「皇民化」之理念，
許多關於中國的文化、音樂、戲劇等開始遭遇查禁〔註66〕，在《臺灣日日新

〔註66〕　陳培豐著，王興安，鳳氣至純平編譯，《「同化」同床異夢──日治時期臺灣
　　　　的語言政策、近代化與認同》（臺北市：麥田出版，2006），頁426～427。

報》上也能看出端倪，以味之素的廣告刊登情形爲例，觀察西元 1937 年的《臺灣日日新報》，實際上在此年的四月，還能看到漢文版的味之素廣告，而到了五月之後，就再無漢文版的味之素廣告，只有日文版的味之素廣告，在《臺灣日日新報》上頻繁的刊登，由此可見，日本企業雖在中國有商業上的往來，但日本政府爲使臺灣人民，對日本各項文化有更深入的了解與融入，一切關於中國的文字、文化等，都要予以禁止及查核。

　　總歸上述味之素的漢文版廣告，我們不只看到味之素企業，爲了在中國行銷順利，花了許多心思在廣告文宣的設計，並對臺灣、中國兩地的飲食文化，做了詳細的考察與評估，所以在中國報章雜誌上刊登過的廣告，還能通用並刊登於臺灣的報紙《臺灣日日新報》，除此之外，日本企業與日本當局政府的配合上，從廣告的內容當中，也能了解商業與政策的配合情況，同時也能分析當時飲食、彩妝、經濟、各國發展等文化情況，由此可知，味素的熱銷原因，不單是因爲味素在當時是一項新式調味品，更多的原因在於配合日本政府的政策推動，以及密切觀察各地文化走向，以便能推出更符合消費者心意的活動，讓味素在當時的調味料界占有一席之地。

第四章　味素的食譜宣傳與仿冒及影響

　　前一章節提及了鮮味在日本的發展過程，和味之素公司在《臺灣日日新報》所刊登的日文、漢文版廣告，實際上，味之素公司在《臺灣日日新報》所刊登的味素廣告數量逐年上升之外，其他味素的宣傳方案也越來越多樣化，藉由這些不同於廣告模式的宣傳方案，讓味素的使用方式更廣為人知，也成就了味素在日治臺灣販售量極高的效果；然則，隨著味素的熱銷影響，有些不法業者認為假造味素有利可圖，因此，透過《臺灣日日新報》的報導搜尋，我們可初步了解在西元 1916 年的臺灣，開始發生假造味素的事件，而在味素不斷被仿造的過程之中，味之素公司以及日本當局政府，都相當關注這些仿造或偷盜的訊息，並不斷地祭出解決的方式或政策，但一直到臺灣戰爭時期，這些味素的非法案件還是無法有效遏止。

　　在此章節，本研究將詳細論述味之素公司，除了在《臺灣日日新報》刊登味素廣告之外，還運用了哪些方法來向民眾宣傳味素的好處及用法；而味素遭到仿造與偷竊的案件，其內容為何？日本政府與味之素公司又推行哪些政策與行銷方式，來制止這些層出不窮的案件；而味之素公司在日治臺灣所締造的銷售佳績，對臺灣往後在飲食上或烹飪等各種文化上，又有哪些重要的影響？這些將是本章節所要探討的部分。

第一節　食譜教學與味素宣傳之關係

　　對於味之素公司在產品的行銷策略上，我們可以了解到其靈活度及在地化的用心，而深度了解味之素公司在當時的宣傳方式，可以發現味之素集團

不只在廣告上有著多元的設計巧思，任何可以快速又有效的方式，來推銷味素給消費者，味之素公司都不遺餘力地去執行，甚至於邀請許多專家及權威人士，來爲味之素公司背書其產品的優良，所以在此小節，本研究將要敘述味之素公司在廣告宣傳之外，還運用了哪些方式來推銷新式調味品——味素，並讓味素的銷量一直不斷提升。

一、日本料理與味素的搭配

論及味之素公司在臺灣的宣傳方式，從《臺灣日日新報》於西元 1909 年開始刊登的廣告，就可了解味之素集團在廣告行銷的創意、創新、在地等特色。不過，味之素公司並不局限於廣告行銷方式，實際上，廣告行銷有時與消費者還是有些距離感，如何讓味素在消費者的心中，提升其熟悉度與好感度，這是對於推銷新式調味品的首要解決項目，於此，味之素公司在市場主流的風潮之下，在日本先行推動料理講習會的宣傳方案，此項活動的發起是由於第一次世界大戰之後，日本的家庭主婦對於料理上的知識需求，以及人類所需營養的學問渴求，造就了日本在都市所流行的料理講習會，而味之素公司跟隨此股風潮之下，也努力地透過料理講習會的活動舉辦，讓更多參與者了解「鮮味」的內容，進而認識新式調味品——味素的製作過程與使用方法，並順水推舟的教導學習者如何運用味素，來使料理更加美味、獲得更多營養等相關知識，這是味之素公司於西元 1920 年代之後，相當專注的一項宣傳方式〔註1〕。

然則，另一種宣傳方式，是從校園的宣傳開始。爲了使更多人了解新式調味料——味素，所以味之素集團在調味料新知的宣傳，以及料理方式的教育上，也相當用心耕耘、計畫，在日本大正六年（1917），味之素公司在日本多所高等女學校，開始了新式調味料——味素的宣導事宜，先以學校的課程內容爲主，並與味之素產品相互搭配；甚至到了西元 1921 年，味之素公司與各地事務所合作，分別在日本東京、大阪、名古屋、福岡，以及臺北、釜山當地的小學，展開味素產品的獎勵宣傳，此項活動一直不間斷地舉辦，以味之素公司的觀點，透過學校的課程安排，以及味素產品相關的獎勵活動，有助於影響家庭調味料的使用習慣〔註2〕。

〔註 1〕 味の素グループの100年史：https://www.ajinomoto.com/jp/aboutus/history/story/（瀏覽日期：2017.9.8）。

〔註 2〕 味の素グループの100年史：https://www.ajinomoto.com/jp/aboutus/history/story/（瀏覽日期：2017.9.8）。

　　到了西元 1924 年起，日本針對家庭主婦的需求，進而開始編輯的料理食譜、刊物等出版品，逐漸地在市面上販售，更重要的是，這些關於料理的食譜等出版品，大多是由料理、營養專家編輯而成，依據其專業背景之下而完成的書籍，相當受到日本都市的家庭主婦們歡迎，而味之素公司則透過這些刊物，來宣傳其產品——味素的研發、製成、運用技巧等相關知識，使家庭主婦透過觀看這些料理刊物，而了解味素這項調味品，並建立起「味之素」品牌的形象。相關著名的料理出版品如：西元 1924 年出版的《最新實用和洋料理》、《四季の料理》、《精進料理》；西元 1925 年出版的《新家庭日記》；西元 1928 年所出版的《四季の支那料理》；西元 1929 年出版的《料理相談》〔註3〕。

　　總歸上述各項宣傳方式有：料理講習會、學校課程的合作、食譜等料理出版品的誕生，都是味之素公司在廣告以外的行銷方式，而這些宣傳方式也逐一的傳入臺灣。首先以料理講習會而言，在日治臺灣的文獻當中，我們可搜尋到許多關於料理講習會的訊息，雖然無法看出味之素公司的相關配合，但可以了解料理講習會的風潮在臺灣也非常盛行。其次，日治臺灣對於校園的烹飪課程，也是相當用心規劃，同時，在味之素廣告當中，也提及了女學校在料理方面的重視，這或許能間接證明味之素公司，對於女子學校的烹飪課程規劃上，是有其宣傳及行銷的雙重目的。

〔註 3〕　味の素グループの 100 年史：https://www.ajinomoto.com/jp/aboutus/history/ story/（瀏覽日期：2017.9.8）。

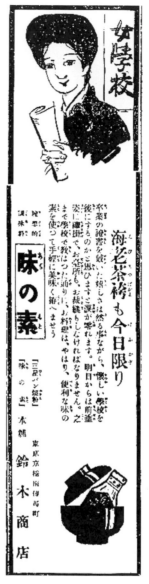

圖 4－1：味之素廣告（1914.3.28），《臺灣日日新報》，大正 3 年 3 月 28
日。

　　第三種宣傳方式為食譜等出版品的行銷，這不只是在日本相當流行的一
項刊物；出版食譜書，亦或是在各項報刊中刊登料理教學專欄，在日治時期
的臺灣也相當盛行，尤其一些食譜的內容當中，味素的運用文獻上也逐年增
加，在日本料理上，味素的運用靈活度相當高，甚至於海鮮料理上，味素也
是一項經常使用的調味料，在昭和六年（1931）十月十六日的《臺灣日日新

報》，刊登牡蠣的兩種調理方法，包括牡蠣茶碗蒸、牡蠣湯汁兩項料理，其中，各項料理所需的味素都只要一分，一分約爲 0.3 克的量，而從此項食譜當中我們可以了解到，味素雖然用量不多，但在日本的宣傳之下，不但提升了味素的銷量，更影響了人民對味素的依賴程度。

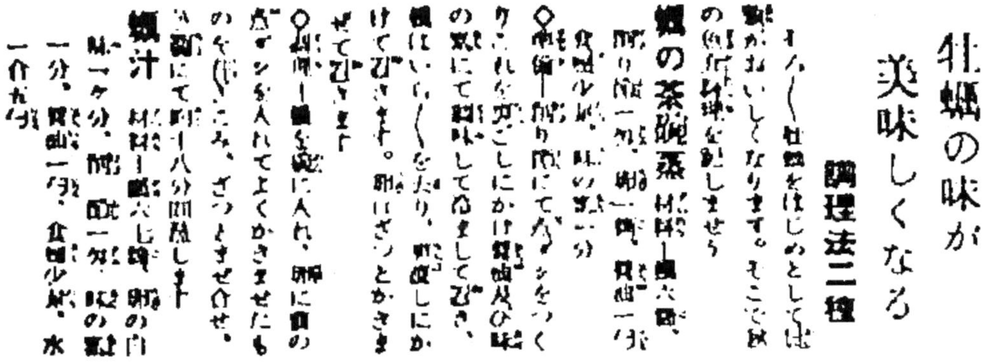
牡蠣の味が美味しくなる
調理法二種
蠣の茶碗蒸
蠣汁

圖 4－2：牡蠣の味が 美味しくなろ　調理法二種（1931.10.16），《臺灣日日新報》，昭和 6 年 10 月 16 日。

除了許多食譜專欄的刊登，味之素集團的廣告設計，也經常搭配食譜的文案宣傳，於昭和 12 年（1937）11 月 21 日，在《臺灣日日新報》刊出的味之素廣告，就一一詳細的介紹日式火鍋料理與味素的搭配方法，內容包含一種火鍋湯頭，以及三種日式火鍋的做法，其中，火鍋內不乏有豬肉、海鮮類食材，再者，每項食譜的味素用量都註明少量。這顯示出味素在料理的使用上，用量無需太多即可呈現美味；而味素所搭配的料理，當中已含有許多具有鮮味成分的食材，這樣的料理示範反映出，日本對於鮮上加鮮的味覺需求，以及日本人民已對味素有一定程度的依賴性，認爲即使添加少量味素在菜餚當中，可以更增添料理的鮮味。

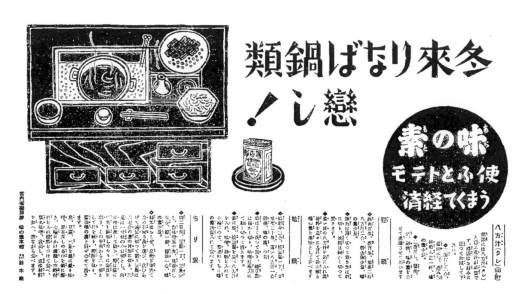

圖4-3：冬來りなば鍋類戀し（1937.11.21），《臺灣日日新報》，昭和12年11月21日。

二、味素與中國大陸、臺灣之菜色結合

　　味之素公司在行銷味素計畫擬定之時，因日本殖民臺灣的歷史際遇，再加上味素還未研發之前，日本政府已透過殖民政策，對臺灣進行許多風俗民情的田野調查，對於臺灣的飲食文化發展瞭若執掌，使得味之素公司將臺灣視爲銷售味素的海外示範地區，不過，即使對臺灣的飲食文化具有一定程度的了解，依據當時臺灣人民的經濟、視野等方面的觀察，味素在臺灣的販售成績將會如何變化，味之素公司也沒有絕對的把握。從明治四十二年（1909）開始在臺販售味素，一直到大正三年（1914）的味素銷售成績，著實讓味之素公司爲之驚艷，意識到味素在臺灣銷售量持續提升，這讓味之素公司對臺灣的市場更加重視，同時也對中國大陸的市場越來越有興趣，因爲無論日本政府或味之素集團，對於在臺田野調查的成果內容上，都有部分了解到臺灣與中國大陸的料理內容相似度較多，所以味之素公司進而推論，若是味素在臺灣行銷數量逐年提高，那麼味素在中國大陸的推行應該能較爲順利，所以味之素公司於西元1914年開始在中國大陸推銷新式調味品——味素。

　　然而，在中國大陸銷售味素這項產品，比在臺灣銷售味素的挑戰難度還高，因爲，在日本對臺灣的田野調查之中，也深入了解到臺灣是中國大陸的福建、廣東人民移民而來的，若先排除臺灣原住民族群的飲食文化，在臺灣

大部分的人民飲食型態，較常見的為閩、粵飲食文化；但是，福建、廣東只是中國大陸的一部份，中國大陸幅員廣大，即使先排除中國大陸少數民族的飲食文化，再談論中國大陸的菜系仍舊相當多樣化，以日本學者鶴間和幸，在《日本人眼中的中國：過去與現在》一書的說法，中國菜的四大菜系分為上海菜、四川菜、廣東菜、山東菜，這四大菜系各別代表著中國大陸東、西、南北四個方向的飲食風味，然則，日本學者鶴間和幸說明，四種菜系的說法實際上並不完全，還需搭配各地氣候等多方條件，來詳細探討中國大陸各地的飲食內容〔註4〕。而更重要的是，日本對於五味的研究也剖具深度，日本學者鶴間和幸以研究中國大陸歷史的角度，來說明五味與中國大陸菜系上的關係：

> 中文裡有著鹹、甜、辣、酸、苦等五味的詞彙。藉由木火土金水等五要素來解說萬物生成與變化的五行思想，也能與五味進行搭配；北方因為屬於寒冷地帶，因此料理味道鹹辣、南方高溫多濕，因此味苦、東方沿海地區的料理帶有酸味、西部內陸地帶的料理味辣、而中央地區則是偏好甜味。這在某種程度上應該可解釋成，配合氣候的寒暖乾濕下所發展起來的飲食習慣。不過原則上，各地方料理的口味特色，都是在先取得了五味平衡之後，才又另外強化了某一味。〔註5〕

所以，無論日本政府在臺灣日治時期所做的田野調查，或者是現今日本學者對中國大陸及臺灣的飲食研究，都能呈現出中國大陸及臺灣的飲食文化，其之間的相似關係，以及複雜程度的論述。除了飲食文化的考量，在當時中國大陸與日本之間的政治局勢，也可能影響味素產品的銷售情況，例如中國大陸在西元 1919 年的抵制日貨行動，以及之後相關抵制日貨的事件，件件都對味之素公司的銷售活動產生部分阻礙，這部分可謂歷史際遇與政治局勢的變動所影響。還有一項事件，會對味之素公司在行銷上增加困難，也就是中國大陸自行成立了味精公司，在民族情結與愛用國貨的意識之下，事實上，對味之素公司的銷售造成了不小的影響。於此，我們可以推論味之素公司，要將味素推行至中國大陸，所面臨的挑戰可能比臺灣還高。

〔註4〕　尾形勇等著，陳柏傑譯，《日本人眼中的中國：過去與現在》（新北市新店區：臺灣商務印書館，2017），頁 89。
〔註5〕　尾形勇等著，陳柏傑譯，《日本人眼中的中國：過去與現在》（新北市新店區：臺灣商務印書館，2017），頁 89～90。

但是，我們還是可以看到，味之素公司對中國大陸的市場評估，可預見的是龐大的商機，雖然會遭遇到飲食文化複雜性較高、中日兩國政治局勢的影響，以及中國大陸自行生產味精產品的抗衡，味之素公司還是相當積極地，在中國大陸行銷味素這款新式的調味品，在中國大陸的報章雜誌、公眾場所的海報，和逐漸在中國大陸展店的計畫等，足以見識到味之素集團對中國大陸市場的企圖心。另一方面，日本政府對於中國大陸的市場，及當地人民的飲食習慣，也是經過多方詳加調查與研究，因此在日治臺灣的報章雜誌上，漸漸可以學習到中國大陸的料理，尤其，將味素加入中國大陸的料理當中，是臺灣日治時期開始的一種料理方式。

在昭和四年（1929）於《臺灣日日新報》，就刊登一則名為「支那料理」的料理教學專欄，支那料理就是中國料理的意思，而此篇專欄中傳授讀者三道中國大陸的料理，分別是青豆炒雞、燒肉片、東坡肉三道料理，從此篇中國大陸料理的教學專欄，我們可以從三種面向來論述這料理專欄的特色。第一，味素能出現在中國大陸的料理當中，雖然無法得知這是否為味之素公司的安排，但可以了解到味素作為調味料角色的強大，換句話說，味素可運用的菜色更加的廣泛了，味素不只可以加入日式料理當中，甚至可以跳脫日本料理，連其他地區的料理都可以使用。

第二，味素與中國大陸料理的結合，實際上與日本企業擴展版圖的企圖心有關，因為有些調味料的風味，以及其原物料產地受限之影響，所以某些調味品是有其地域上的限制，再加上每個地區喜愛的味道不盡相同；但味之素集團想運用味素來證明，此種新式調味品不限地區、不受限於原物料產地、每個地區都能善用並接受。第三要點是依據《臺灣日日新報》，在昭和四年（1929）刊登的支那料理教學專欄，仔細探究內文所呈現的菜色，大部分還是以中國大陸沿海地區，或是長江以南地區的菜色，來臺灣的報刊做相關介紹與教學，筆者認為這起因還是為了與臺灣慣用烹飪法、喜愛味道有其相關性，即使是專欄呈現中國大陸的料理，其菜色所選用的材料、調味料等，都盡量與臺灣的菜色較為接近，在臺讀者或是家庭主婦接受度高，此篇專欄的刊登才較有吸引力。

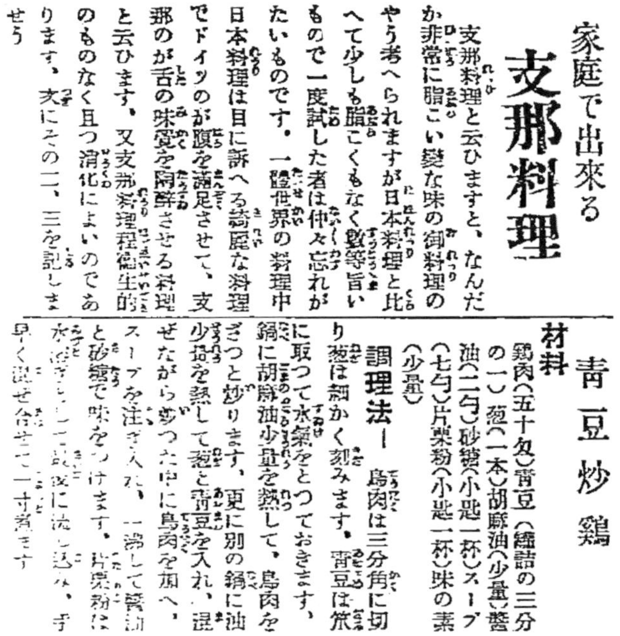

家庭で出來る
支那料理

支那料理と云ひますと、なんだか非常に脂こい變な味の御料理のやうに考へられますが日本料理と比べて少しも脂こくもなく数等旨いもので一度試した者は仲々忘れがたいものです。一體世界の料理中で日本料理は目に訴へる綺麗な料理でドイツのが顔を満足させて、支那のが舌の味覺を満足させる料理と云ひます。又支那料理程衛生的のものなく且つ消化によいのであります。次にその二、三を記しませう

青豆炒鷄

材料
鷄肉（五十匁）青豆（罐詰の三分の一）葱（一本）胡麻油（少量）スープ油（二勺）砂糖小匙一杯）醬油（七勺）片栗粉（小匙一杯）味の素（少量）

調理法──　鳥肉は三分角に切って水氣をとつておきます。青豆は笊に取って胡麻油少量を熱して、鍋に胡麻油少量を熱して葱を細かく刻みます。青豆は笊に取って、更に別の鍋に油少量を熱して葱と青豆を入れ、退ながら炒つた中に鳥肉を加へ、スープを注ぎ入れ、一沸して醬油と砂糖で味をつけます、片栗粉は水溶きにして最後に流し込み、手早く混ぜ合せて一寸煮ます

圖4－4：家庭で出來る　支那料理／青豆炒雞（1929.11.22），《臺灣日日新報》，昭和4年11月22日。

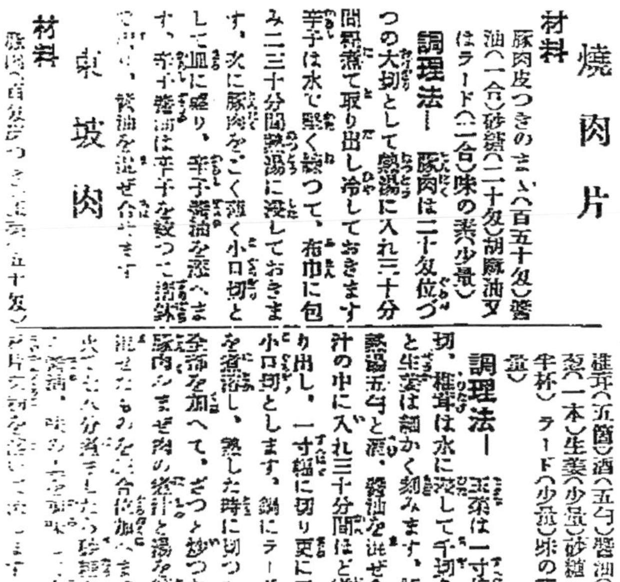

家庭で出來る
燒肉片

材料
豚肉皮つきのまゝ（百五十匁）胡麻油又はラード（二合）砂糖（二十匁）味の素（少量）醬油（一合）

調理法──　豚肉は二十匁位の大切として熱湯に入れ三十分間煮て取り出し冷しておきます。布巾に包り出し、一寸角に切つて更に二分の小口切とします。次に豚肉をごく薄く小口切にして皿に盛り、辛子醬油を添へて、ざっと炒つた中に辛子醬油を絞つて、蒸した時に切つた野菜と生姜は細かく刻みます、豚肉の蜜と湯を等分に混ぜ合せた汁の中に入れ三十分間ほど煮て取り出し、一寸幅に切つて更に二分の小口切とします。鍋にラード少し

東坡肉

材料
豚肉（百五十匁つきのまゝ）進茸（五箇）酒（五勺）醬油（三勺）葱（一本）生姜（少量）砂糖（大匙一杯）ラード（少量）味の素（少量）

調理法──　芋は一寸位の細切、椎茸は水に浸して千切り、葱と生姜は細かく刻みます、豚肉は生姜は水に浸して千切り、醬油を混ぜ合せた汁の中に入れて更に三十分間ほど煮て取り、芋子は水に溶いて、醬油は芋子を絞つた汁、味の素少量、砂糖少々を合せ加へまた用ひる。

圖4－5：家庭で出來る　支那料理／燒肉片、東坡肉（1929.11.22），《臺灣日日新報》，昭和4年11月22日。

　　而觀察日治臺灣的報章雜誌，對於臺灣菜色的教學專欄，以《臺灣日日新報》的文獻搜尋而言，早在明治四十年（1907），即有臺灣料理的教學專欄；另一方面，於大正三年（1914）9月1日，在《臺灣教育》此本刊物中，學者盧子安闡述了臺灣料理，在公學校的家事課程設置之重要性，其文中論述：「而家事教育。吾尤望實驗臺灣料理爲先。」〔註6〕，由多方文獻可知，臺灣料理的教學文字專欄很早便開始，而臺灣部分學者也對臺灣料理的教育相當重視；但是在臺灣料理當中加入味素的教學法，其文獻的探究上，大多始於大正十四年（1925）之後，其中，味素加入臺灣料理的類型，又分成臺灣菜及臺灣家庭料理兩種，所謂臺灣菜則是屬於臺灣上層人士較常接觸的料理，臺灣家庭料理則爲臺灣一般家庭所呈現的家常菜色。

　　以《薰風》此本刊物爲例，在昭和11年（1936）10月15日所刊載的〈上品な臺灣料理數種〉一文裡，呈現三種臺灣料理的做法，其中一道名爲「水晶丸」的料理，就添加了味素這項調味品，由此可見，在臺灣的高級餐廳菜，也是對味素有所需求，但當時的觀點認爲，使用味素不但是一種高級的調理方式，更是一種先進、衛生的作法，而不是如現在人們所想的，危害身體又偷工減料的意思。

○水晶丸
△材料
蝦三百瓦、葱百瓦、玉子三個
（白身だけ使ひます）竹の子、
松茸、かたくりこ、味の素、鹽
△作り方
先づ玉子とかたくりこ、鹽を
除いた外の材料を細かくつぶし
に叩き、よく混ぜて、玉子と鹽
を入れかたくりこでこねつゝお
だんごを拵へてにえたつた湯に
入れて煮上げます。その儘ソー
スを掛けてお上りになつてもあ
つさりとした上品なものでござ
いますが、おひたしを掛けて、
汁ものにしても何とも言へない
おいしさでございます。

圖4-6：水晶丸（1936.10.15），《薰風》，昭和11年10月15日。〔註7〕

〔註6〕　盧子安，〈論公學校家事科宜應用臺灣料理〉《臺灣教育》（臺北：臺灣教育會，1914），頁3。
〔註7〕　陳足枝，〈上品な臺灣料理數種〉《薰風》（臺灣：臺灣教育會社會教育部，1936），頁23～24。

　　而在臺灣的家常料理當中，我們在一些文獻的搜尋上，也可以見到添加味素的內容，在刊物《臺灣農會報》當中，刊載的〈臺灣に於ける瓜類の加工と調理法〉，就有多道菜色使用味素，如此運用味素調理的烹飪方法，在日治臺灣的許多刊物上都能見到，雖然，味素在日治臺灣的眾多調味品之中，是屬於較為昂貴又新潮的調味品，但以臺灣家庭料理而言，味素的添加所營造出來的美味，可以跳脫階級所能品嚐的範圍，也就是說，高級的臺灣菜使用味素調理，而一般的家常菜色使用味素，也能獲得高級的味覺享受，這是對一般人家為之吸引的一項重要條件，同時，透過這些臺灣人熟悉的菜色，來做調理的教學或文字示範，更能使臺灣人對味素有更深層的了解，並對使用味素的觀點，有了好感度及烹飪技術的信心。

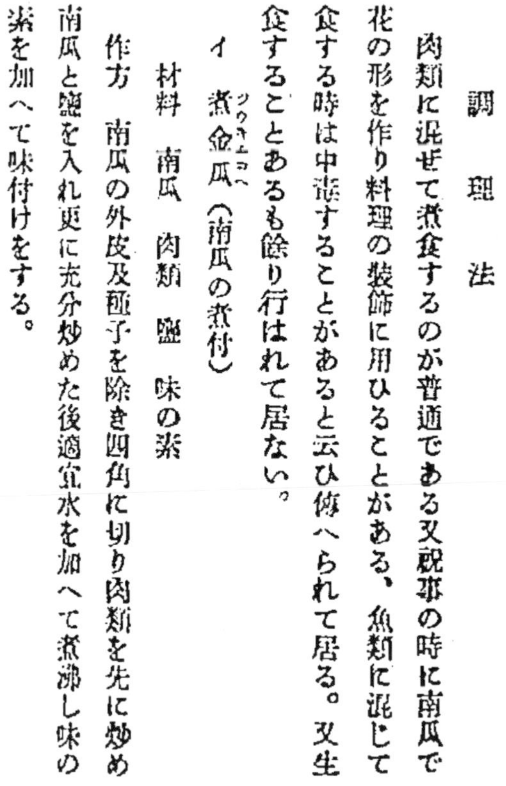

調理法

肉類に泥せて煮食するのが普通である又祝事の時に南瓜で花の形を作り料理の裝飾に用ひることがある、魚類に泥じて食する時は中毒することがあると云ひ傳へられて居る。又生食することとあるも餘り行はれて居ない。

イ　煮金瓜（南瓜の煮付）

材料　南瓜　肉類　鹽　味の素

作方　南瓜の外皮及種子を除き四角に切り肉類を先に炒め南瓜と鹽を入れ更に充分炒めた後適宜水を加へて煮沸し味の素を加へて味付けをする。

圖4-7：臺灣に於ける瓜類の加工と調理法／煮金瓜（1943.2.10），《臺灣農會報》，昭和18年2月10日。〔註8〕

〔註8〕　市川五四郎、許樹根，〈臺灣に於ける瓜類の加工と調理法〉《臺灣農會報》（臺灣：臺灣農會，1943），頁82。

三、西式料理與味素的添加

　　回溯臺灣對西洋食物的接觸歷程，早在清治末期就已有相關西洋食物進入臺灣的記載，但數量極少且大部分為上層人士接觸較多，以《臺灣通史》當中所述：

　　　　海通以後，漸用洋酒，其數甚微，唯爲官紳酬酢之物，尚不至爲漏也。〔註9〕

眞正讓臺灣人民接觸較多西洋料理及西方文化的時代，當屬臺灣的日治時期，而日本對於西方文化接觸的歷程，與臺灣有著相當不同的差異，實際上，日本透過明治維新的改革，以及許多日本思想家的宣傳之下，日本對於西洋事物的了解和接觸，不僅相當先進，也認爲對於熟悉西洋文化與否，能初步觀察此人的教育程度高低。在日本西元 1867 年，出版了第一本教導西方文化及禮儀的書籍《西洋衣食住》，此本書籍是由日本重要的思想家福澤諭吉所撰寫，內文詳細介紹西方的文化、禮儀、飲食等相關知識，然則，從福澤諭吉的文明論觀點而言，可以看出其對西方文化的推崇。而除了日本思想家的宣導，日本政府對於西方事物的執行也相當明確，早在西元 1873 年，日本政府已指定國家典禮及晚宴，需以西式餐宴的模式安排〔註 10〕，換句話說，西方的餐食及禮儀已轉變爲日本的官方禮儀，由此可見，臺灣與日本對於西方文化的接觸，以及相關的政策制定上，有著相當大的不同。

　　依據歷史脈絡可了解，日本接觸西式料理及相關文化，可說是因當局政府對西方文化的重視，所以日本由政府開始施行西化餐飲模式之後，再將西方餐飲知識，漸漸的傳入日本一般民眾的生活中。但是，從清代臺灣人民對於西式料理的了解，其模式與角度而言，或許是因教育推動上並不如日本積極，再加上漢民族文化較爲濃厚，所以在臺灣清治時期，人民對於西方飲食的部分，了解並學習的機會相當稀少。到了臺灣日治時期，臺灣的飲食文化當中，發生了巨大的變化，西式料理在臺灣的擴散，也是這變化中的其中一環。除此之外，而味素的發明人——池田菊苗先生，歷經過西洋學術的洗禮，對於味素的製作過程，也是保持著科學的嚴謹態度，和西方醫學重視的衛生

〔註 9〕　（清），《臺灣通史》（《臺灣文獻叢刊》第 128 種，臺北：臺灣銀行經濟研究室，1962），卷二十三，頁 606。

〔註 10〕　Cwiertka, Katarzyna J.著、陳玉箴譯，《飲食、權力與國族認同：當代日本料理的形成》（新北市：韋伯文化，2009），頁 15。

條件，來成就出新式調味品——味素，因此，味素的研發背景，其實富含著許多西方先進的學識，也就是說，味素在臺灣的發展，是一種臺灣人對於西方食品科技的接觸歷程，特別的是，這項科技是由日本科學家池田菊苗來發揚光大。

而隨著味素在日治時期的臺灣銷售越來越好，可以推論日治時期的臺灣人民，對於新式的食品科研產品，接受度有逐年提高的趨勢，再者，日本透過自身對西方文化習得的知識，想透過各種方式來教育、傳遞給臺灣人民，飲食的部分也是如此，尤其西方料理更有其特殊的地位，其原因在於日本是從富國強兵、進步文明的角度，來看待西式料理的重要性，但日治時期的臺灣人民則將西式料理，視為一種外來品及異域文化〔註 11〕，由此部分可知，西方料理在日本政府與臺灣人民的認知上，不僅有相當程度上的差異，就連文化上的隔閡，也都不是隨意可以更動的。

但雖如此，日本政府並不因為文化的差異性，而延遲或怠慢西方文化的教導，反而在許多報章雜誌、臺灣各地的公眾場所，宣導有關西方文化的知識，而本文此小節所要呈現的，正是日本在西式料理上的傳播，雖然從文獻上的搜尋而言，西式料理的食譜刊登並不多見，尤其，內容有部分是經過日本內化之後，再刊登於臺灣的報紙、期刊上；我們能從西式料理當中，加入味素的調理方法上，明白西式料理對於日本而言，不僅是一種先進的烹飪方式，更是希望能將西式料理透過內化，而發展出特殊風情的和洋料理。

於昭和 3 年（1928）9 月 7 日的《臺灣日日新報》，刊登一則〈胡瓜の調理　二種〉料理小專欄，其中，「胡瓜のサラダ」為一道西式料理，「サラダ」在文字上的意思是沙拉，由英文「salad」翻譯而成，這道沙拉的食材中除了胡瓜，還有萵苣、洋蔥來做食材上的搭配，調味料則有油、西洋醋、鹽胡椒、味素，內文則是敘述胡瓜沙拉的製作過程，由於臺灣漢人有不吃生食的習慣，所以這道胡瓜生菜沙拉的料理教學，可說是顛覆臺灣漢人傳統的飲食習慣，不僅如此，此道食譜也可以看出日本對於西式料理的改良及內化。

〔註 11〕　陳玉箴，〈日本化的西洋味：日治時期臺灣的西洋料理及臺人的消費實踐〉《臺灣史研究》（第二十卷第 1 期，台北市：中央研究院臺灣史研究所，2013），頁 117。

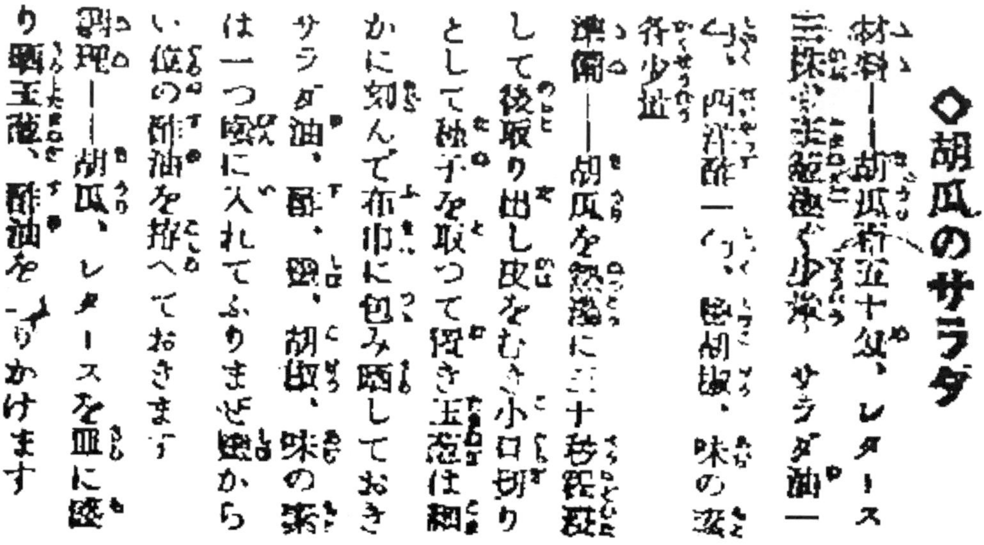

◎胡瓜のサラダ

材料ー胡瓜新五十本、レタース
三四株、玉葱少々、サラダ油一
勺、白酢酢一勺、胡椒、味の素
少々

準備ー胡瓜を熱湯に三十秒程漬
して後取り出し皮をむき小口切り
として柚子を取って叩き玉葱は細
かに刻んで布巾に包み晒しておき
サラダ油、酢、塩、胡椒、味の素
は一つ器に入れてふりまぜ置から
い位の酢油を拵へておきます

料理ー胡瓜、レタースを皿に盛
り玉葱、酢油を…りかけます

圖 4－8：胡瓜の調理　二種／胡瓜のサラダ（1928.9.7），《臺灣日日新報》，昭和 3 年 9 月 7 日。

　　另一則西式料理食譜，在昭和 9 年（1934）9 月 14 日刊登於《臺灣婦人界》當中，此則食譜是教導醬料的烹調方法，日文「ベシャメルソース」是一種西式白醬，由法文「Sauce béchamel」所翻譯過來，內容爲白色醋醬加上肉汁的一種醬料，而在此醬料的教學食譜當中，其調味料包括鹽、胡椒以及味素，事實上，透過肉汁、味醂、牛乳這三項材料，已經可以調製出鮮美的味道，然則，透過日本的內化之後，味素成了此醬料更加鮮美的原因，於此同時，證明了味素在西式料理當中，不但毫無違和感，還能比之前的調理法更加鮮美。換句話說，此則西式料理食譜的示範，可提升味素的功效，對於各項料理的需求都能迎合，是當代新潮的家庭主婦，非常喜愛的一項調味用品，無論嘗試各式各樣的菜餚，無論料理手藝好壞，只要在菜餚當中加入味素，均可完美呈現其鮮美的味道。

ホワキトソース

「一名ベシャメルソース」

材料五人前

一、上白小麥粉　大匙二杯

二、純國醱製バタ　大匙二杯

三、玉葱の細末　大匙一杯

四、純國造味淋　小匙一杯

五、肉類のスウプ　一合

六、生牛乳　一合

調味料

一、食卓鹽　少匙

二、コショー　少匙

三、味の素　少量

圖4-9：ホワキトソース（1934.9.14），《臺灣婦人界》，昭和9年9月
　　　　14日。〔註12〕

　　除了上述教導西式料理烹飪的專欄，味之素公司的廣告當中，也同樣呈
現西式料理的食譜教學文案，在昭和12年（1937）2月27日的《臺灣日日新
報》，所刊登的味之素廣告，是一則設計成蛋料理的食譜教學廣告，內文當中，
以西式蛋料理「オムレツ」作爲廣告的文案教學，日文「オムレツ」稱之爲
歐姆蛋，是英文「Omelette」所翻譯而來，這道西式餐點是一種流傳已久的西
式煎蛋捲，此外，在味之素廣告當中，有詳細的歐姆蛋製作方法，這種運用
食譜的介紹，來結合味素的宣傳，是眾多味之素廣告之中，其中一種以食譜
的類型來做特殊的宣傳方式。

　　總歸上述味素在日式、中式、台式、西式的食譜中，扮演了許多的角色，
從飲食的角度而言，味素爲許多菜色增添了理想的鮮味，對於橫跨不同文化
的飲食，味素都能輕易的將味道完美詮釋，這是部分調味料無法達成的，對
於味素這款調味料的高深之處，在許多的食譜當中，也能一一的證明其厲害
之處。再者，味之素廣告所帶來的宣傳效應，讓日治時期的臺灣人民漸漸地
認爲，使用味素是一件時尚、先進的烹調方法，許多傳統的調味料可能不符
合期待，與現今對味素的態度完全不同。除此之外，從上述許多食譜當中，

〔註12〕　笹倉定次，〈マヨネーズソースとホワキとソースについて〉《臺灣婦人界》（臺
　　　　　北：臺灣婦人社，1934），頁124。

我們能讀出日本對於飲食的內化能力相當強大，而對味之素集團的產品——味素相當的有信心，無論是否爲味之素集團的宣傳，在各式料理的食譜當中，都能看到味素的身影，更重要的是，味之素公司的宣傳設計，或者是各種料理的教學撰寫，在在顯示日本的一種期望，也就是讓味素征服全世界的味覺，讓全世界飲食當中所需的鮮味、美味，都交給味素來調理即可，本文認爲這些都能呈現出味之素集團的企圖心。

圖4－10：味之素廣告（1937.2.27），《臺灣日日新報》，昭和12年2月27日。

第二節　味素遭仿冒、偷盜情況與相關抵制措施

觀察日治時期臺灣的報章雜誌，我們已了解味之素集團對味素此項產

品，花費不少的心力來做各項宣傳，然而，味素在臺灣開始熱銷之後，又產生了多項重大的食安與竊盜問題，也就是味素仿冒與偷盜事件的頻傳。於此，本章節要詳細說明味素在日治臺灣的發展史上，歷經過仿冒、偷盜等案件，面對諸多案件之下，味之素集團是如何改制其銷售規則？在味素的包裝上，又有哪些改制的過程？另一方面，日本政府對於味素仿冒、偷盜等事件，其因應對策為何？這些問題將是此章要論述的重點。

一、層出不窮的味素仿冒、偷盜案件

味之素集團最早於西元 1909 年，在臺灣的《臺灣日日新報》刊登廣告，才短短幾年的時間，在西元 1914 年的味素銷量，出乎了味之素集團的意料，能在短時間讓一個新式調味品——味素，從沒沒無聞到全台熱銷的改變，可看出味素廣告行銷之厲害，以及此調味品的效用程度有多好。然而，在味素熱銷之餘，食安及治安的問題也跟著出現，也就是味素的仿冒、竊盜的案件，在當代眾多調味料當中，味素屬於較為昂貴的調味料之一，但是，隨著臺灣人民的知識水準提升，對於這種科學製成的新式調味料，接受度不斷的提高，雖然，味素的購買意願，與人民的經濟能力還是有一定程度的關係，但不可否認的是，強調新式科學製造的調味料，再加上衛生注重的觀念，使得味素即使是昂貴的調味料，許多人對味素購買的慾望還是很強烈。

因為味素的熱銷，其販售的價格較其他調味料高，因此，許多不法的案件正逐年的發生，在眾多的味素不法案件當中，可區分成偽造、竊盜兩大類型，而其中偽造則包含有：蒐集味素空罐並偽造商標封口，以欺騙消費者；將不同比例的白色粉末，混入味素之中。竊盜案件則是將味素竊取之後，轉售他人來謀取暴利；這些味素的非法案件，以《臺灣日日新報》的刊登報導而言，最早於西元 1916 年就有仿冒味素的事件發生，比日本發生味素類似品的案件還早，於此，本文先從味素偽造的案件內容，來做相關的闡述，藉此了解當時味素火紅的程度。

在最早西元 1916 年所刊登的味素不法案件上，敘述的是趙榮春以蒐集味素空罐的方式，將味素調和麥粉販售給消費者的案例，這樣透過味素販賣的方式來謀取暴利，然而，當時會選擇運用麥粉來做混淆，有可能是因為之前在味素廣告上，其廣告文宣中所說明的：原料以小麥、大豆為主。因此使用麥粉來與味素混合，或許是一種相當接近原本味素的作法，但事實上，味素

的原料是經過科學技術，運用水解技術來提煉出鮮味的結晶體，與混合的方式還是有相當程度上的差異，爾後，諸如此類的詐欺手法，開始在臺灣各地蔓延，於此同時，也引起了日本政府當局及味之素公司的注意，但人們貪小便宜的心態，還是使得這類的不法案件一再發生。

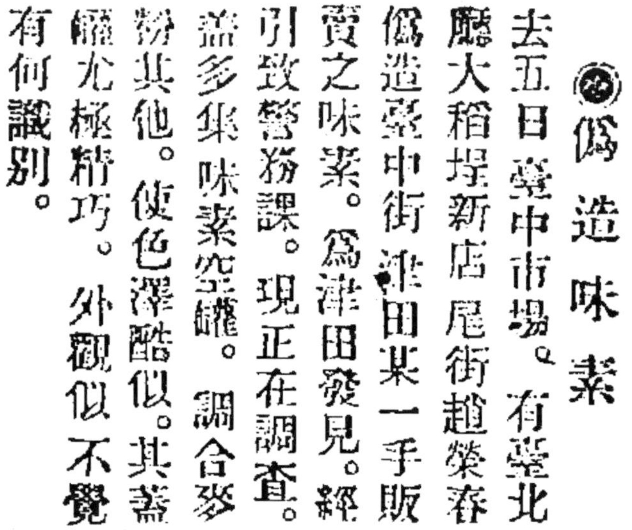
◎偽造味素
去五日臺中市場。有臺北廳大稻埕新店尾街趙榮春偽造臺中街津田某一手販賣之味素。爲津田發見。經引致警務課。現正在調查。詐多集味素空罐。調合麥粉其他。使色澤酷似。其蓋罐尤極精巧。外觀似不覺有何識別。

圖 4－11：僞造味素（1916.10.7），《臺灣日日新報》，大正 5 年 10 月 7 日。

緊接著於西元 1918 年 9 月 1 日在中壢市街，也發生類似的僞造味素案件，這件案子起因於雜貨店家，在市場購入由鈴木商店所製造的味素空罐，並填入僞造的味素來販售給消費者，此案被判決爲詐僞罪。味素空罐的販售是一大漏洞，因爲從外觀不易分辨眞假，除此之外，早期的味素空罐是玻璃製的，臺灣雖然早在清治時期就已接觸玻璃製品，但玻璃製品的接觸人士都屬於清代的達官貴人，所以在清代的臺灣，玻璃製品並不普遍，直到日治時期玻璃產業才逐漸發達〔註 13〕。

然則，當初味之素集團對於味素的包裝材質採用玻璃瓶裝，其目的是爲了提升防潮的效果，並且使外觀看起來乾淨、衛生又有高級的意涵，而臺灣日治時期的玻璃產業雖已開始興起，但味之素集團所生產的玻璃瓶，還是有其特殊之設計，包含玻璃瓶材質、味之素集團獨有的商標封條，所以味素的

〔註 13〕 童怡婷，《臺灣日治時期玻璃製品在漢人生活中運用之研究》（國立臺北大學民俗藝術研究所碩士論文，2010），頁 13。

空瓶實際上是有專賣的店家，再者，生產味素玻璃材質的空瓶，需要具有相當程度的資本，所以在當時應該不是隨意可取得的一種玻璃製品，這也導致消費者初步觀看玻璃罐外觀，就大致認定此爲眞正的味素，而不知其已受騙上當。

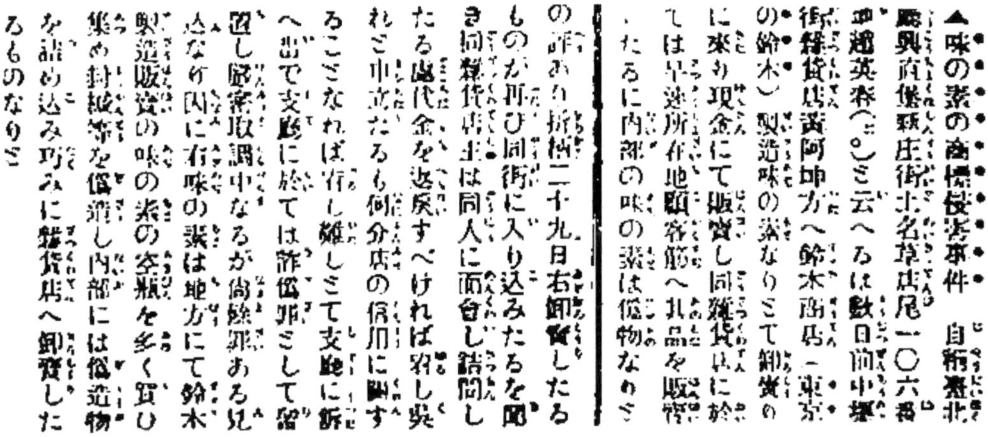
▲味の素の商標侵害事件　自稱臺北廳興直堡頂庄街北名埤尾一〇六番地趙英春（二〇）と云へるは數日前中壢街雜貨店黃阿坤方へ鈴木商店（東京の鈴木）製造味の素なりとて卸賣に來り現金にて販賣し同雜貨店に於ては早速所在地顧客筋へ其品を販賣したるに內部の味の素は僞物なりとの訴あり折柄二十九日右卸賣したるものが再び同街に入り込みたるを聞き同雜貨店主は同人に面會し詰問したる處代金を返戾すべければ許し與れと申立たるも何分店の信用に關することなれば許し難しとて支廳に訴へ出で支廳に於ては詐僞罪として留置し嚴密取調中なるが尙餘罪ある見込なり因に右味の素は地方にて鈴木製造販賣の味の素の空瓶を多く買ひ集め封紙等を僞造し內部には僞造物を詰め込み巧みに雜貨店へ卸賣したるものなりと

圖 4－12：味之素商標侵害案件（1918.9.1），《臺灣日日新報》，大正 7 年 9 月 1 日。

接著於隔年西元 1919 年 3 月 7 日，在桃園的雜貨店又發現味素的仿冒品，日本政府所派的衛生稽查官員，發現其味素的外包裝與玻璃瓶罐，與味素眞品相較之下並無差異。而透過衛生檢測人員查驗其內部的粉末，發現其成分爲片栗粉，混充魚類骨粉、鹽，另一種則是重曹混充昆布類的粉末，這些粉末外觀色澤相同，用肉眼辨識上有其困難。從上述各項的混充粉末上，於此再做詳細的字詞解釋，所謂的片栗粉就是我們現今所了解的馬鈴薯澱粉，片栗粉（かたくりこ）。是日本語文的漢字寫法；而重曹也是日本語文的漢字寫法，重曹（じゅうそう）就是現今俗稱的小蘇打粉；由此可見，逐年發生的味素不正案件，除了在瓶罐包裝上的精細僞造之外，假冒味素的粉末也越來越多樣化，除了講求白色粉末的外觀，還需努力仿製味素所呈現的味覺，更重要的是，此篇報導指出類似這樣的味素仿造案，已經遍佈臺灣各地，要購買味素的消費者多加注意，但我們可以預見的是，味素的熱賣以及賣價的高昂，還是會有人鋌而走險的從事這種不法事件。

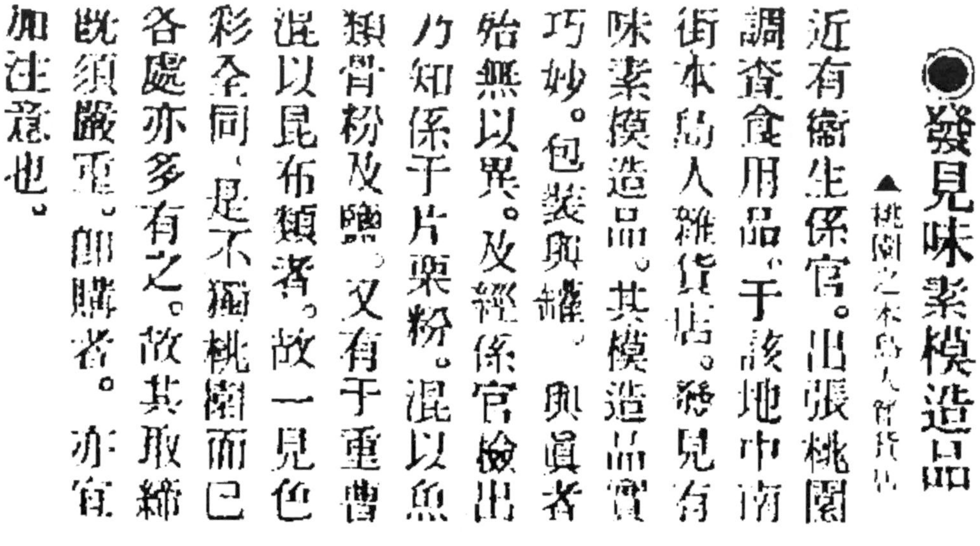
◉發見味素模造品

▲桃園之本島人雜貨店

近有衛生係官。出張桃園調查食用品。于該地中南街本島人雜貨店。發見有味素模造品。其模造品實巧妙。包裝與罐。與眞者殆無以異。及經係官檢出乃知係于片栗粉。混以魚類骨粉及鹽。又有于重曹混以昆布類者。故一見色彩全同。是不獨桃園而已各處亦多有之。故其取締既須嚴重。即購者。亦宜加注意也。

圖 4－13：發見味素模造品（1919.3.7），《臺灣日日新報》，大正 8 年 3 月 7 日。

西元 1924 年在《臺灣日日新報》，再次刊登了另一則假造味素的案件，這是發生在南投竹山的不法案件，此爲雜貨業者受騙上當的案件，源頭則是由嘉義的雜貨商賣出，此次案件的特殊點在於仿冒味之素集團的印刷標頭，但商標上印製「あちないもと」，與原本眞正的商標不同，還是有人受騙上當，這一方面，可說是其仿冒的味之素公司商標相當逼眞，另一方面可說是當時臺灣人在日文的閱讀上，還是有許多語意不清的情況，雖然，日本當局政府與臺灣當時各個廳長在大正時期，一直不斷反映要求增設公學校，以提升臺灣人民的就學率，而時任臺灣總督府學務課長隈本繁吉，也逐漸改變以往對臺灣教育政策的觀點，並希望透過公學校設立數目的提升，能使日本對於「同化」的名目，以及日文教育能更加的普及〔註 14〕。但日本政府對臺灣所施行的日文教育普及化，是從日本大正時期才逐漸改變與提升，所以對於臺灣人民在日文的閱讀能力上，其實是在大正時期才漸漸的提升效度，也因此對於味之素公司商標，其上方僞造的文字錯誤，與臺灣當時人民的日文閱讀能力有部分相關性，換句換說，因日文閱讀能力不足，容易不甚理解日文語意而受騙上當。

〔註 14〕 陳培豐著，王興安，鳳氣至純平編譯，《「同化」同床異夢——日治時期臺灣的語言政策、近代化與認同》（臺北市：麥田出版，2006），頁 254～255。

假造味素　竹山郡竹山庄雜貨商葉萬枝處。客月二十八日。發見假造味素。郡警察課細爲調查。係由同片周烏屎賺買。烏屎則由嘉義街西門雜貨商金源昌購買。一打四圓二十錢。共中印刷標頭。與眞者無異。惟商標書「あぢないもと」。與眞味乃素字音略不同。州警察課檢舉後。卽爲試驗分析係以魚骨爲粉。混合瀏分者。犯人現嚴探中

圖 4－14：假造味素（1924.3.6），《臺灣日日新報》，大正 13 年 3 月 6 日。

除了僞造味素之外，竊盜味素的案件也是時有所聞，在昭和 5 年（1930）1 月 26 日刊登一則盜賣味素的消息，因查緝人員發現一位形跡可疑的人，追查之下發現李嫌此人竊盜味素，並將竊取而來的味素轉賣飲食店，這與之前僞造味素的案子又不相同，是以竊取的方式，轉賣給飲食店家賺取不法經費，而此案件也傳達了一項訊息，就是在當時的臺灣飲食業界，使用味素烹飪食物的店家爲數不少，所以這構成了竊盜味素可轉賣的一條銷售管道，味素如此的需求量，間接使得偷盜案件頻傳。

盜賣味素被拘　去廿三日。午後四時頃。熱海周二刑事等。出查事件。行至郡衙北面縱貫路時。在該路萬得飲食店內。覩該地人李冬。舉動可疑。隨向前盤問。發見多於去廿一日。竊盜人之味素二研。先偸一研。得金一圓十錢。翌二十二日。再偸一研。得金一圓二十錢。均賣於飲食店。徐罪尙取調中。

圖 4－15：盜賣味素被拘（1930.1.26），《臺灣日日新報》，昭和 5 年 1 月 26 日。

而在彰化也發生味素竊取的案件，在昭和 7 年（1932）1 月 19 日的《臺灣日日新報》，刊登了味素竊取的新聞，這是於彰化的食料品賣店，在夜間被竊賊破壞玻璃門，竊走味素十瓶，隔天業者向警方報案，警方正在查緝中。由此可知，味素的熱賣，連帶造成臺灣的食料品商家成了歹徒覬覦的對象，類似偷竊味素的案件不斷發生；然則，前述提及臺灣雜貨業者相關味素詐騙的事件，無論是詐騙或偷盜味素案件，在在顯示了當時臺灣雜貨店的買賣信用度有待商榷，而治安管理上也需要加強。

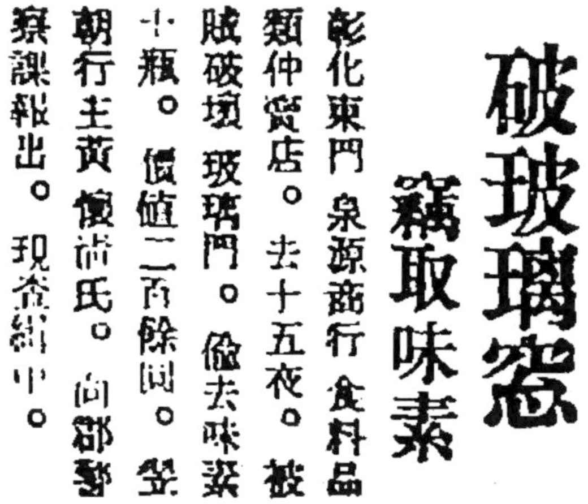
破玻璃窓 竊取味素
彰化東門泉源商行食料品類仲賣店。去十五夜。被賊破壞玻璃門。偷去味素十瓶。價値二百餘圓。翌朝行主黃儴治氏。向郡警察課報出。現査緝中。

圖 4－16：破玻璃窓竊取味素（1932.1.19），《臺灣日日新報》，昭和 7 年 1 月 19 日。

到了昭和 10 年（1935）9 月 11 日，《臺灣日日新報》刊出竊盜味素賤賣的訊息，此案發生於臺南西市場，內有許多雜貨店家在數個月之間，於夜間失去許多味素、醬油等物，店家透過報警之後，經方循線查緝到一位賤賣味素、醬油的郭姓嫌犯，郭姓嫌犯供稱十九歲的蔡嫌，於夜間市場關閉之後，利用自身身材短小之優勢，潛入店家行竊味素等物品，得手之後再與郭嫌均分贓物。從此案可得知，一些人民常用的調味料等，因其銷量較大、銷售管道也較多，所以引發調味料竊盜等諸多案件，許多嫌犯在竊取調味料之後，轉而銷售較爲偏鄉的雜貨店業者，亦或是小吃店、飲食店等調味料用量較高的店家，或者轉售給一些消費者，因有利可圖又轉售管道多元，才發生多起僞造、偷竊味素的案件，這些案件都說明了味素，在當時是一項多麼火紅的新式調味品。

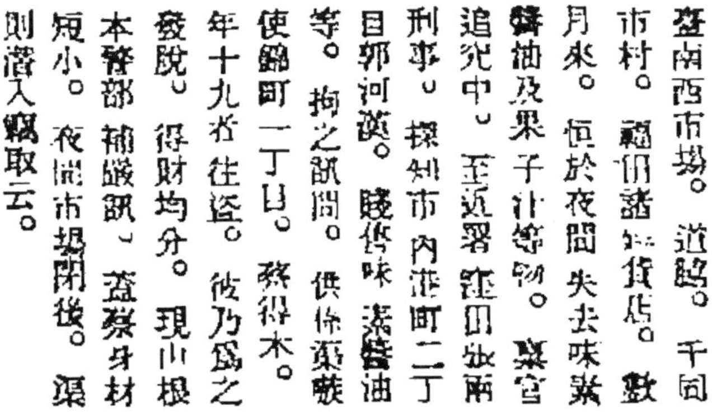

盜味素醬油
賤賣被拘

臺南西市場。道路。千間市村。親份諸所貨店。數月來。恒於夜間失去味噌醬油及果子汁等物。該管追究中。至近署錦田刑事兩刑事。探知市內港町二丁目邪河漢。賤賣味噌醬油等。拘之訊問。供係藥醬油使歸町一丁目。發得木。年十九者往返。彼乃爲之發脫。得財均分。現山根本警部補嚴訊。盜察身材短小。夜間市場開後。則落入竊取云。

圖 4－17：盜味素醬油賤賣被拘（1935.9.11），《臺灣日日新報》，昭和 10 年 9 月 11 日。

　　而時間到了戰時生活的臺灣，味素的偽造案件仍然持續發生，但此時的味素仿冒案件，其商人的黑心程度更加惡劣，如《臺灣日日新報》在昭和 14 年（1939）5 月 4 日，刊登味素內混入硼砂的事件，起因是有消費者購買味素之後，察覺有異進而舉發，經由警方查詢之下，發現彰化有不肖業者製造味素與硼砂混合的假味素產品，販賣給許多商店的情形。此案件初步可了解，臺灣即使在戰爭紛亂的時刻，對於味素的需求依然相當高。

圖 4－18：硼砂混入味之素（1939.5.4），《臺灣日日新報》，昭和 14 年 5 月 4 日。

之後不久，《臺灣日日新報》再度刊出味素的不法案件，這是查緝人員在彰化發現許多仿冒味素名為「素之光」，而這些味素大多摻入石膏粉，然而，上則硼砂混入味素之案件，也同樣在彰化發生，在這地緣關係之下，此報導指出，希望想買味素的消費者要多加的注意。但從兩件發生在彰化的大型偽造味素案件，我們可了解在臺中、彰化等地，已有不法製造商，供應假造的味素給商店或消費者，而且兩起味素仿冒案件報導時間相隔不遠，可說明查緝味素的不法事件，在戰爭時期有越來越積極的趨勢。

圖4-19：石膏粉混入味素（1939.5.6），《臺灣日日新報》，昭和14年5月6日。

臺灣在戰時體制下，味素的仿冒事件還是不斷的發生，於同樣昭和十四年（1939）又再次查出偽造味素的事件，此案件查出名為「銀之味」的偽造味素，透過稽查人員將查獲的假味素，送往衛生課做詳細鑑定之後，發現內含成分硼酸。總體而言，光是在昭和十四年（1939）就發生了多起假造味素的案件，而且假造手法更加的黑心，事實上，當臺灣進入戰爭時期，許多的民生用品被日本當局政府嚴格控管，除此之外，當時的物價也因戰爭開始，而變得相當不穩，但是，味素的需求量仍舊很大，在許多民生用品被控管之下，偽造味素的用料，開始從食用的粉料改變成一些化學的粉料，臺灣在戰時體制下所發生的味素偽造案，其相關警方所查出的假味素，添加的都是硼

砂、石膏粉、硼酸等類似化工使用的白色粉末，同樣是白色粉末樣貌，但因能夠食用的白色粉末被日本政府管制之下，不法商人轉而將化學的白色粉末，加入味素之中來販售給商店或消費者。

　　所以從上述味素的假造歷史而言，我們可以看出味素在臺灣的需求量相當大，就算到了時局不穩的戰爭時期，民眾對於味素的依賴還是有增無減，也因味素的熱銷，以及味素的販售價格高昂，因此，抓住貪小便宜的心態，許多不法的味素仿冒、偷盜事件就漸漸地在臺灣各地發生，而在臺灣開始戰時生活之前，味素的仿冒案件經過衛生課的鑑定之下，大多是混入食用的白色粉末如：麥粉、馬鈴薯澱粉、魚骨粉、鹽、小蘇打粉等；但是到了臺灣戰爭時期，警方所查出的味素假造事件，其混入味素的白色粉末，大多是工業使用的白色粉末，所以味素在臺灣的飲食史而言，不僅有輝煌的一面，商人們黑心的一面，在味素假造的歷史上，也能看到許多不法的過程。

圖 4-20：硼酸混入味之素（1939.5.11），《臺灣日日新報》，昭和 14 年 5 月 11 日。

二、味之素集團對味素遭仿之因應對策

味素遭到假造、偷竊，無論是飲食安全、商家財產保障上都是一大威脅，除了臺灣發生味素偽造事件之外，日本於西元 1920 年開始，也漸漸有味素仿冒品出現，有鑑於此，味之素集團對於仿冒事件的防治相當努力，於此，本研究著重於味之素集團在臺灣所執行的所有防治計畫，從味之素集團在臺的經營轉變，以及味素包裝改變上的意義，來了解味之素集團對臺灣所進行的防治細目。

在本文闡述味素仿冒的章節之中，提及最早的味素仿冒事件，是發生在臺灣西元 1916 年，隔年，鈴木商店與臺北的味之素特約店——吉野屋商店，聯合在《臺灣日日新報》刊登一則懸賞廣告，希望各界協助制止味素的不法行徑，若有發現偽造味素的嫌疑人等，將給予獎金作為酬謝。但是，味素的假造事件還是不斷增加，我們可以分析此篇懸賞廣告的內容，其中提到發現味素偽造者贈金百圓，發現不法販賣之商人贈金參拾圓；而我們再觀察另一則偽造味素的報導，此篇為西元 1924 年 10 月 3 日的味素仿冒案，內容提到出售宜蘭方面，迄今獲利千餘圓。

將味之素集團與特約店的聯合懸賞廣告，和味素仿冒案件的內文比較，若是仿冒味素產品之銷售量相當可觀的話，其獲取的暴利大多比懸賞廣告中的獎金多；再者，西元 1920 年以前的臺灣銷售市場上，對於味素的偽造消息並不靈通，許多鄉下的雜貨商店對此訊息可能還相當陌生，尤其這種味素的混充事件，還需要科學的儀器才能真正清楚其味素的純度，如此複雜的問題之下，導致這樣的懸賞方式效果並不理想。

然則西元 1925 年之前，味素在臺灣主要由臺北的吉野屋商店，及臺南的越智商店兩間特約店統籌代理，銷售的初步區分為吉野屋商店負責北部及中部，而越智商店則負責南部，隨著味素的銷量持續攀升，於西元 1925 年之後，代理區域又再次精細的區分，從臺灣東部到臺中都由吉野屋商店代理，臺中到嘉義則由臺北越智分店負責，嘉義以南則以臺南越智商店負責經銷〔註15〕。爾後，味之素公司為了防止味素的類似商品，在臺灣販售並擾亂市場，進而於西元 1928 年在臺灣成立味之素會，成立味之素會的意義，在

〔註15〕　蔣竹山，〈美味詐欺：從「味の素」偽造風潮看日治台灣的調味料消費史〉《「第二屆臺灣產業發展與社會變遷：近代臺灣的農業生產與食物消費」會議資料》（臺北市：中央研究院臺灣史研究所，2017），頁8。

於建立一個以味之素集團與經銷商緊密結合的組織，透過這樣的組織來使味之素集團，對於味素的銷售更能掌控與清楚，此外，味之素會在臺灣的設立分布相當廣，從臺北（十四間加盟店）、基隆（十一間加盟店）、臺中（八間加盟店）、彰化（九間加盟店）、嘉義（五間加盟店）、屏東（六間加盟店）均有設置〔註16〕。

　　隔年於西元 1929 年 2 月，味之素公司在臺灣設立事務所，此事務所的型態是以無商人銷售交易的事業體系，緊接著同年的五月，在臺北的西村商會、桑田商會加入特約店的行列，所以在臺灣由吉野屋商店、越智商店、西村商會、桑田商會共四間特約店，掌控全臺灣的味素販售權。透過四間味素銷售特約店，以及由北而南總共五十三間加盟店的銷售之下，味素的銷售量依然持續攀升，但味素的仿造事件還是一直存在，尤其味之素公司第三代的社長積極訪臺，發現到當時臺灣人民對味素的需求量極大，但是買到仿冒的味素機會也很高，爲了使味素銷售管道更加安全及透明，味素的專賣店制度就此展開，味之素公司所訂定的專賣店新制，內容是將信用良好的小商店，透過特約店的嚴選，並給予「味素專賣店」的看板之後，此店家及升格爲販售味素的代理店，消費者可以依據「味素專賣店」的看板，來安心選購眞正的味素；更重要的是，味之素公司還會經常派人員前往各間店家，做詳細的調查與了解，若發現有不法的情事，隨即取消該店的專賣資格，透過這樣的監督制度，逐漸獲得消費者的認可，不僅專賣店的獲利更加，專賣店的店數也持續的擴張〔註17〕。

　　由於味素的銷售量不斷提升之下，依據味之素公司的業務處理需要，在西元 1934 年 7 月將在臺灣設立的事務所，升格爲臺灣出張所，而出張所的用意是包含有營業活動、交易活動的據點，已不再是獨立性、小規模的事業單位；再到西元 1938 年 8 月，在臺灣成立臺灣味之素販售株式會社，透過味之素公司高層人員來臺的市場調查及評估，以及在臺灣的許多業者配合，味素營業方式與制度的改善，不但使得味素的銷售在臺灣屢創佳績，在臺灣的調味料界也佔有舉足輕重的地位。

〔註16〕　味の素グループの 100 年史：https://www.ajinomoto.com/jp/aboutus/history/story/（瀏覽日期：2017.9.8）。

〔註17〕　蔣竹山，〈美味詐欺：從「味の素」僞造風潮看日治台灣的調味料消費史〉《「第二屆臺灣產業發展與社會變遷：近代臺灣的農業生產與食物消費」會議資料》（臺北市：中央研究院臺灣史研究所，2017），頁 11。

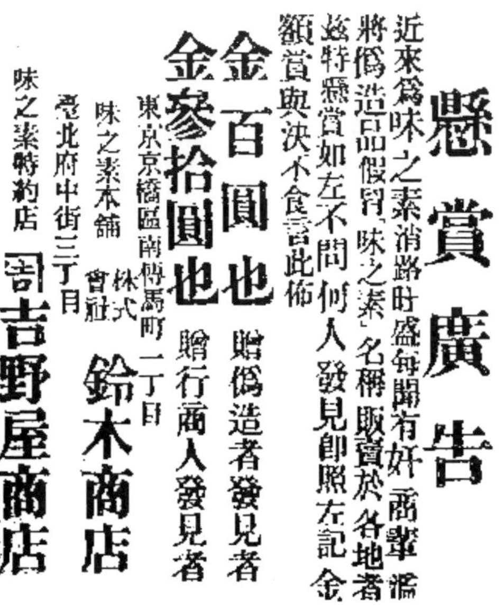

懸賞廣告

近來爲味之素消路旺盛每聞有奸商輩擅
將僞造品假冒「味之素」名稱販賣於各地者
茲特懸賞如左不問何人發見卽照左記金
額賞與決不食言此佈

金百圓也　贈僞造者發見者
金參拾圓也　贈行商人發見者

東京京橋區南傳馬町一丁目
味之素本舖　株式會社　鈴木商店
臺北府中街三丁目
味之素特約店　合名　吉野屋商店　電話二六九番

圖 4－21：懸賞廣告（1917.11.30），《臺灣日日新報》，大正 6 年 11 月 30 日。

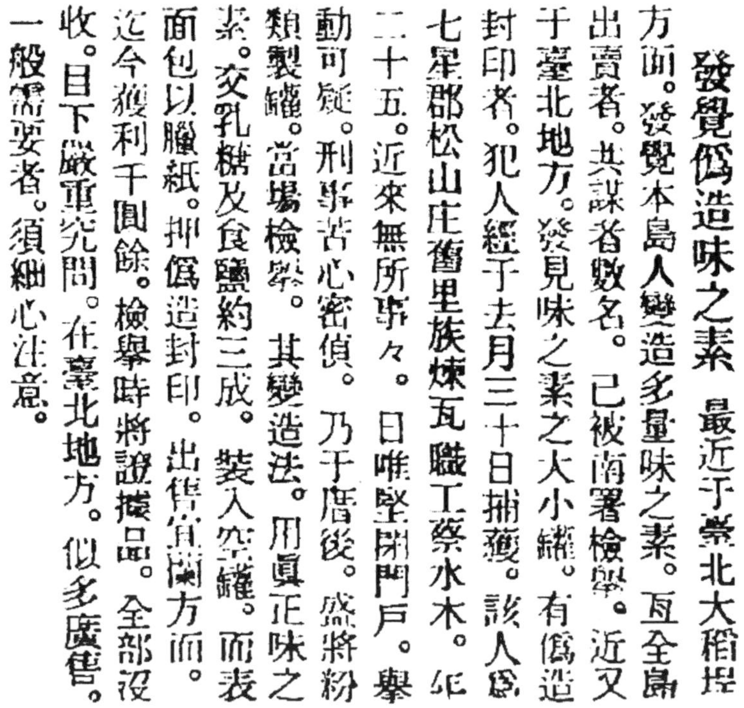

發覺僞造味之素　最近于臺北大稻埕方面。發覺本島人變造多量味之素。亙全島出賣者。其謀者數名。已被南署檢擧。近又于臺北地方。發見味之素之大小罐。有僞造封印者。犯人經于去月三十日捕獲。該人爲七星郡松山庄舊里族煉瓦職工蔡水木。年二十五。近來無所事々。日唯堅閉門戶。擧動可疑。刑事苦心密偵。乃于店後。盛將粉類製罐。當場檢擧。其變造法。用眞正味之素。交乳糖及食鹽約三成。裝入空罐。而表面包以臘紙。押僞造封印。出售宜蘭方面。近今獲利千圓餘。檢擧時將證據品。全部沒收。目下嚴重究問。在臺北地方。似多廣售。一般需要者。須細心注意。

圖 4－22：發覺僞造味之素（1924.10.3），《臺灣日日新報》，大正 13 年 10 月 3 日。

　　而味之素公司不斷的改革在臺灣的銷售模式，其中一項原因就是要遏止臺灣偽造味素的歪風，並持續不斷的提升在臺灣味素賣家的信用度，進而建立臺灣喜愛味素的消費者信心，不過，解決偽造味素的問題，味之素公司不只是改善銷售制度而已，在味素的包裝方面，也著實用心的研發更優良的包裝素材，以確保味素產品的品質，以及防偽造的效果，透過味素包裝素材的改變，我們可以了解味之素公司針對仿冒的問題，以及時局轉變上的窘境，對味素的包裝外觀有著怎樣的影響。

　　最初，味素的研發者池田菊苗先生，將科學的技術帶入了食品科技的研發，以精密的水解技術，將小麥澱粉透過人工合成等多項繁複技法，製造出了新式調味品——味素，如此科學化的調味品，關於包裝上的需求如：防潮、防質變等，在當時的技術上，運用在盛裝藥品的常見容器——玻璃瓶，是最初用以承裝味素的最佳選擇。但味之素公司沒料想到，在臺灣的仿冒味素事件，竟有許多是透過管道購買或蒐集味素空罐，來假造不純的味素來賣給消費者，因此坡璃罐裝的包裝方式，讓味之素公司開始想方設法，考慮是否有更理想的包裝方式，來制止偽造味素這些不法的事情。

　　但是，新式的味素包裝出現之後，臺灣的市場又有了新的銷售模式，以及新的偽造手法發生，這樣的變革都是因為味素的需求量一直高昂，所以人們透過味之素公司所研發的新包裝，進而計算各種包裝價格的划算程度，並改變味素的銷售方式；而另一方面，許多透過銷售假味素謀取暴利的人，也在思索如何從味素的新包裝，找到破綻後可以繼續欺騙消費者。首先，要探討的是味之素公司在包裝變更上的過程，以釐清味之素公司在偽造防治上的計畫；早在西元 1916 年，味素仿造的消息已在《臺灣日日新報》發布，之後，仿冒味素的新聞就一直不停地出現，因此，味之素集團在西元 1926 年開始著手研發，一種邊緣纏繞型的新式鐵罐，這種特殊製成的鐵罐，正是味之素集團用以解決味素外包裝仿冒的利器；接著於西元 1927 年，味之素公司推出金色鐵罐的味素，而味素金色鐵罐裝的主要客群，是鎖定商業運用的客群，家用客群也有考量其消費的可能性〔註18〕。

〔註18〕　味の素グループの 100 年史：https://www.ajinomoto.com/jp/aboutus/history/story/
　　　　（瀏覽日期：2017.9.8）。

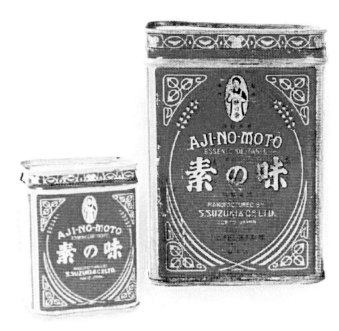

圖 4－23：味之素公司特製的新式鐵罐〔註 19〕

　　但無論如何，任何銷售的可能性，都需要一個更加公正的方式，來處理味素販售的行爲，有鑑於此，味之素公司在西元 1928 年，將味素的重量算法，全面改爲以「克」的標準來做產品容量的呈現。值得重視的是，臺灣的雜貨業者爲因應家庭味素的用量，而將金色鐵罐裝的味素，用秤重零賣的方式銷售，並開始以三錢一包、五錢一包、十錢一包的零賣方式來銷售給顧客，而這種零賣的銷售方式，也遭到不肖業者的利用，在零賣的味素當中混入一些麥粉，使得味素的純度不高，爲了避免僞造風氣影響消費者食用的安全，味之素集團才會建立一連串的經銷制度，來確保味素產品銷售的信用度。

　　但是，前文闡述味之素集團在行銷制度的變革，以及在味素包裝上的改良，都是爲了抑制假造味素的情況，並提升消費著的購買意願與信心，然而，依據《臺灣日日新報》對味素僞造及偷盜事件的報導來看，味之素集團對味素銷售制定等種種措施，無法有效防治假造味素的事件發生；而情況到了臺灣戰爭時期，由於中國大陸與日本開始戰爭，以致於許多產品的配置控管相當嚴格，味之素公司也明白在臺灣的市場，仿冒味素的風氣一直無法有效阻擋，即使在戰爭時期物資缺乏的時刻，假造味素的事件還是時有所聞；此外，

〔註 19〕　國史館臺灣文獻館編，《古情綿綿：老臺灣簽仔店特展專輯》（南投市：臺灣文獻館，2006），頁 112。

由於戰爭的緣故，對於金屬的需求量大增，所以味之素的包裝又改為紙盒的包裝，於此同時，在這紛亂的時期，味之素公司的川崎工廠生產開始停滯，所以供應量逐漸不足，到了西元 1943 年 6 月 11 日，臺灣味之素販售株式會社解散，此後，味之素的臺灣出張所於 1945 年 8 月關閉，結束了味之素公司在臺灣日治時期的輝煌歷史。

從味之素公司的行銷策略，到味之素在產品外包裝的研發過程，我們可以了解味素在臺灣人民心目中的重要性，但更重要的是，味之素集團用盡各種方式來阻止仿冒的事情，但事實結果而言，每推出一項新的制度，或更改味素的包裝，臺灣的販售業者還是有其方法來從中賺取暴利，所謂道高一尺魔高一丈，臺灣的味素仿冒案件，讓味之素集團處理起來相當不易。

三、日本政府在法律處置和辨別味素真偽之宣導

在此章節，本研究要闡述的是，在臺灣發生許多起味素仿造的不法案件，而前一小節已論述了味之素公司，針對這些味素假造案件，如何防範與制定販賣的新政策；然而，味之素公司是日本政府相當重視的一家企業，因此，當臺灣查緝出許多味素仿冒或偷竊案件之時，日本政府又是如何透過法律的約束，以及相關的政策制訂，以抑制味素的不法事件；於此同時，日本當局政府在食品衛生的規劃上，又有怎樣的衛生制度，來確保人民食用的安全；再進一步，日本政府還運用何種管道，來向民眾大力宣導味素的真假辨別方式，這些都是此章節要一一解說的要點。

前文已闡述味素仿冒案件最早於西元 1916 年發生，而之後還是持續傳出假造味素的消息，因此，日本當局政府將衛生課做相關安排，讓消費者持有疑慮的味素，給衛生課的人員做免費的檢驗，在《臺灣日日新報》於大正 13 年（1924）11 月 18 日，也向大眾宣傳衛生課有免費的味素檢測服務，幫助大家飲食方面更加安心。但從這則鑑定味素的新聞，我們可以了解當時的味素買賣，是由各地雜貨業者進貨並銷售的，味之素初期有兩間特約店銷售味素，然則味素在臺灣越來越受歡迎之下，更多的雜貨店家開始將味素引進店裡銷售，所以在銷售領域逐漸的擴展之下，漸漸的提升了味素的銷售量。由當時的情況而言，購買味素還需要講求店家信用與否，不然，購買到假的味素機率逐年升高，即使後來味之素集團在臺灣的行銷策略改變，還是無法有效抑

制味素假造的情況，可見味素的假造，可謀取的暴利相當可觀，才會有不少人前仆後繼的偽造或偷盜味素。

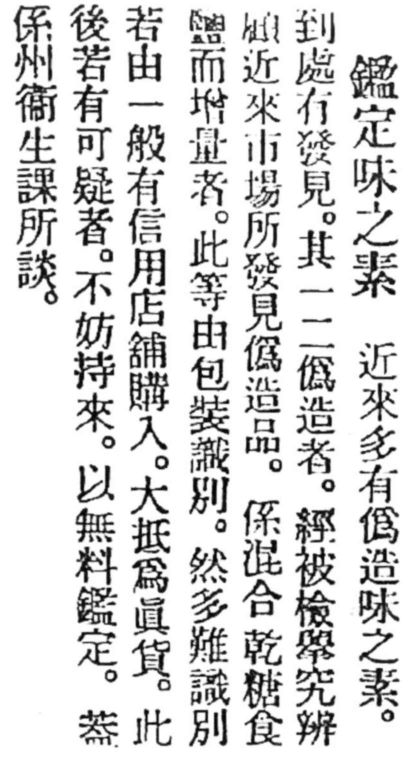

鑑定味之素　近來多有偽造味之素。到處有發見。其一二偽造者。經被檢舉究辨。頗近來市場所發見偽造品。係混合乾糖食鹽而增量者。此等由包裝識別。然多難識別。若由一般有信用店舖購入。大抵為真貨。此後若有可疑者。不妨持來。以無料鑑定。係州衛生課所談。

圖4－24：鑑定味之素（1924.11.18），《臺灣日日新報》，大正13年11月18日。

　　另一方面，在味素的銷售市場上，還有一種特殊的購買方式，也就是以秤重的方式來零賣各種分裝的小包味素，因為味之素公司出了許多不同包裝的味素，其包裝的素材不同、容量也不同，但是各種包裝及容量，再來換算價格之下，以金色的罐裝味素最為划算，但金色罐裝大多以餐廳或旅館等，做飲食之業者為主要客群，一般的家庭其銷量及購買經費上，比較不常購買金色大罐裝的味素，所以在當時的雜貨店流行將味素秤重販售〔註20〕，將一般家庭慣用的少量克數，分裝成小包販售給消費者，但這種散裝味素的銷售方式，雖然較符合一般家庭的用量。

〔註20〕　蔣竹山，〈美味詐欺：從「味の素」偽造風潮看日治台灣的調味料消費史〉《「第二屆臺灣產業發展與社會變遷：近代臺灣的農業生產與食物消費」會議資料》（臺北市：中央研究院臺灣史研究所，2017），頁7。

但在《臺灣日日新報》於大正 15 年（1926）5 月 3 日所刊出的味素報導，進而了解若是以散裝味素來做販賣，其造假的機率也相當高，此篇報導指出，衛生試驗所大量稽查以秤賣方式，銷售味素給消費者的業者，透過各家業者提供的味素，經過化學式驗之後，二十六件中只有十件是味素純良品，味素不良品高達十五件之多，這些假造味素大多混入麥粉、澱粉、乳糖約莫二至五成。雖然此篇報導勸告各位消費者要多加注意，但無論購買味素罐裝或秤重零賣，均發現其僞造或不良品的件數相當高，除了消費者要小心之外，店家在販售味素的信用也相當重要。

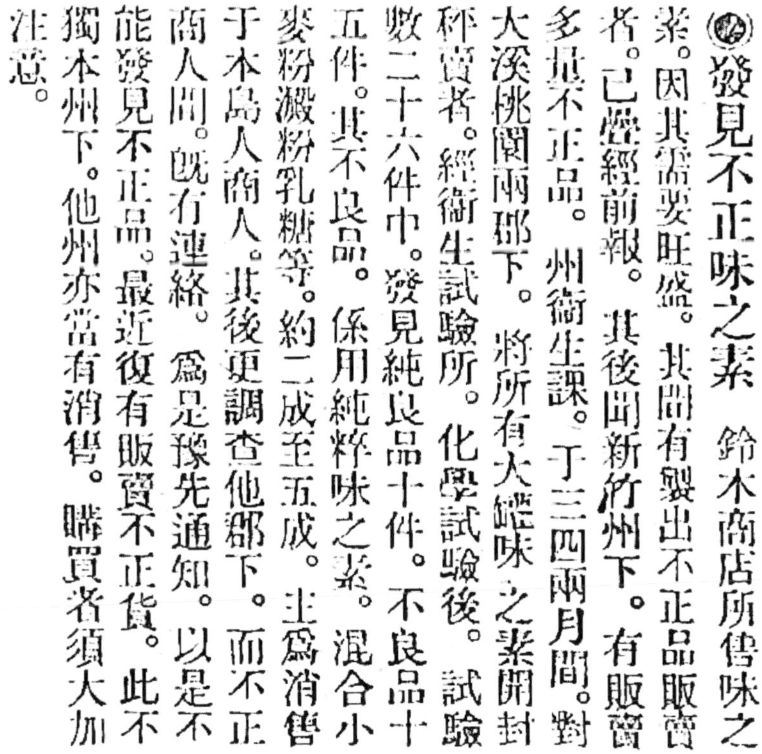
◎發見不正味之素　鈴木商店所售味之素。因其需要旺盛。其間有製出不正品販賣者。已屢經前報。其後由新竹州下。有販賣多量不正品。州衛生課。于三四兩月間。對大溪桃園兩郡下。將所有大罐味之素開封秤賣者。經衛生試驗所。化學試驗後。試驗數二十六件中。發見純良品十件。不良品十五件。其不良品。係用純粹味之素。混合小麥粉澱粉乳糖等。約二成至五成。主爲消售于本島人商人。其後更調查他郡下。而不正商人間。既有連絡。爲是豫先通知。以是不能發見不正品。最近復有販賣不正貨。此不獨本州下。他州亦當有消售。購買者須大加注意。

圖 4－25：發見不正味之素（1926.5.3），《臺灣日日新報》，大正 15 年 5 月 3 日。

除了日本當局政府派衛生課相關人員，經常性的往來各店家稽查之外，在飲食稽查上的法律約束也同等重要，從部分在《臺灣日日新報》所刊登的味素僞造案件上，可以了解當時警方與法院在稽查、審理的過程，以及法院對此類不法案件的判決結果。首先，在西元 1928 年 8 月 24 日的《臺灣日日新報》，刊登一則冒充眞正味素的不法案件，此案件是由於基隆兩位陳姓、李

姓商人，將乳糖、鹽、味素混合之後，塡入鈴木商店專賣的味素空罐，並專門兜售給鄉下的雜貨業者，此案件透露的訊息，是當時臺灣的城鄉訊息不盡相同，如味素的詐騙案件訊息，或許已在當時臺灣的城市開始宣傳。

　　但在臺灣的鄉下，無論交通、報刊的宣傳、人際的來往都較爲貧乏與單純，這也就容易導致鄉下的雜貨店家遭到欺騙，實際上，光是當時在臺灣的大稻埕店家，都有味素仿冒案件的發生，如大稻埕這樣屬於城市的地方，都會發生這樣味素詐欺的事件，更何況是臺灣鄉下地方的買賣業者。以此情況而言，說明味素仿冒案件不斷發生，除了味素銷售極佳、銷售價格較高之外，針對味素仿冒的訊息傳遞上，還是不夠普遍及迅速。但值得重視的，是此冒充味素案件的判決，爲兩名犯嫌各判處五個月徒刑，這樣的判決其實並不算太重，可能因此導致了更多人願意鋌而走險的犯案。

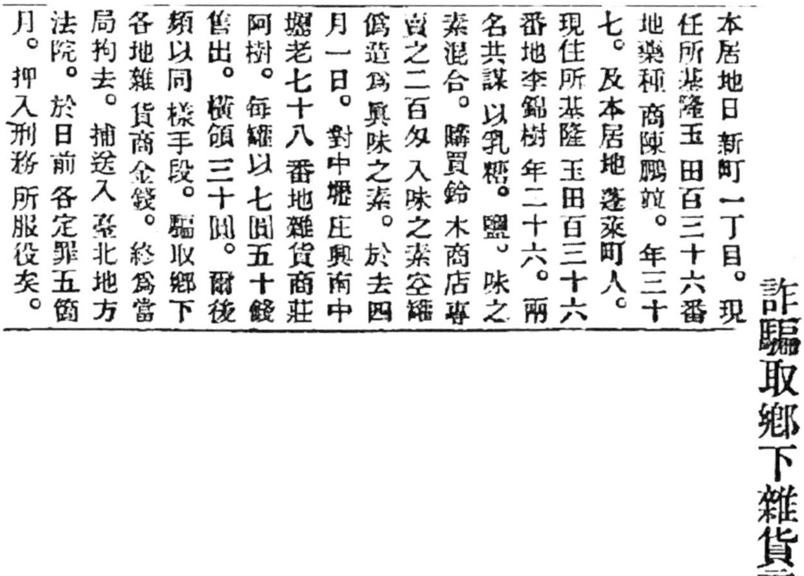

乳糖鹽味素混合
假爲眞味之素
詐騙取鄉下雜貨商

本居地日新町一丁目。現任所基隆玉田百三十六番地藥種商陳鵬鈑。年三十七。及本居地逢來町人。現住所基隆玉田百三十六番地李錦樹年二十六。兩名共謀以乳糖。鹽。味之素混合。購買鈴木商店專賣之二百匁入味之素空罐僞造爲眞味之素。於去四月一日。對中壢庄與南中壢老七十八番地雜貨商莊阿樹。每罐以七圓五十餘售出。橫領三十圓。爾後頻以同樣手段。驅取鄉下各地雜貨金錢。終爲當局拘去。捕送入臺北地方法院。於日前各定罪五箇月。押入刑務所服役矣。

圖4－26：乳糖鹽味素混合假爲眞味之素（1928.8.24），《臺灣日日新報》，
　　　　昭和3年8月24日。

　　而另一起味素假造事件發生在臺中，此僞造案的廖嫌與張嫌，將味素的罐底打開，取出罐內味素的一半之後，再將仿冒的白色粉末混入，經過調查屬實之後，法院判處廖嫌一年徒刑，張嫌則判處七個月徒刑。事實上，《臺灣日日新報》對此案報導相當多則，其原因是由於檢察官對於臺中地方法院判決不服，進而再次控訴，此案到了臺北高等法院審理後，最終以廖嫌一年徒

刑，張嫌則判處七個月徒刑。此案經過多次的判決，包括情、理、法的思索，以及顧及賣家的信用度，才會使此案判決時間如此之長，但藉由此案的判決結果，其徒刑的判決也並不嚴重，這或許變相的造成了假造味素的事件無法有效的制止。

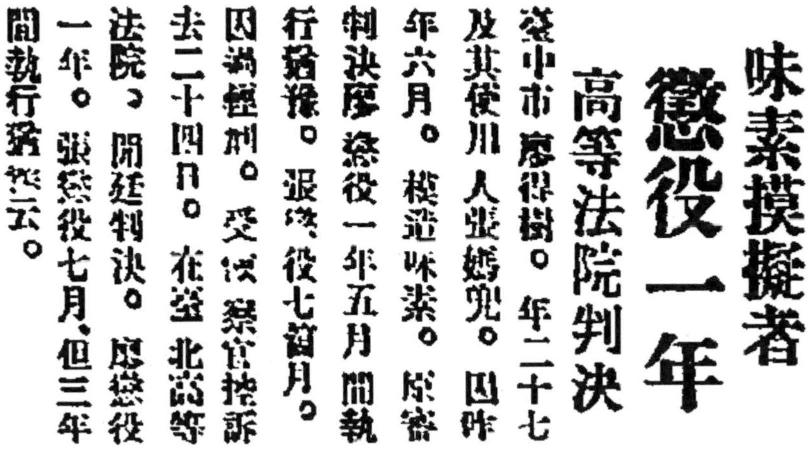

味素摸擬者懲役一年
高等法院判決

發中市廖得樹。年二十七及其使川人盟媽兜。四昨年六月。模造味素。原審制決廖終役一年五月間執行豬像。跟次役七簡月。因過輕刑。受依察官控訴去二十四日。在臺北高等法院。開廷判決。應懲役一年。張懲役七月、但三年間執行務於云。

圖 4－27：味素摸擬者懲役一年（1932.6.26），《臺灣日日新報》，昭和 7 年 6 月 26 日。

　　而時間來到昭和 10 年（1935）2 月 16 日，《臺灣日日新報》又刊登一起偽造味素的事件，此案件發生在高雄東港，邱嫌為貪圖其假造味素的高報酬，進而將鹽與乳糖混入味素金色罐裝之中，並與當地其他業者勾結，聯合販賣多罐假造的味素，被台南地方法院判處一年徒刑。總歸上述各項偽造味素的案件，我們可以了解，日本政府在衛生的科學檢驗上，也花了許多心思與經費，讓消費者將味素拿去做化驗，並且以免費的方式來提供檢驗的服務；此外，衛生稽查人員也經常在販賣味素的許多店家，實施味素純度的檢測，以把關消費者飲食的衛生與安全；而被警方破獲的偽造味素案件，雖然在地方法院、高等法院進行了相關審理，但其判決的刑期都不算太長；由此可見，假造味素的報酬相當高，再加上法院的判決不算太重，所以在衛生檢疫與法律約束上，對偽造味素案件的嚇阻作用並不理想，類似的不法案件還是持續發生。

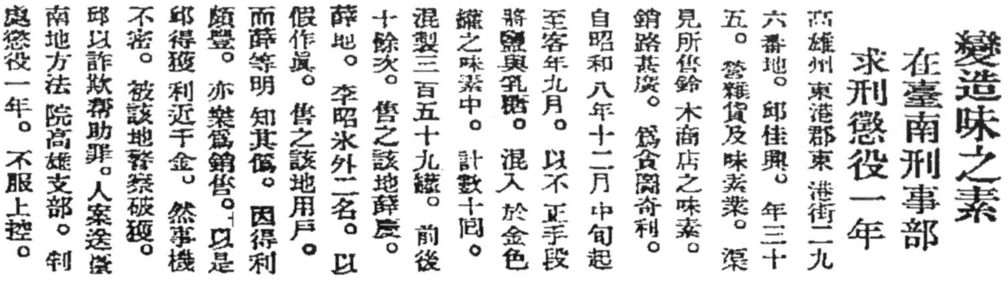

變造味之素
在臺南刑事部
求刑懲役一年

高雄州東港郡東港街二九六番地。邱佳興。年三十五。營雜貨及味素業。深見所售鈴木商店之味素。銷路甚淺。爲貪圖奇利。自昭和八年十二月中旬起至客年九月。以不正手段將鹽與乳糖。混入於金色罐之味素中。計數十罐。混製三百五十九罐。前後十餘次。售之該地辭廉。薛地。李昭永外二名。以假作眞。售之該地用戶。而薛等明知其僞。因得利頗豐。亦樂爲銷售。可是邱得獲利近千金。然事機不密。被該地警察破獲。邱以詐炊幫助罪。人案送臺南地方法院高雄支部。制處懲役一年。不服上控。

圖 4-28：變造味之素求刑懲役一年（1935.2.16），《臺灣日日新報》，昭和 10 年 2 月 16 日。

上述的味素眞假檢驗方式、味素純度的不定期稽查、仿冒味素案件在法院的審理，全都是日本當局政府，面對仿冒味素案件的因應對策，然則，日本政府還有一項重大的措施，來向消費者宣傳味素眞假的辨別方法，就是透過展覽會的宣傳與展示，來讓消費者清楚的了解味素仿冒的情況，以及辨別的方式。在大正 13 年（1924）11 月 21 日至 25 日，總共爲期五天的臺北州警察衛生展覽會，是一場宣導及展示政務成果的展覽會，但此展覽會較爲特別的是，許多內部陳設的海報、展示物品，是由許多具有相關美術才能的警察，來做展覽會的協助與布置，因爲此展覽會較無商業性質，所以籌辦的經費較少，能夠動員的人力也限於警察、衛生課等部門的人員協助。

從臺北州警察衛生展覽會的展間規劃上，我們可以發現日本政府當局，對於臺灣的人口慣習及相關調查，具有一定的掌握及分析，而警方對於飲食物的稽查成果，也在此次展覽中詳細呈現，其中包含仿冒味素的項目，在《臺北州警察衛生展覽會記錄》一書當中，記錄著展覽會所陳列的品項，其中包含僞造味素的品項展示，在展品的區分上，僞造味素的品項是歸在衛生課的陳設項目之一，光是衛生課所展示的項目，就含括了許多飲食方面的展品，例如：食物的分析、食物的不良品宣導等。經由舉辦關於警察、衛生方面稽查成果的博覽會，可宣揚日本當局政府的施政內容，以及對大眾宣導相關飲食、衛生等知識，進而使人民更加了解警察的業務，以及衛生課所稽查的項目，同時也是爲後續所要舉辦的大型博覽會，做相關的前置作業與協助。

一迷信治療の打破 一

一邪の民否見分け方 一瓶 二六

一海の鹽と山の鹽 二

一試驗濟のおしろい 三

アルカロイド 一箱 七

一植物から採取した治療上極めて大切な 七

一味の素にも時々僞物があります

図4-29：臺北州警察衛生展覽會之展品項目（西元 1926 年），《臺北州警察衛生展覽會記錄》，大正十五年。〔註21〕

　　而在《臺北州警察衛生展覽會寫眞帖》的內部介紹，我們能觀察到以家庭所需的飲食、藥品、滋養品等，在當時的展覽會場是如何布置，包含衛生課對物品的檢驗分析結果，都相當整齊地陳列在展覽會當中，進而能教育參觀民眾相關物品辨別的方式，同時也讓世人了解，日本在西化之下，對於許多事務都相當信任科學的檢驗，並且對於人民的營養、保健、衛生的觀念建立相當用心。科學的實證主義在此展覽會上一覽無疑，在味素的檢驗上也是如此，雖然臺北州警察衛生展覽會的舉辦經費較少，但在展品陳設數量上依然相當可觀，並且力求乾淨整潔的擺放；然則，因應層出不窮的味素仿冒案件，能在展覽會上作其中一品項的展示，可見味素假造事件實則受到日本政府的注意，而市面上流通的假味素也越來越多，透過此展覽或許能傳遞相關味素辨別的技巧。

〔註21〕 臺北州警務部，《臺北州警察衛生展覽會記錄》（臺北市：臺北州警務部，1926），頁 68。

部一ノ室品生衛及料養滋、品藥

圖4－30：臺北州警察衛生展覽會展品寫真（1926.12.15），《臺北州警
察衛生展覽會寫真帖》，大正十五年 12 月 15 日。

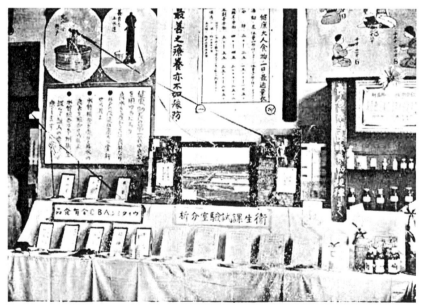

部一ノ室物食飲及品藥

圖4－31：臺北州警察衛生展覽會展品寫真（1926.12.15），《臺北州警
察衛生展覽會寫真帖》，大正十五年 12 月 15 日。

部一ノ害品生衛及料養滋 、品栗

圖4-32：臺北州警察衛生展覽會展品寫真（1926.12.15），《臺北州警察衛生展覽會寫真帖》，大正十五年12月15日。〔註22〕

　　以日本政府而言，對於味素仿冒、偷盜賤賣的案件頻傳，實際上是相當關注的，所以運用了許多方式來控制此類不法案件的發生，包括讓衛生課提供免費檢測味素純度的服務；讓衛生稽查人員長期的檢驗各地雜貨、食料業者所販賣的味素；對假造味素的嫌犯判處應有的刑罰，這些都是日本政府針對味素的良性販賣，所實施的相關政策；爾後，再加上舉辦臺北州警察衛生展覽會，並在陳設眾多的物品當中，也放置了味素偽造的樣品，提供人民做進一步的了解，雖然，日本政府實施這些政策，對於味素的不法案件控管上效果有限，但還是能說明日本政府對於假造事件的在意，以及人民飲食安全的注重，和對人民居住安全的努力。

<hr />

〔註22〕　臺北州警務部，《臺北州警察衛生展覽會寫真帖》（臺北市：臺北州警務部，1926），無頁碼。

第三節　味素對日治臺灣各項文化之影響

　　味素在臺灣日治時期誕生，其所帶來的調味料革命，讓各國對此新式調味品刮目相看，而觀察味素在臺灣日治時期的發展，其造就的並不只是逐年增加的銷售業績，其所帶動的方面包羅萬象，因此，味素所成就的文化，不只是對臺灣日治時期有相當程度的影響，甚至於對臺灣戰後時期的調味品界，都還有一定的影響力，在此，本文將一一陳述，味素在日治臺灣各項文化當中的意義，以及日本文化滲透的作用力。

一、味素與當代女子教育宣導之關係

　　古代的中國大陸，其養生的觀點及方法，依據朝代的更迭與物質的進步，有著不同的內容傳承著，而臺灣的飲食文化，也有部分是延續這些養生的傳統方式；次者，古代的日本也是一樣，對於養生有著相當程度的關注，然而，無論中國大陸、臺灣、日本從古至今的養生論點有何異同，大部分都是以天然食材、藥材，搭配氣候、烹飪方式等各項條件，來進行身體的調養，進而達到強筋健骨、延年益壽的期望。但是，在西方多年以來的進展之下，其對科學角度的剖析越來越依賴，所有的食物均需相關的儀器檢測出其成分，來瞭解其所含的營養物質，對於身體有無助益，這種科技化、數據化的分析，與傳統的養生文化是有其部分的差異性。這些差異性除了因各地風俗民情的不同之外，實際上還包括文化主觀的影響。

　　以日本為例，日本從部分的傳統文化思維，轉變成以科學角度去探討、推行，其原因不單是日本在民族意識上，為追求進步而所做的改變，更重要的是，藉由學習、模仿、內化的進程，能使日本各方面像西方列強一樣的優良，並稱霸東方成為一大強國，是日本全面西化最重要的核心價值。日本歷經明治維新的改革過程，透過西方傳入的許多知識，包括西方文化對家庭的觀點，以及人體營養學的知識，對於日本在城市化的變革，和食品科技的研發上，均有相當重大的影響，而這些學理內容也正是最初味素研發的意義之一。另一方面，從日本治理臺灣的過程當中，我們也能從文獻觀察出日本想藉由自身經驗，來灌輸臺灣相關西方的知識，以期望臺灣各方面能更加進步。

　　而日本政府透過治理臺灣，將西方知識灌輸於臺灣各地，可從幾個面向的歷史進展來作闡述，由於本文是以味素的研發意義為主，因此採用的部分是較著重於女性方面的生活發展，來解讀味素在臺灣熱銷的原因。首先，第

一方面是女性教育的宣導，早在明治三十年（1897）五月，創立於芝山巖的「國語學校第一附屬學校」，在士林街所開辦的分校，為臺灣女子教育展開了新頁，由於臺灣人對女子受教育的觀點不斷的在轉變，造就日治時期的臺灣，女子入學的人數不斷增加；此外，因當時學校場地與學制的更迭，之後於明治四十三年（1910），將校名改稱為「國語學校附屬女學校」，即為「第三高等女學校」的前身，從培育出許多優秀臺灣女性的學校當中，我們可以在其課程的安排上，了解當時女學生所學之內容，一般而言，當時女學校的課程安排內容，除了學習技藝（包含刺繡、人造花製作及裁縫），還有師範科的教育內容（手工藝及漢文）、書法、圖畫、家事教育、唱歌及體操〔註23〕。從學校所制定的課程內容，尤其在家事教育方面，對於女性本身的技能，以及未來生兒育女、照顧家庭的知識，都有詳細的課程安排，這在女性的知識與能力形塑上，可看出日本政府對於教育的重視，也深知透過教育的宣導，更能培育出具有進步史觀的人才。第二方面，以日本治臺初期而言，由於日本婦女在臺人數越趨增加，因此《臺灣日日新報》從大正 3 年（1914）5 月 16 日起，在報刊的第四版開設了家庭版的專欄，爾後，還增加了料理教學的專欄，其中包含日本料理、臺灣料理、中華料理、西洋料理等作法，除了烹飪教學在家庭版專欄的刊登，關於營養、經濟、育兒、住居等方面的知識也介紹不少，讓讀者們感受到時代的進步〔註24〕。

　　由當時的課程內容、報紙專欄當中可以解讀出，日治臺灣部分的女性，受到家事教育的宣導、報章雜誌的宣傳，對於西方文化的接觸不再陌生，在家庭教育方面，也習得烹飪技術、營養調配等方面的知識；統整這些知識傳播的內容，可進一步發現，這與味之素公司所設計的廣告文宣內容，有許多符合條件的論述，其一是運用許多婦女的圖樣來形塑出對象，在當時的部分家庭結構上，婦女通常是決定家中購買日常用品的人，而家中的三餐，大多是由家中的主婦所準備，而準備餐點之時，會考量家人營養、所需花費等，因此從味素的廣告中，可從中了解當時家庭結構的演進，以及當時家庭主婦所需考量的細節；其二在廣告內文中，經常提出「滋養」這項關鍵詞，這對

〔註23〕　竹中信子，《日治台灣生活史──日本女人在台灣　大正篇（1912～1925）》（臺北市：時報文化，2007），頁 58～61。

〔註24〕　竹中信子，《日治台灣生活史──日本女人在台灣　大正篇（1912～1925）》（臺北市：時報文化，2007），頁 81。

於在日治時期，受過學校所設家庭教育課程的女性們，從營養學的角度來說，味素是一款既特別又有多功能的調味品，傳統的調味品著重於其調味的功力，但味素不只是提鮮相當厲害，還能使人體獲得更好的滋養，這對接受過西式教育的女性，無疑是一大吸引購買的條件。

圖 4－33：味之素廣告（1915.10.22），《臺灣日日新報》，大正 4 年 10 月 22 日。

圖4－34：味之素廣告（1925.5.1），《臺灣日日新報》，大正14年5月1
日。

而在《臺灣日日新報》刊登無數類似上方大正4年（1915）10月22日，
以及大正14年（1925）5月1日的味之素廣告，其中，大多以家庭主婦的角
度來思考，並且強調味素既是一種調味聖品，更是一種相當滋養的調味品。
我們從臺灣、中國大陸、日本各地的傳統食補文化而言，早先已有了人體調

養的觀念，然而，大多採用的是天地萬物所生長之食材，經過費心的烹飪，透過食用進而達到食療、補充營養之效果；但西方文化傳至東方的效應，西方科學提升了食品科技的發展，對於人類所需之營養觀點，又有了更新穎的研發，臺灣日治時期的女性，經過學校安排的家庭教育課程，學習到烹飪技術、營養學等家庭照顧方面的學問。

　　同時，新式調味品——味素又在西元 1909 年於臺灣販售，並在《臺灣日日新報》刊登有關於新式調味品的觀點，包括「賢妻良母」、「家庭主婦」的主角形塑，以及「滋養」這項名詞的呈現，使得味素與之前各界所了解的調味品相當不同，味素不單可使料理更美味，還能補充人體所需之營養，這與當代女性所學之營養學知識不謀而合。因此，透過學校的課程，將西方知識教育給臺灣當代女性，再加上日治時期報章雜誌，對西方家庭文化的宣揚，使味素在這時代的發展之中，建立了為數不少的客群。總而言之，每個民族都有一套內在的文化觀念於社會上運作〔註 25〕，只是受到科技進步的改變，他方新思維傳遞之下等等複雜的因素，傳統文化的思維與作法，將會不斷的受到考驗，而廣告的宣傳則需跟隨著時代的走向，才有可能提升當代人民的接受度。

二、味素對美味與時效之影響

　　在烹飪技術的發展歷程而言，在古代無論在何處，要使得各項荣餚美味，其時間的投入是必要的成本，尤其傳統烹飪文化的要義，在於要將食材烹煮出其獨有的美味與精華，需要耗費時間與心力去製作，但這樣的烹飪觀點，在日治時期的臺灣社會，則越來越受到檢視。而美味與時間在烹飪技術的沿革上，我們可以從當時的世界局勢發展，到日治時期的臺灣社會變化，論述其演變的社會現象。於此，本文從臺灣在日治時期的都市化，以及日治時期的臺灣女性在職場的投入，由這兩大要點來闡述美味與時間在烹飪方式上，發生哪些重大的改變，而新式調味品——味素的出現，又帶給臺灣人民何種烹飪觀點，是此段研究的要點。

　　首先，在論述臺灣的都市發展之前，要先行講述西方的都市化觀點，所謂都市化的定義，在於造成人們聚居於都市，並且表現出都市生活型態的過

〔註25〕　李亦園，《文化的圖像（上）文化發展的人類學探討》（臺北市：允晨文化，1992），頁 166。

程，以西元 1920 年的景況而言，已開發國家的都市人口，約只佔總人口數四成，而日本則是少數東亞社會當中，較早成為已開發國家的特殊案例〔註 26〕，然而，這與日本的都市化程度有其相關性。前文提及日本在家庭教育上的重視，而這也是影響日本都市化的其中一項原因，由於日本受到西方文化的洗禮，對於家庭的意識形態有著截然不同的觀點，此觀點在於將其重心集中在配偶身上，這樣的觀念與當時的中產階級家庭，其結構與觀點相當吻合，而成就中產階級家庭的人士，大多以政府的菁英、軍官、大學教授、公司主管等，特別是在第一次世界大戰之後，這樣型態的族群漸漸擴大，而這群帶有新家庭觀念的人們，在當時日本的都市當中興起；而日本在治理臺灣之時，也是透過學校的家庭教育課程，來灌輸臺灣女性新的思維，但探究這些具有新思維的人們，他們的活動範圍也是著重於城市當中，所以臺灣日治時期，日本政府透過教育的方式，使得臺灣的人才逐漸往都市發展，並漸漸讓臺灣有了都市化的樣貌。

除了教育制度的影響，臺灣在日治時期的交通建設，也是促成都市化的其中一項原因，事實上，臺灣在清治時期已有初步的交通建設，只是當時建造道路所需經費，清代政府給予的並不多，導致臺灣的交通道路建設的不夠完整；到了臺灣日治時期，日本政府規劃了許多道路建設，並重新修築基隆、蘇澳之間，台中、中港之間，枋寮、卑南之間，東港、恆春之間總長約四百五十公里的道路；再於明治三十三年（1900），規定道路設置基準，包括道路的等級、寬度及其他標準。而在臺灣清代已有鋪設的鐵路，到了日治時期之後，其縱貫鐵路的工程規畫更加的廣闊〔註 27〕；從上述臺灣從清治至日治時期的交通建設沿革而言，可以看出交通線路越趨繁複，從而使得人們外出便利度增加，並帶動都市化相關的景況。

不過，除了家庭教育的學習，以及當時臺灣的城市發展、相繼建設的交通網絡之外，能讓當時女性在社會上更有地位的重要因素之一，是女性就業的人數增加；讓更多女性就業的風氣，其實是從西方的第一次世界大戰而來，西方在戰爭時期，因許多男性投入戰場，所以軍事的後勤補給及其他職業，則需要女性來協助或投入職場。同樣的，臺灣約莫大正時期（1912～1925），女性的勞動率逐年提高，此外，在臺灣的許多行業，也釋放許多工作機會給

〔註 26〕　王振寰、瞿海源，《社會學與臺灣社會》（臺北市：巨流，2009），頁 391～393。
〔註 27〕　仲摩照久，《老臺灣人文風情》（臺北市：原民文化，2002），頁 85～93。

女性。〔註 28〕由當時臺灣的社會風氣而言，對女性的觀點有明顯的進步，然則，職業婦女的增加之下，整個家庭形式及各方觀點又有了變化，以職業婦女的角度上，除了努力工作之外，對於家庭的照料也須重視，但時間的配比上，則須用心的規劃，即使蠟燭兩頭燒，也要謀求經濟實惠的辦法，來幫助婦女工作與家庭都能兼顧。

而新式調味品——味素，一直主打的廣告詞就是：美味、便利、經濟，這些用詞對於職業婦女而言，是相當吸引購買的條件，一般而言，職業婦女在工作結束後，還需回家料理餐點、照料家人，但時間有限的情況下，能縮短烹飪的時間，是每位職業婦女最大的心願；而前文已論述傳統鮮味的烹調方式，既費時又耗費心力，但味素這項特殊的調味品，其優勢在於以科學技術製作，不但衛生且製成相當講究；次者，味素的使用方法相當簡單，即使烹飪手藝不佳的人也能端出美味料理；更重要的是，味素的添加，不但能使菜餚更加鮮美，同時節省了烹飪的時間，這對於想輕鬆做菜的人們，甚至於臺灣當時許多的職業婦女，將味素的研發視為一項烹飪技術的革新。也許是臺灣當代的社會狀況，以及當時婦女在社會上的地位提升，女性投入職場的人數逐年攀升，但家庭與工作兼顧的考量，味之素公司便抓住當時婦女所需的要素，來配合味素廣告的文宣，向臺灣各界廣為宣傳味素的好處。

圖 4－35：味之素廣告（1930.2.16），《臺灣日日新報》，昭和 5 年 2 月
　　　　 16 日。

〔註28〕　竹中信子，《日治台灣生活史——日本女人在台灣　大正篇（1912～1925）》（臺
　　　　　北市：時報文化，2007），頁 113。

圖 4－36：味之素廣告（1930.3.19），《臺灣日日新報》，昭和 5 年 3 月
　　　　　19 日。

　　所以，從《臺灣日日新報》所刊登的味素廣告上，我們可以閱讀到許多
味素廣告的文案內容中，經常提到美味、便利、經濟這三大要素，即使到了
昭和時期的臺灣，在《臺灣日日新報》當中，還能閱讀到如：昭和 5 年（1930）
2 月 16 日、昭和 5 年（1930）3 月 19 日所刊登的味之素廣告，運用簡單的碗
型圖樣或婦女圖樣，告知消費者味素的原料、味素提鮮的效用、味素的使用
便利、味素所達成的經濟效益等，而且這樣的宣傳主軸，無論臺灣歷經明治、
大正、昭和各個時期，味素所主打的優勢一直沒有改變。

　　除此之外，臺灣在大正時期，女性的地位等各方面都有所進步，職業婦
女也增加不少的情形，與味素銷售成績有其相關性，其相關性的原因在於，
味之素公司在西元 1914 年觀察到，味素在臺灣的銷售成績相當好，西元 1914
年正好處於大正時期，由此可推論，當時臺灣社會給予女性較好的教育機會，
又讓女性爭取許多工作機會，再加上當時臺灣的社會發展進步，交通建設與
都市規劃都持續的執行，使得人們有了更新穎的思維，而味素的誕生則滿足
了許多忙碌的女性，這已不再只是味之素公司的行銷策略奏效，實際上，還
需要當時整體的大環境影響，才能呈現出味素在臺灣銷售的佳績。

三、味素的行銷與日本政府政策的合作

　　以《臺灣日日新報》所刊登的許多味之素廣告而言，我們可以瞭解到，味之素公司除了運用廣告來推銷味素之外，對於日本政府在每個時期所推行的政策，都能與之配合並結合在廣告文案當中。例如在臺灣日治初期，因為日本軍隊來臺不久後，發生不少因病傷亡的案例，使得日本政府對臺灣的衛生方面相當重視，最早在西元 1896 年即頒布「傳染病預防規則」〔註29〕，爾後，在西元 1898 年上任的後藤新平，更是在衛生制度上詳加規劃；另一方面，在學校教育制度上，關於衛生方面的相關課程也相當用心的設置，包括教導如何清潔身體、飲食衛生的改善等，所以，日本政府本身在制度層面及學校教育上，花費相當多的經費及心力，來全面改善臺灣的衛生景況。

　　當然，除了從制度與教育方面著手之外，在廣告行銷上也是另一種宣導衛生的方式，從《臺灣日日新報》當中，閱覽到許多關於清潔用品的廣告，然則，味之素公司在商品促銷之時，也搭配了屬於清潔類型的贈品，如：毛巾、香皂等，從衛生的宣導層面而言，味之素公司在廣告的行銷上，也是運用促銷活動宣傳，來慢慢改善臺灣人民的衛生習慣，而此種宣導模式比較不使人感到壓力，而是一種推廣兼販售的模式，這不單是配合日本政府的衛生政策，還幫助日本生產清潔用品的企業，增加其商品的銷售量，是一舉數得的銷售方式。

　　除了衛生政策的結合，日本政府推行的時間政策，味之素公司也在其廣告促銷活動上，搭配時鐘、腕表作為獎品來推廣及行銷，尤其，日本政府規劃政策之內容，與味之素公司在行銷的安排上，是有其共同前進之目標，以時間政策而言，宣導的方式大多運用工廠，以及相關交通方面的場域等公眾場合，來作時間宣導及相關活動，尤其大城市的宣傳管道更加多元，包含張貼傳單、遊行、演講及表演等，由於時間觀念的初步推行，並了解當時臺灣的經濟狀況，因此考量推行時間政策，須從選擇大眾運輸、公眾場合，來宣導時間觀念，其效果可能較為理想；而味之素集團在時間的推廣方式上，與日本政府的推行方法有異曲同工之妙，在味之素集團的廣告當中，先將味素的品項訂為特大罐的包裝，並將其促銷的對象定為飯店、旅館等製作飲食的店家，這些店家都是運用調味料較大量的消費業者，因此將時鐘、腕表當作

〔註29〕　臺灣總督府，《臺灣總督府法規提要》（臺北市：臺灣總督府，1916），頁 685　～686。

此次特大罐味素的促銷贈品，其意義在於先行將時鐘、腕表推行至公共場合來使用，如此一來，無論是味素、時間觀念的宣導，其效益將更加的提升。

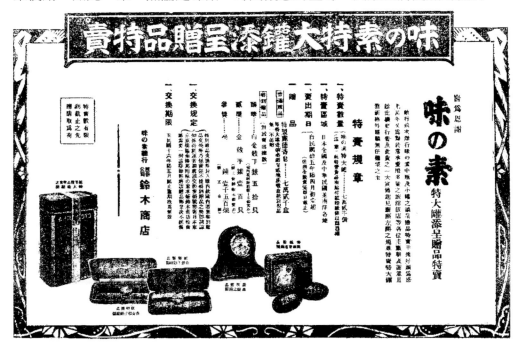

圖4－37：味之素廣告（1926.5.1），《臺灣日日新報》，大正15年5月1日。

　　而時間來到西元1937年，日本當局政府開始施行皇民化政策，對於中國大陸相關文化予以嚴格控管，因此，為配合日本政府之政策推動，以《臺灣日日新報》的文獻搜尋結果，約在西元1937年5月之後，已無漢文版的味之素廣告，而於同年七月，蘆溝橋事變爆發，中日戰爭一觸即發，就在戰爭時期開始之後，於《臺灣日日新報》當中，陸續刊登相關戰時債券的訊息，許多名為「愛國債券」、「貯蓄債券」都各屬於戰時債券的一種，除了關於戰時債券的新聞內容之外，許多廣告也紛紛幫助日本政府宣傳戰時債券，甚至於聯合行銷產品，來鼓勵民眾購買，從這些戰時債券的訊息可得知，日本在戰爭時期，相當急需籌措費用來補給軍用物資。而同為戰爭時期，金屬為日本當時最重要的軍需品之一，因此在臺灣開始一連串收購金屬的活動，就連《臺灣日日新報》也經常刊登關於貴金屬限制使用等消息。

圖 4－38：各金屬使用の制限　近く規則を公布　アルミニユウムを除く（1938.5.22），《臺灣日日新報》，昭和 13 年 5 月 22 日。

　　所以，味之素集團為因應日本戰爭的軍用需求，在味素的包裝上做了相當程度的修改，最大的不同在於瓶身從金屬罐，改為紙盒包裝在臺販售，以減低金屬用量，來供給日本戰爭所需的物料，原本味之素公司所設計的鐵罐包裝，最大的用意在於防止味素被不肖業者仿冒，但戰爭爆發之後，味之素公司也無法顧及味素仿冒的問題，而將全部的生產線，及銷售相關制度，與日本戰時體制做全然的配合，更重要的是，味之素公司也相當清楚，味素的鐵罐包裝，還是無法有效遏止臺灣仿冒味素的情況，由此可見，味素的包裝在戰爭時期，也是受到日本政府戰時體制下的影響。

圖 4－39：
味素的紙盒包裝樣貌
〔註 30〕

〔註 30〕　國史館臺灣文獻館編，《古情綿綿：老臺灣簽仔店特展專輯》（南投市：臺灣文獻館，2006），頁 112。

而在戰爭時期之下的臺灣，還有一項相當重要的政策，就是物資的配給制度，爲因應時局的變化，以及重視軍隊所需物資，日本政府開始規劃並公布相關物資配給，和限制內容的法規，除了上述限制鋼鐵等金屬使用之外，還禁止製造許多物品，其中包含家庭用品與學校相關用品多達九十種。〔註 31〕而關於食料品方面，味素也在臺灣戰時體制下，成了限制配給的其中一項物資，起初，日本政府施行臺灣的配給制度，讓人民怨聲載道、苦不堪言，歷經過日治時期臺灣的作者竹中信子，就對當時配給的實況，做了詳細的描述：

> 配給，並非個人可以自由選購自己需要的物品。事實上，配給充滿不滿與矛盾。針對配給，爲了讓婦女同胞暢所欲言，招開了意見座談會。會上，她們表示買東西還要排隊，排隊的時間太不經濟。在店裡頭擺著味素，卻不賣給顧客，也不配給白米。辦理臨時配給的手續，複雜到讓人感到困擾。……

所以在臺灣的配給制度，初期執行的相當混亂，而之後味素開始納入配給制度的行列。在昭和十七年（1942）9 月 30 日，於《臺灣日日新報》刊登味素的循環配給消息，內容詳細敘述味素購買的方式，需要消費者憑配給券購買，並依照家庭人數來限制其購買量。

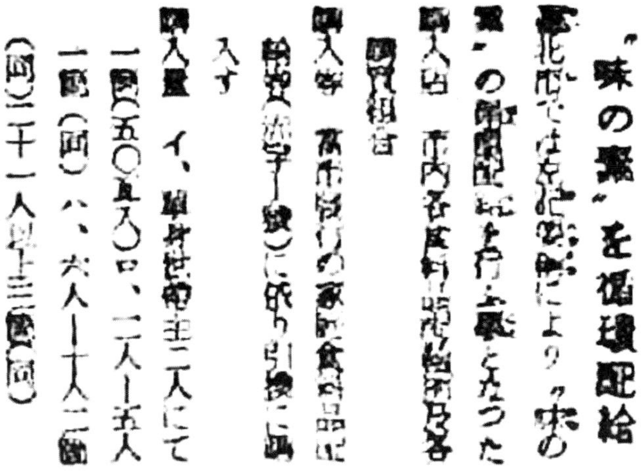
“味の素”を循環配給
[illegible]“味の素”の[illegible]を行ふ事となった
購入店　[illegible]
[illegible]
購入者　[illegible]に依り引換に購入す
購入量　イ、単身[illegible]にて一個（五〇瓦入）ロ、二人－五人一個（同）ハ、六人－十人二個（同）二十一人以上三個（同）

圖 4－40：味の素を循環配給（1942.9.30），《臺灣日日新報》，昭和 17 年 9 月 30 日。

〔註 31〕竹中信子，《日治台灣生活史——日本女人在台灣 昭和篇（1926～1945）》（臺北市：時報文化，2009），頁 239。

在戰時的臺灣，購買味素會遇到需要配給的情況，實際上是因為味之素公司在日本的工廠，受到太平洋戰爭發生之影響，味素的產量快速減少，有鑑於此，味之素公司也先行擬定了配給的優先順序：宮內省、軍需、官需、第三國輸出、民需，但因味素產量銳減的關係，以及戰事吃緊的情況下，味之素公司還是無法繼續供給味素給消費者，而到戰事結束之後，因日本成為戰敗國，使得味之素集團解散了在臺的分公司，並結束味之素公司在臺灣的一切業務。從臺灣戰爭時期的發展而言，味之素公司從廣告文案的改變，一直到味素包裝的汰換，以及配給制度的施行，件件都能顯示味之素公司，與日本政府施行的政策，其合作關係上相當密切，同時，我們也可以了解到，味素無論在日本或臺灣，其重要性與需求度都相當高，甚至於影響了臺灣戰後時期的飲食型態，以及其他層面的文化，味素在調味料界的特殊性，相當值得我們深度剖析。

第五章　結　論

　　由各國的飲食史而言，味覺的存在與發現，是透過天地萬物的滋養，所成就出的各種美味，而味覺的體驗，是飲食當中不可或缺的要點，單從「味覺」這項要點在傳統所論述的五味當中，不僅歷經多年的討論，至今還從五味之中，研發出更多美味的佳餚。然則，五味當中，或許人們在界定名詞之時，會認為「鮮味」是最晚確立的一項味覺名詞，但事實上，鮮味的歷史發源得相當早，只是傳統對於味道的形容上，「鮮味」往往存在於一項味覺的形容詞，更重要的是，「鮮味」在早期並無像其他味覺一樣，有單一實體的香料或材料，例如：鹹味的感受，最實際的代表物品就屬鹽；甜味的感受，最實際的代表物品就屬糖；酸味的感受，最能代表的物品就屬醋或其他食材；苦味的感受，最能體會出的材料，如藥材熬製出的味道，有些人會感受到苦味；而辣味雖然在現代的資料當中，證明不屬於味覺，而是一種痛覺，但辣椒是最能代表辣味感受的一項植物；而鮮味在古代並不屬於五味的範疇當中，除此之外，鮮味無法用單一物品來做純然的呈現，從文獻仔細探究，鮮味其實存在於許多食材當中，只是鮮味的複雜性相當特殊，有時會從品嚐食物的當中，去感受到鮮美的滋味，有時又是從食物經歷發酵、風乾等化學作用之後，才能生成出的特殊鮮味。

　　因此，鮮味的實際探究，在古代其實是有其困難度，由於鮮味的內容，是融合了許多食材的內涵、精華，所產生的一種獨特美味，鮮味的發生並不單純，甚至需要耗費較長時間才可得，而且，鮮味在古代並不是一種實體調味品，古代所認知的鮮味，是需要烹飪技術、食材品質等考量，才能品嚐到鮮味；所以，我們可從中國大陸、臺灣的清代文獻中了解，古代對於鮮味的

渴求，是經由辛苦的烹飪，亦或是發酵、醃漬等漫長等待的方法，經由品嚐或加入菜餚當中烹煮，才能獲得這特殊的鮮美味道。另一方面，在臺灣清治時期到日治時期，這朝代變化的過程當中，其臺灣與日本的傳統鮮味飲食，及烹飪方式一直不斷的文化交融，在這其中我們可以分辨，鮮味飲食製作過程上的差異，以及鮮味烹調的方法有何不同，但日本飲食文化的長期輸入，使臺灣的飲食與烹飪方式，在日治時期呈現出混合或模糊不清的時刻，這或許是一種不同的結合方式，也就是臺灣人民將日本飲食文化，逐漸內化成臺灣的飲食文化當中，讓臺灣的飲食有了更豐富的樣貌，緊接著誕生了新式的調味品——味素，使得臺灣的飲食與烹飪文化，又有了新的思維及方式，來接受一種不同模式的飲食與烹飪手法。

　　從西元 1909 年開始，鮮味的實體調味品——味素的研發與販賣，才逐漸讓世人得知，鮮味是一種味覺，並且製作出調味品，讓世人能輕鬆烹飪，這不只是飲食史上的一大變革，更是開啓食品科技的新頁。但是，味素一開始的銷售並不順利，因爲味素不如傳統調味品，如：鹽、糖、醬油這麼歷史悠久且爲人所知，鮮味一直都是形容詞，當鮮味研發出實體調味品之後，是一項讓人驚豔的發明，但也是讓人相當陌生的調味品。除了鮮味由味覺的形容詞，轉變成實體調味品這項改變，讓世人既驚艷又陌生之外，在當時的社會環境，也是影響了味素的銷售情況。因爲味素是運用科技製成的調味品，與傳統的調味品：鹽、糖、醬油等調味品的製作相當不同，所以，研發味素的日本大廠——味之素公司，積極的參與西方的博覽會，以及日本國內所舉辦的各項品評會、共進會、博覽會，透過此種多樣的學術交流，或者是各國的競爭勢力之下，使得味素在世界各國上漸漸地展露頭角。同時，味之素公司也正在日本、臺灣的報章雜誌上刊登味素廣告，而到了西元 1914 年之後，味之素公司發現味素在臺灣的銷售成績相當好，爾後，對於臺灣的銷售市場相當重視，然則，味之素公司對於臺灣的飲食文化內涵，都有相關的了解與調查，推論若味素在臺灣行銷成績好的話，則將味素行銷至中國大陸可能較爲順利，所以在西元 1914 年，味之素公司開始將味素這項產品，行銷至中國大陸的市場，並另外爲中國大陸的風俗民情，設計多則具有中國風格的味素廣告。

　　特別的是，味之素公司將刊登於日本報章雜誌的廣告，移入《臺灣日日新報》繼續刊登，而味之素公司在中國大陸所刊登的廣告，也一樣移入了《臺

灣日日新報》當中，這使得味素廣告在臺灣的報章雜誌上，有了不同的圖像及文化、文字敘述，可供我們更全面性的了解，味之素公司的行銷風格、與其廣告想傳遞的特殊意義；單從味素廣告當中的內容呈現，我們可讀出許多常用的關鍵字詞，例如：美味、便利、經濟、滋養這四大重要的推銷用詞，可是，若單從飲食文化去探討這些用詞，是不足以完整解釋味素在臺灣火紅的原因，我們除了從飲食文化方面，去了解到味素所引發的食料界革命之外，我們還須從日治時期臺灣的女子，在教育制度上所習的學問，例如：營養學的宣導；第二要點還須從臺灣日治時期的社會發展，剖析其經濟發展與女子工作機會大增，對烹飪所需的用品的要求，是否要更加的新穎及方便，來使職業婦女爭取更多的時間；值得注意的是，日本當局政府與味之素公司，在政策面與行銷面的結合，變相地提升日本各方企業的行銷，也同時提升了味素的銷售成績，如此政府與企業的配合，也可能是影響味素銷量的其中一項原因。

　　其次，除了味之素公司在報章雜誌上的宣傳，在西元 1925 年之後，許多營養師與烹飪老師所撰寫的食譜，其內容也有許多味素添加的烹飪方式，實際上，我們無法從所有的食譜當中，斷定為味之素公司的其他宣傳方法，但可以推論的是，味素已在市場有了一定的支持度，而許多營養家和烹飪老師都願意為味素背書，透過料理教學來傳達味素的優勢。而上述統整許多味素熱銷的原因，以及當代的社會氛圍，使人們對味素的觀點改變，這些不但為味素製造了絕佳的商機，同時也帶來了味素仿冒的不法案件，起初，味之素公司以懸賞獎金的方法來制止仿冒歪風，但效果不彰，之後便將行銷制度做了多項的改革，再加上味之素公司研發的特殊鐵罐，加強味素販賣的信用度，但祭出許多策略，仍然無法有效阻止味素仿冒的案件發生；而日本政府也同樣針對味素仿冒事件，進行法律的制定、衛生所的免費檢驗、不定期派人稽查，甚至於在舉辦警察與衛生相關的展覽會上，展示出由衛生課所規劃的味素樣品，讓參觀的民眾更加了解味素真假的辨別法，但實際上，日本政府所執行的政策，依舊無法停止味素仿造的事情，最大的因素在於，仿造味素的獲利相當高，即使被查獲仿造味素，在法律的判決上也不會太重，於是許多人前仆後繼地鋌而走險。

　　於此，我們可以區分出味素在臺灣日治時期的地位，與現今對味素的觀點相當不同，味素在臺灣日治時期，不但是家庭主婦的愛用調味品，對於人

體的滋養或食慾不振，均能改善並提升人體能量，運用科技合成人體所需之蛋白質，不但符合人體的營養需求，更是味素最初研發的使命，所以，味素從銷售絕佳到人人避之的變化，或許是味素產業始料未及的景況；然而，對於味素的研究不僅止於臺灣的日治時期，事實上，味素的風潮還持續影響到臺灣戰後時期，只是臺灣戰後時期的味素製作法，與臺灣日治時期的製法有所不同，除了味素的製作方式不同，因為當時臺灣人民對味素的喜愛度仍舊未退，因此許多臺灣的品牌紛紛推出味素產品，在臺灣戰後時期的味素品牌不但多，連販售價格也低廉許多，所以味素的熱銷還是在臺灣持續一陣子；而味素對臺灣戰後時期的影響，不僅止於多家品牌販售的事蹟，在臺灣的選舉文化、婚俗文化也同樣有不同程度的影響，只是臺灣戰後時期的味素文化，牽涉到製作方式的不同，以及當時臺灣人民對味素觀點上的變革，因此，本文還需更深入探究其內容，以了解味素的製作變革對其行銷有何影響，此外，因研究時間有限，味素在臺灣的選舉文化、婚俗文化上的探討，實則牽涉許多層面的剖析，例如：味素在選舉文化當中的重要性、特殊性的研究；次者，婚俗當中的嫁妝備品，味素何時成為了其中一項的重要物品，還有許多相關的歷史沿革，筆者需要一一彙整與陳述，於此，筆者期望未來，能再加強臺灣戰後時期的味素文化研究，以便更加完整的呈現味素在臺灣的發展沿革。

　　從本文研究的過程當中，味素的發展歷程實則受到許多層面的影響，味素能在日本、臺灣、中國大陸，甚至遙遠的歐美國家，尤其在第一次世界大戰之後，都能在許多地方擁有不錯的銷售成績，實則有其脈絡可循，因為味素的製作其實有賴於西方科學的技術，以及相關學識所研發而出的調味品，但從西方國家的角度而言，對味素這項調味品依然陌生，這是因為西方科學對鮮味的研究，實際上已有初步的成果，但是不知何種原因影響，關於鮮味的相關內容再也沒有下文，而是之後，日本科學家池田菊苗在德國研習，並與物理化學專家學習，進而將物理化學反應的專業技術，運用在食品科技的研發上，而成就出鮮味的調味品——味素，因此西方國家會對味素如此驚豔，就在西方已有的科學知識及初步成果之下，再經由日本科學家池田菊苗的發揚光大，讓世人進一步了解鮮味的內容，並生產出最純粹的鮮味調味品，這或許是西方人士始料未及的情況。

　　而味素在日本、臺灣、韓國、中國大陸銷售初期，這些地區的人民對於鮮味調味品也相當陌生，最主要的原因之一是，這些地區的西方文化及科學

知識，普遍性還不夠理想，有些地區甚至於是因日本的統治勢力，才更快速的接受到許多西方的知識，這可說是各地區的歷史際遇，所營造出的特殊文化；其次，西方的家庭觀念及女性權利提升的觀點，漸漸傳入東方的各個地區，接收到這些聞所未聞的新思想，其帶來的力量足以慢慢改變社會整體的氛圍；再者，依據文獻資料的敘述，第一次世界大戰之後，世界各地的城市化已逐步進展當中，而臺灣在這一時期，也正緩慢規劃各項的城市改革，透過逐年興建的交通運輸，不但帶來了更龐大的經濟效益，連人口的移動也跟著有所進展，隨之而來的是人們過著更加忙碌的生活，因此，人們需要具有經濟效能的物品，來幫助自身獲得更好的生活，新式調味品——味素就是在這時代當中，逐步建立起調味品界的王國，味素的成功際遇不是偶然，其所誕生的時代，不只需要透過廣告的行銷，更重要的是，需要與整體社會的相關發展配合，才能逐步提升其銷售量。

然則，以味素在科學實驗上的研究相當多，但以味素在人文社會上的發展，其相關研究文獻並不多見，有鑑於此，味素的人文發展背景，還是屬於一項較新的研究課題，而味素除了科學的探究之外，對其人文學科的思考，實則有更多部份需要更深層的研究，在味素的文獻上，我們可以從飲食史觀、社會史觀、展示史觀、民族史觀、行銷史觀、政治史觀、醫藥史觀等多方角度，來探討味素的多項發展，我們從味素這項調味品上，所研究到的層面相當多元，於此，我們要了解的是，味素曾經所掀起的輝煌時代，實則因多方條件的促成，才有味素絕佳的銷售成果，尤其，這對於各界現今對味素的看法，其差異性的探究也是相當值得分析的部分，筆者於此期望未來，各界能更加重視味素在調味品界的特殊地位，並藉由味素的歷史發展，來開拓其他相關的學科內容，進而了解這具有時代意義的調味聖品。

參考書目

一、專書

（一）中文

1. 北魏・賈思勰著，石聲漢校釋，《齊民要術今釋》（北京市：中華書局，2009）。

2. 宋・林洪，《山家清供》（臺北市：臺灣商務，1965）。

3. 清・丁紹儀，《東瀛識略》（《臺灣文獻叢刊》第 002 種，台北：臺灣銀行經濟研究室，1957）。

4. 清・王必昌，《重修臺灣縣志》（《臺灣文獻叢刊》第 113 種，臺北：臺灣銀行經濟研究室，1961）。

5. 清・吳子光，《臺灣紀事》（《臺灣文獻叢刊》第 036 種，台北：臺灣銀行經濟研究室，1959）。

6. 清・沈茂蔭，《苗栗縣志》（《臺灣文獻叢刊》第 159 種，台北：臺灣銀行經濟研究室，1962）。

7. 清・李元春，《臺灣志略》（《臺灣文獻叢刊》第 018 種，台北：臺灣銀行經濟研究室，1958）。

8. 清・李漁，《閒情偶寄》（上海：上海古籍出版社，2000）。

9. 清・胡建偉，《澎湖紀略》（《臺灣文獻叢刊》第 109 種，台北：臺灣銀行經濟研究室，1961）。

10. 清・倪贊元，《雲林縣采訪冊》（《臺灣文獻叢刊》第 037 種，台北：臺灣銀行經濟研究室，1959）。

11. 清・袁枚，《隨園食單》（臺北市：海鷗文化，2007）。

12. 清・段玉裁，《說文解字段注》（臺北市：中華書局，2016）。

13. 清‧黃叔璥，《臺海使槎錄》（《臺灣文獻叢刊》第 004 種，台北：臺灣銀行經濟研究室，1957）。

14. 清‧連橫，《臺灣通史》（《臺灣文獻叢刊》第 128 種，台北：臺灣銀行經濟研究室，1962）。

15. 清‧連橫，《雅言》（《臺灣文獻叢刊》第 166 種，臺北：臺灣銀行經濟研究室，1963）。

16. 清‧陳文達，《臺灣縣志》（《臺灣文獻叢刊》第 103 種，台北：臺灣銀行經濟研究室，1961）。

17. 清‧曹雪芹撰，饒彬校注，《紅樓夢》（臺北市：三民書局，2007）。

18. 清‧屠繼善，《恒春縣志》（《臺灣文獻叢刊》第 075 種，台北：臺灣銀行經濟研究室，1960）。

19. 清‧湖北崇文書院編，湯約生校，《百子全書》（臺北市：古今文化出版社，1961）。

20. 清‧聖祖御定，《全唐詩》（台北市：文史哲出版社，1987）。

21. 清‧劉良璧，《重修福建臺灣府志》（《臺灣文獻叢刊》第 074 種，台北：臺灣銀行經濟研究室，1961）。

22. 清‧蔣毓英，《臺灣府志》（《臺灣文獻叢刊》第 065 種，台北：臺灣銀行經濟研究室，1960）。

23. 清‧蔣師徹，《臺灣通志》（《臺灣文獻叢刊》第 130 種，台北：臺灣銀行經濟研究室，1962）。

24. 日‧臺灣總督府，《臺灣總督府法規提要》（臺北市：臺灣總督府，1916）。

25. 日‧臺北州警務部，《臺北州警察衛生展覽會記錄》（臺北市：臺北州警務部，1926）。

26. 日‧臺北州警務部，《臺北州警察衛生展覽會寫眞帖》（臺北市：臺北州警務部，1926）。

27. 日‧連橫，《臺灣語典》（《臺灣文獻叢刊》第 161 種，臺北：臺灣銀行經濟研究室，1963）。

28. 日‧片岡巖著，陳金田譯，《臺灣風俗誌》（臺北市：大立出版社，1981）。

29. 日‧林川夫編，《民俗臺灣》（臺北市：武陵出版有限公司，1998）。

30. 丁福保，《佛學大辭典》（臺北市：新文豐，1978）。

31. 小泉武夫著，何姵儀譯，《令人大開眼界の世界漬物史：美味.珍味.怪味の舌尖歷險記》（新北市新店區：遠足文化，2013）。

32. 山鐸‧卡茲著，《發酵聖經》（新北市：大家出版，2014）。

33. 王振寰、瞿海源，《社會學與臺灣社會》（臺北市：巨流，2009）。

34. 王學泰，《中國人的飲食世界》（上海：上海遠東出版社，2012）。

35. 仲摩照久，《老臺灣人文風情》（臺北市：原民文化，2002）。

36. 竹中信子，《日治台灣生活史——日本女人在台灣 大正篇（1912～1925）》（臺北市：時報文化，2007）。

37. 竹中信子，《日治台灣生活史——日本女人在台灣 昭和篇（1926～1945）》（臺北市：時報文化，2009）。

38. 辻芳樹著，蘇暐婷譯，《和食力：日本料理躋身美食世界文化遺產的幕後祕密》（臺北市：麥浩斯出版，2015）。

39. 李亦園，《文化的圖像（上）文化發展的人類學探討》（臺北市：允晨文化，1992）。

40. 呂紹理，《水螺響起：日治時期台灣社會的生活作息》（臺北市：遠流出版，1998）。

41. 呂紹理，《展示臺灣：權力、空間與殖民統治的形象表述》（臺北市：麥田出版，2005）。

42. 尾形勇等著，陳柏傑譯，《日本人眼中的中國：過去與現在》（新北市新店區：臺灣商務印書館，2017）。

43. 林獻堂著，許雪姬等註解，《灌園先生日記》（臺北市：中央研究院近代史研究所出版，2000）。

44. 林潔珏，《日本和食獻立100品》（臺北市：日月文化出版，2015）。

45. 吳新榮著，張良澤總編撰，《吳新榮日記全集》（臺南市：國立台灣文學館，2007）。

46. 哈洛德‧馬基（Harold McGee）著，蔡承志譯，《食物與廚藝——蔬、果、香料、穀物》（臺北縣：遠足文化，2009）。

47. 信世昌主編，《漢語標音的里程碑：注音符號百年的回顧與發展》（臺北市：五南出版，2014）。

48. 胡川安著，《和食古早味》（台北市：時報文化，2015）。

49. 徐小虎等編輯，《中國飲食文化學術研討會論文集》（臺北市：中國飲食基金會，1993）。

50. 徐海榮，《中國飲食史》（北京市：華夏出版社，1999）。

51. 徐靜波，《日本飲食文化——歷史與現實》（上海：上海人民出版社，2008）。

52. 宮崎正勝著，陳心慧譯，《你不可不知的日本飲食史》（新北市：遠足文化，2012）。

53. 許雪姬編著，《黃旺成先生日記》（臺北市：中央研究院臺灣歷史研究所出版，2008）。

54. 曹銘宗著，《蚵仔煎的身世：臺灣食物名小考》（臺北市：貓頭鷹出版，2016）。

55. 黃忠慎，《詩經全注》（台北市：五南，2008）。

56. 康拉德‧托特曼著，王毅譯，《日本史（第二版）》（上海：上海人民出版社，2008）。

57. 國史館臺灣文獻館編，《古情綿綿：老臺灣籤仔店特展專輯》（南投市：臺灣文獻館，2006）。

58. 陳培豐著，王興安，鳳氣至純平編譯，《「同化」同床異夢——日治時期臺灣的語言政策、近代化與認同》（臺北市：麥田出版，2006）。

59. 陳澤義，《國際行銷》（新北市：普林斯頓國際，2011）。

60. 陳柔縉，《廣告表示：＿＿＿＿。：老牌子‧時髦貨‧推銷術，從日本時代廣告看見臺灣的摩登生活》（臺北市：麥田出版，2015）。

61. 葉漢鰲，《日本民俗信仰藝能與中國文化》（臺北市：大新出版，2005）。

62. 無具名，《始政四十周年記念臺灣博覽會寫真帖》（出版地不詳：臺灣博覽會，1936）。

63. 楊昭景等著，《【醇釀的滋味】臺灣菜的百年變遷與風貌》（臺北市：墨刻出版，2017）。

64. 蔣竹山著，《島嶼浮世繪：日治臺灣的大眾生活》（臺北市：蔚藍文化，2014）。

65. 蔡綺，《「新藝術」研究》（臺中市：捷太出版社，1997）。

66. 戴寶村著，《台灣的海洋歷史文化》（台北市：玉山社，2011）。

67. Cwiertka, Katarzyna J.著、陳玉箴譯，《飲食、權力與國族認同：當代日本料理的形成》（新北市：韋伯文化，2009）。

68. Ole G. Mouritsen, Klavs Styrbæk 著、羅亞琪譯，《鮮味的祕密：大腦與舌尖聯合探索神祕第五味》（臺北市：麥浩斯出版，2015）。

（二）日文

1. 黑板勝美，國史大系編修會編，《日本書紀》（大阪市：朝日新聞社，1928）。

二、期刊及專書論文

（一）中文

1. 王宜茜、張芸榕、許嘉珍、郭宜瑄，〈日治時期臺灣平面廣告設計之研究〉《圖文傳播藝術學報》（新北市：國立臺灣藝術大學，2013）。

2. 李貴榮，〈臺灣菜的演進與發展〉《中國飲食文化基金會會訊》（第六卷第1期，台北市：財團法人中華飲食文化基金會，2000）。

3. 李肖，〈論唐朝飲食文化的基本特徵〉《中國文化研究》（第23期，北京市：北京語言大學，1999）。

4. 林玉茹，〈進口導向：十九世紀臺灣海產的生產與消費〉《「第二屆臺灣產業發展與社會變遷：近代臺灣的農業生產與食物消費」會議資料》（臺北市：中央研究院臺灣史研究所，2017）。

5. 官生華，〈味覺和味精〉《臺灣醫界》（第五十三卷第5期，台北市：中華民國醫師公會全國聯合會，2010）。

6. 姜麗，〈試論日本民族的送禮習俗〉《懷化學院學報》（第二十八卷第1期，湖南省懷化市：懷化學院，2009）。

7. 陳玉箴，〈食物消費中的國家、階級與文化展演：日治與戰後初期的「臺灣菜」〉《臺灣史研究》（第十五卷第3期，台北市：中央研究院臺灣史研究所，2008）。

8. 陳玉箴，〈日本化的西洋味：日治時期臺灣的西洋料理及臺人的消費實踐〉《臺灣史研究》（第二十卷第1期，台北市：中央研究院臺灣史研究所，2013）。

9. 劉雅君，〈從送禮看中日美文化差異〉《文化學刊》（第4期，遼寧省瀋陽市：遼寧社會科學院，2013）。

10. 蔣竹山，〈美味詐欺：從「味の素」偽造風潮看日治台灣的調味料消費史〉《「第二屆臺灣產業發展與社會變遷：近代臺灣的農業生產與食物消費」會議資料》（臺北市：中央研究院臺灣史研究所，2017）。

11. 魏來，〈淺析日本民族的送禮文化〉《湖北函授大學學報》（第二十七卷第16期，湖北省武漢市：湖北開放職業學院，2014）。

（二）日文

1. 市川五四郎、許樹根，〈臺灣に於ける瓜類の加工と調理法〉《臺灣農會報》（臺灣：臺灣農會，1943）。

2. 青木隆浩，〈近現代の日本における　美容観の伝統と変容〉《國立歷史民俗博物館研究報告》（第197集，千葉縣佐倉市：國立歷史民俗博物館，2016）。

3. 笹倉定次，〈マヨネーズソースとホワキとソースについて〉《臺灣婦人界》（臺北：臺灣婦人社，1934）。

4. 陳足枝，〈上品な臺灣料理數種〉《薰風》（臺灣：臺灣教育會社會教育部，1936）。

5. 森川西鶴，〈正月のお料理調理法に就て〉《臺灣鐵道》（臺灣：臺灣鐵道會，1927）。

6. 盧子安，〈論公學校家事科宜應用臺灣料理〉《臺灣教育》（臺北：臺灣教育會，1914）。

三、碩博士論文

1. 江辛美，《日治時期臺灣醬油產業研究》（國立彰化師範大學歷史學系碩士論文，2008）。

2. 沈佳姍，《二十世紀前半葉臺灣漢人之清潔生活——以身體清潔爲主———》（國立臺北大學民俗藝術研究所碩士論文，2007）。

3. 呂美玲，《報紙廣告與台灣社會變遷（1898～1944）：以「台灣日日新報」爲例》（中國文化大學新聞研究所碩士論文，2007）。

4. 林怡貞，《台灣白粉製造業興衰史——以新竹地區爲例》（淡江大學歷史學系碩士論文，2003）。

5. 林如茵，《境外爭議、專家知識與日常生活科技：台灣味精的飲食政治》（國立臺灣大學社會學研究所碩士論文，2005）。

6. 林文冠，《觀看與展示——《臺灣日日新報》廣告欄中的女性圖像》（國立成功大學台灣文學系碩士論文，2010）。

7. 吳坤季，《帝國符碼與殖民策略——《臺灣日日新報》圖像內容分析》（國立臺北教育大學台灣文化研究所碩士論文，2009）。

8. 侯巧蕙，《台灣日治時期漢人飲食文化之變遷：以在地書寫爲探討核心》（國立臺灣師範大學台灣文化及語言文學系碩士論文，2012）。

9. 洪嘉鴻，《近代臺灣證券市場的成立與發展（1885～1962）——歷史的延續與斷裂》（國立暨南國際大學歷史學系研究所碩士論文，2013）。

10. 陳靜瑜，《「新家庭」的想像與形塑：《台灣日日新報家庭欄》的分析與討論》（國立政治大學台灣史研究所碩士論文，2009）。

11. 陳燕蓉，《日治時期廣告中的女性圖像分析——以《台灣日日新報》爲分析場域》（國立政治大學廣告研究所碩士論文，2010）。

12. 黃靖嵐，《國家、文明、飲食：自國家形構觀點考察明治日本之肉食變遷》（東海大學社會學研究所博士論文，2016）。

13. 曾品滄，《從田畦到餐桌——清代臺灣漢人的農業生產與食物消費》（國立臺灣大學歷史學系博士論文，2006）。

14. 童怡婷，《臺灣日治時期玻璃製品在漢人生活中運用之研究》（國立臺北大學民俗藝術研究所碩士論文，2010）。

15. 趙宜雄，《現代臺灣昆布產業之研究（1990 年～2010 年）》（國立中興大學歷史學系碩士論文，2016）。

16. 鄭育安，《商標法與臺灣社會——從清治至日治時期的變遷》（國立成功大學歷史學系碩士論文，2016）。

17. 蔡承逸，《日治時期（1895～1935）臺灣日日新報之廣告圖像研究》（國立高雄師範大學視覺設計學系碩士論文，2012）。

四、報章雜誌

1. 味之素廣告（1909.8.12），《臺灣日日新報》，明治 42 年 8 月 12 日。
2. 味之素廣告（1909.11.9），《臺灣日日新報》，明治 42 年 11 月 9 日。
3. 味之素廣告（1909.12.15），《臺灣日日新報》，明治 42 年 12 月 15 日。
4. 味之素廣告（1910.7.17），《臺灣日日新報》，明治 43 年 7 月 17 日。
5. 味之素廣告（1910.9.17），《臺灣日日新報》，明治 43 年 9 月 17 日。
6. 味之素廣告（1912.5.23），《臺灣日日新報》，明治 45 年 5 月 23 日。
7. 味之素廣告（1914.2.19），《臺灣日日新報》，大正 3 年 2 月 19 日。
8. 味之素廣告（1914.3.28），《臺灣日日新報》，大正 3 年 3 月 28 日。
9. 味之素廣告（1914.9.20），《臺灣日日新報》，大正 3 年 9 月 20 口。
10. 味之素廣告（1915.4.6），《臺灣口日新報》，大正 4 年 4 月 6 日。
11. 味之素廣告（1915.4.19），《臺灣日日新報》，大正 4 年 4 月 19 日。
12. 味之素廣告（1915.8.7），《臺灣日日新報》，大正 4 年 8 月 7 日。
13. 味之素廣告（1915.9.9），《臺灣日日新報》，大正 4 年 9 月 9 日。
14. 味之素廣告（1915.10.10），《臺灣日日新報》，大正 4 年 10 月 10 日。
15. 味之素廣告（1915.10.22），《臺灣日日新報》，大正 4 年 10 月 22 日。
16. 味之素廣告（1915.12.10），《臺灣日日新報》，大正 4 年 12 月 10 日。
17. 味之素廣告（1915.12.18），《臺灣日日新報》，大正 4 年 12 月 18 日。
18. 味之素廣告（1916.3.12），《臺灣日日新報》，大正 5 年 3 月 12 日。
19. 偽造味素（1916.10.7），《臺灣日日新報》，大正 5 年 10 月 7 日。
20. 懸賞廣告（1917.11.30），《臺灣日日新報》，大正 6 年 11 月 30 日。
21. 味之素商標侵害案件（1918.9.1），《臺灣日日新報》，大正 7 年 9 月 1 日。
22. 發見味素模造品（1919.3.7），《臺灣日日新報》，大正 8 年 3 月 7 日。
23. 味之素廣告（1922.7.25），《臺灣日日新報》，大正 11 年 7 月 25 日。
24. 味之素廣告（1922.8.25），《臺灣日日新報》，大正 11 年 8 月 25 日。
25. 味之素廣告（1922.9.24），《臺灣日日新報》，大正 11 年 9 月 24 日。
26. 味之素廣告（1923.7.3），《臺灣日日新報》，大正 12 年 7 月 3 日。
27. 味之素廣告（1923.7.8），《臺灣日日新報》，大正 12 年 7 月 8 日。
28. 味之素廣告（1923.7.16），《臺灣日日新報》，大正 12 年 7 月 16 日。
29. 味之素廣告（1923.8.3），《臺灣日日新報》，大正 12 年 8 月 3 日。
30. 味之素廣告（1923.9.17），《臺灣日日新報》，大正 12 年 9 月 17 日。
31. 假造味素（1924.3.6），《臺灣日日新報》，大正 13 年 3 月 6 日。

32. 味之素廣告（1924.9.11），《臺灣日日新報》，大正 13 年 9 月 11 日。

33. 發覺偽造味之素（1924.10.3），《臺灣日日新報》，大正 13 年 10 月 3 日。

34. 鑑定味之素（1924.11.18），《臺灣日日新報》，大正 13 年 11 月 18 日。

35. 味之素廣告（1925.5.1），《臺灣日日新報》，大正 14 年 5 月 1 日。

36. 味之素廣告（1926.4.10），《臺灣日日新報》，大正 15 年 4 月 10 日。

37. 味之素廣告（1926.5.1），《臺灣日日新報》，大正 15 年 5 月 1 日。

38. 發見不正味之素（1926.5.3），《臺灣日日新報》，大正 15 年 5 月 3 日。

39. レート固煉白粉廣告（1926.5.23），《臺灣日日新報》，大正 15 年 5 月 23 日。

40. 味之素廣告（1927.7.1），《臺灣日日新報》，昭和 2 年 7 月 1 日。

41. 味之素廣告（1927.7.11），《臺灣日日新報》，昭和 2 年 7 月 11 日。

42. 味之素廣告（1927.7.12），《臺灣日日新報》，昭和 2 年 7 月 12 日。

43. 味之素廣告（1927.7.14），《臺灣日日新報》，昭和 2 年 7 月 14 日。

44. 味之素廣告（1927.7.17），《臺灣日日新報》，昭和 2 年 7 月 17 日。

45. 乳糖鹽味素混合假爲眞味之素（1928.8.24），《臺灣日日新報》，昭和 3 年 8 月 24 日。

46. 無具名，〈胡瓜の調理　二種／胡瓜のサラダ〉，《臺灣日日新報》，昭和 3 年（西元 1928 年）9 月 7 日。

47. 味之素廣告（1928.11.14），《臺灣日日新報》，昭和 3 年 11 月 14 日。

48. 味之素廣告（1928.11.16），《臺灣日日新報》，昭和 3 年 11 月 16 日。

49. 無具名，〈家庭で出來る支那料理〉，《臺灣日日新報》，昭和 4 年（西元 1929 年）11 月 22 日。

50. 盜賣味素被拘（1930.1.26），《臺灣日日新報》，昭和 5 年 1 月 26 日。

51. 味之素廣告（1930.2.6），《臺灣日日新報》，昭和 5 年 2 月 6 日。

52. 味之素廣告（1930.2.16），《臺灣日日新報》，昭和 5 年 2 月 16 日。

53. 味之素廣告（1930.3.19），《臺灣日日新報》，昭和 5 年 3 月 19 日。

54. 味之素廣告（1930.4.15），《臺灣日日新報》，昭和 5 年 4 月 15 日。

55. ヒゲタ醬油廣告（1930.5.19），《臺灣日日新報》，昭和 5 年 5 月 19 日。

56. 味之素廣告（1930.7.19），《臺灣日日新報》，昭和 5 年 7 月 19 日。

57. 味之素廣告（1930.7.28），《臺灣日日新報》，昭和 5 年 7 月 28 日。

58. 味之素廣告（1930.8.24），《臺灣日日新報》，昭和 5 年 8 月 24 日。

59. 味之素廣告（1930.9.8），《臺灣日日新報》，昭和 5 年 9 月 8 日。

60. 無具名，〈牡蠣の味が　美味しくなろ　調理法二種〉，《臺灣日日新報》，昭和 6 年（西元 1931 年）10 月 16 日。

61. 破玻璃窗竊取味素（1932.1.19），《臺灣日日新報》，昭和 7 年 1 月 19 日。

62. 味素摸擬者懲役一年（1932.6.26），《臺灣日日新報》，昭和 7 年 6 月 26 日。

63. 味之素廣告（1934.5.18），《臺灣日日新報》，昭和 9 年 5 月 18 日。

64. 味之素廣告（1934.6.19），《臺灣日日新報》，昭和 9 年 6 月 19 日。

65. 無具名，〈おいしい臺灣料理 東坡方肉〉，《臺灣日日新報》，昭和 9 年（西元 1934 年）7 月 14 日。

66. 變造味之素求刑懲役一年（1935.2.16），《臺灣日日新報》，昭和 10 年 2 月 16 日。

67. 味之素廣告（1935.3.8），《臺灣日日新報》，昭和 10 年 3 月 8 日。

68. 味之素廣告（1935.3.21），《臺灣日日新報》，昭和 10 年 3 月 21 日。

69. 盜味素醬油賤賣被拘（1935.9.11），《臺灣日日新報》，昭和 10 年 9 月 11 日。

70. 味之素廣告（1936.5.7），《臺灣日日新報》，昭和 11 年 5 月 7 日。

71. 味之素廣告（1936.9.27），《臺灣日日新報》，昭和 11 年 9 月 27 日。

72. 味之素廣告（1937.2.27），《臺灣日日新報》，昭和 12 年 2 月 27 日。

73. 冬來りなば鍋類戀し（1937.11.21），《臺灣日日新報》，昭和 12 年 11 月 21 日。

74. 無具名，〈各金屬使用の制限 近く規則を公布 アルミニユウムを除く〉，《臺灣日日新報》，昭和 13 年（西元 1938 年）5 月 22 日。

75. 味之素廣告（1939.2.4），《臺灣日日新報》，昭和 14 年 2 月 4 日。

76. 硼砂混入味之素（1939.5.4），《臺灣日日新報》，昭和 14 年 5 月 4 日。

77. 石膏粉混入味素（1939.5.6），《臺灣日日新報》，昭和 14 年 5 月 6 日。

78. 硼酸混入味之素（1939.5.11），《臺灣日日新報》，昭和 14 年 5 月 11 日。

79. 無具名，〈味の素を循環配給〉，《臺灣日日新報》，昭和 17 年（西元 1942 年）9 月 30 日。

五、電子網絡

1. 日本北海道漁業連合會（網站簡稱：北海道ぎょれん）：http://www.gyoren.or.jp/konbu/rekishi.html（瀏覽日期：2017.5.19）。

2. 味の素グループの 100 年史：https://www.ajinomoto.com/jp/aboutus/history/story/（瀏覽日期：2017.9.8）。

附　錄

味之素相關廣告整理表

主要標題	《臺灣日日新報》刊登日期 年／月／日（版次）	廣告圖像
味の素	1909／08／12（6） 日文版	
味の素	1909／11／09（6） 日文版	

主要標題	《臺灣日日新報》刊登日期 年／月／日（版次）	廣告圖像
味の素	1909／12／15（6）日文版	
味の素	1910／07／17（6）日文版	

主要標題	《臺灣日日新報》刊登日期 年／月／日（版次）	廣告圖像
味の素	1910／09／17（6）日文版	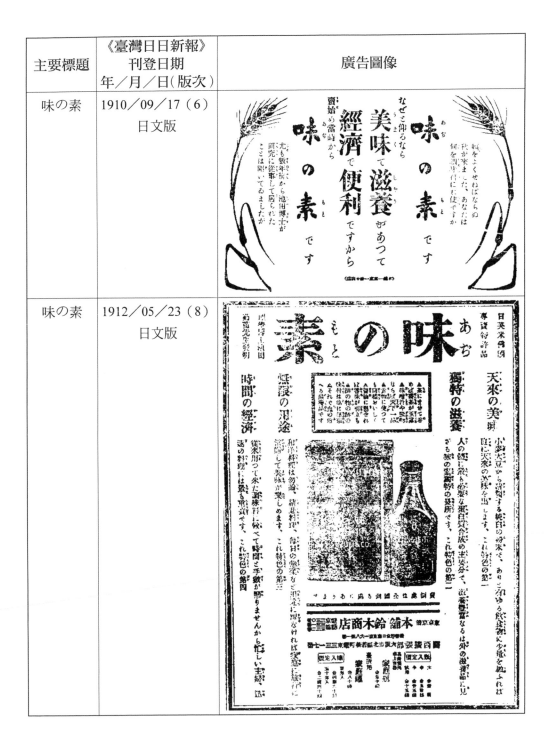
味の素	1912／05／23（8）日文版	

主要標題	《臺灣日日新報》刊登日期 年／月／日（版次）	廣告圖像
味の素	1914／02／19（8）日文版	

主要標題	《臺灣日日新報》刊登日期 年／月／日（版次）	廣告圖像
味の素	1914／03／28（8）日文版	
味の素	1914／09／20（8）日文版	

主要標題	《臺灣日日新報》刊登日期 年／月／日（版次）	廣告圖像
味の素	1915／04／06（8）日文版	味の素 陽春四月た臺所の賑やかな時 皆様のた家庭に 味の素を お薦めいたします 此の五つの場合 一、神武天皇祭の家族的なお料理 二、灌佛會のおいしい精進お料理 三、お花見のお婦やお辨當お重詰 四、橋み草のお辨當摘草のお料理 五、汐干狩のお辨當やお重詰料理 味の素を使つたなら 謹告 本鋪 鈴木商店 東京・大阪

主要標題	《臺灣日日新報》刊登日期年／月／日（版次）	廣告圖像
味の素	1915／04／19（8）日文版	

主要標題	《臺灣日日新報》刊登日期 年／月／日（版次）	廣告圖像
味の素	1915／08／07（8）日文版	

主要標題	《臺灣日日新報》 刊登日期 年／月／日(版次)	廣告圖像
味の素	1915／09／09（8） 日文版	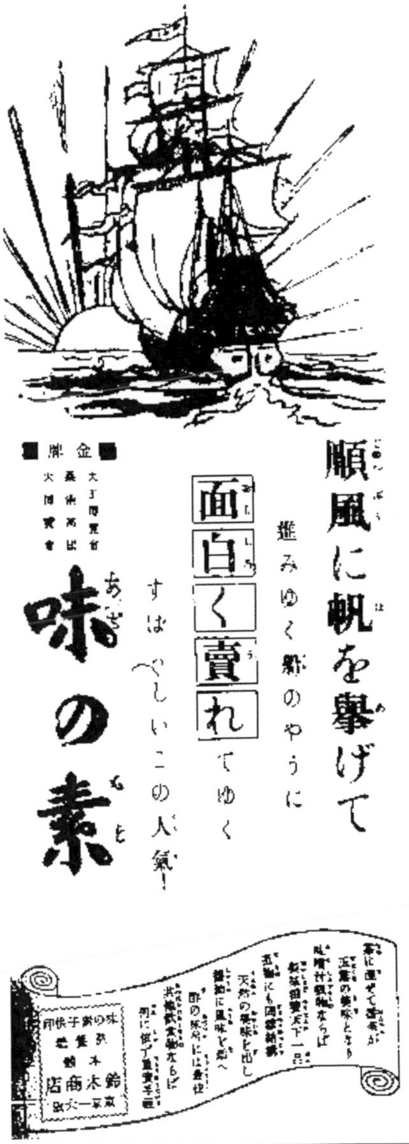

主要標題	《臺灣日日新報》刊登日期 年／月／日（版次）	廣告圖像
味の素	1915／10／10（8）漢文版	

主要標題	《臺灣日日新報》 刊登日期 年／月／日（版次）	廣告圖像
味の素	1915／10／22（8） 日文版	

主要標題	《臺灣日日新報》刊登日期 年／月／日（版次）	廣告圖像
味の素	1915／12／10（8） 日文版	

主要標題	《臺灣日日新報》刊登日期 年／月／日（版次）	廣告圖像
味の素	1915／12／18（8） 日文版	
味の素	1916／03／12（8） 日文版	

主要標題	《臺灣日日新報》刊登日期年／月／日(版次)	廣告圖像
味の素	1922／07／25（10）日文版	
味の素	1922／08／25（6）漢文版	

主要標題	《臺灣日日新報》刊登日期 年／月／日（版次）	廣告圖像
味の素	1922／09／24（6）漢文版	
味の素	1923／07／03（6）漢文版	

主要標題	《臺灣日日新報》刊登日期 年／月／日（版次）	廣告圖像
味の素	1923／07／08（6）漢文版	
味の素	1923／07／16（6）漢文版	

主要標題	《臺灣日日新報》 刊登日期 年／月／日（版次）	廣告圖像
味の素	1923／08／03（6） 漢文版	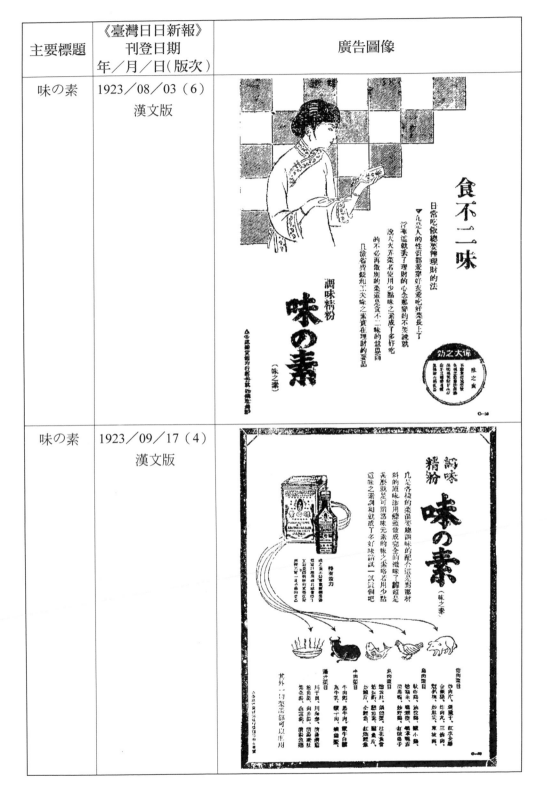
味の素	1923／09／17（4） 漢文版	

主要標題	《臺灣日日新報》刊登日期 年／月／日（版次）	廣告圖像
味の素	1924／09／11（4）漢文版	
味の素	1925／05／01（4）漢文版	

主要標題	《臺灣日日新報》刊登日期 年／月／日（版次）	廣告圖像
味の素	1926／04／10 （夕3） 日文版	
味の素	1926／05／01（4） 漢文版	
レート 固煉白粉	1926／05／23 （夕3） 日文版	

主要標題	《臺灣日日新報》刊登日期 年／月／日（版次）	廣告圖像
味の素	1927／07／01 （夕4） 漢文版	
味の素	1927／07／11 （夕4） 漢文版	

主要標題	《臺灣日日新報》刊登日期 年／月／日（版次）	廣告圖像
味の素	1927／07／12 （夕3） 日文版	

主要標題	《臺灣日日新報》刊登日期 年／月／日（版次）	廣告圖像
味の素	1927／07／14（4）漢文版	
味の素	1927／07／17（6）日文版	

主要標題	《臺灣日日新報》刊登日期 年／月／日（版次）	廣告圖像
味の素	1928／11／14（4）漢文版	
味の素	1928／11／16（夕3）日文版	

主要標題	《臺灣日日新報》刊登日期 年／月／日（版次）	廣告圖像
味の素	1930／02／06（8）日文版	
味の素	1930／02／16（4）漢文版	
味の素	1930／03／19（6）日文版	

主要標題	《臺灣日日新報》刊登日期 年／月／日（版次）	廣告圖像
味の素	1930／04／15（8） 日文版	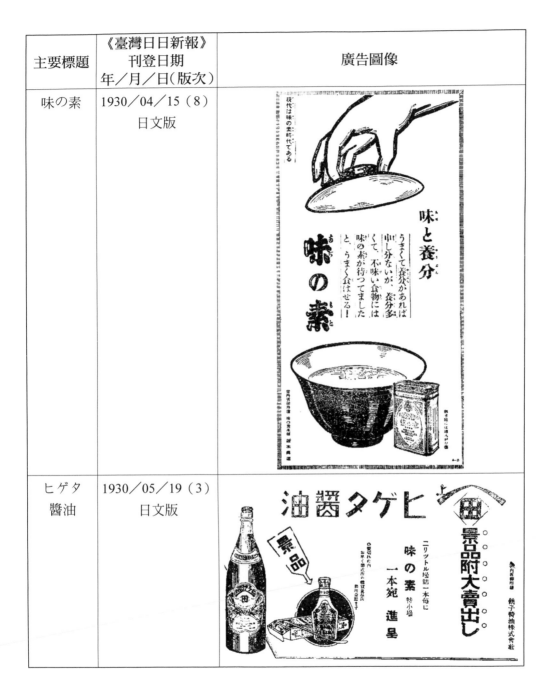
ヒゲタ 醬油	1930／05／19（3） 日文版	

主要標題	《臺灣日日新報》 刊登日期 年／月／日（版次）	廣告圖像
味の素	1930／07／19（4） 漢文版	
味の素	1930／07／28（8） 漢文版	

主要標題	《臺灣日日新報》 刊登日期 年／月／日（版次）	廣告圖像
味の素	1930／08／24（8） 日文版	
味の素	1930／09／08（6） 日文版	
味の素	1934／05／18（8） 漢文版	

主要標題	《臺灣日日新報》刊登日期 年／月／日（版次）	廣告圖像
味の素	1934／06／19（4）日文版	
味の素	1935／03／08（12）漢文版	

主要標題	《臺灣日日新報》刊登日期 年／月／日（版次）	廣告圖像
味の素	1935／03／21（8）漢文版	
味の素	1936／05／07（4）日文版	

主要標題	《臺灣日日新報》刊登日期 年／月／日(版次)	廣告圖像
味の素	1936／09／27（12）漢文版	
味の素	1937／02／27（4）日文版	

主要標題	《臺灣日日新報》刊登日期 年／月／日（版次）	廣告圖像
味の素	1937／11／21（3） 日文版	
味の素	1939／02／04（8） 日文版